追求自然的体育教学

夏成前 著

人民体育出版社

图书在版编目（CIP）数据

追求自然的体育教学 / 夏成前著. -- 北京：人民体育出版社, 2024. -- ISBN 978-7-5009-6482-7

Ⅰ. G807.01

中国国家版本馆CIP数据核字第2024HM6070号

*

人 民 体 育 出 版 社 出 版 发 行
北京明达祥瑞文化传媒有限责任公司印刷
新 华 书 店 经 销

*

710×1000　16 开本　13.5 印张　252 千字
2024 年 10 月第 1 版　　2024 年 10 月第 1 次印刷

*

ISBN 978-7-5009-6482-7
定价：67.00 元

社址：北京市东城区体育馆路 8 号（天坛公园东门）
电话：67151482（发行部）　　邮编：100061
传真：67151483　　　　　　　邮购：67118491
网址：www.psphpress.com

（购买本社图书，如遇有缺损页可与邮购部联系）

前　言

体育与健康课程强调以学生发展为中心，关注学生兴趣与个性发展，这与近代自然主义体育观隐隐有一种呼应。然而在实践操作层面，由于制度化及工具主义价值取向的影响，导致体育教学实践中仍然存在许多不自然的现象。于是笔者瞄准自然体育思想这个切入点，尝试通过对近代自然体育观的追溯，分析自然体育思想对现代体育教学的启示，探究当代体育与健康课程对近代自然体育思想某种意义上的回归与复兴。

本书的研究对象是自然主义的体育教学观及当前体育教学中的某些不自然现象。如果我们相信，体育教学实践中的诸多弊端和误区常常源于违背自然，那么就有理由认为，辨析自然主义体育教学的精神，诠释体育教学的自然观，可能会获得对当前体育教学的某些有益启示。

本书运用文献资料法、实践考察法与课堂记录法，选择7所中小学作为实践考察的对象，试图通过实践考察及访谈，忠实地记录与呈现体育课堂教学的实例，探寻中小学体育教学中合乎自然以及某些违背自然的现象，在事实的基础上找寻隐含在教育事实背后的自然规律。

我国传统的自然体育观重在养生之道，养生贵柔，"以天下之至柔，驰骋天下之至坚"；西方的自然体育思想重在强身、娱乐，强调运动竞技、参与竞争。本书所述的当代自然体育思想，在继承传统自然体育观的基础上，借鉴西方运动竞技的观念方法，帮助学生养生、健身，尊重学生主体地位与自然天性发展，以此达到促进学生身心健康发展的目的。

本研究认为，"自然"喻指一种规律性，自然体育不仅要遵循生态自然和人的天性自然的发展规律，还要遵循运动生理的规律、心理发展的规律、技能教学的规律、儿童社会化的规律等。遵循这些规律进行的教育教学活动指导思想可以称之为当代自然体育精神。因此，当代自然体育精神至少包含以下五个方面的意义。

①充分利用自然生态环境给我们提供的体育物质条件进行体育教学活动。这与传统意义上的生态自然观相一致（生态自然）。

②充分展示运动者个体主观意愿与天性发展。这要求尊重学生主体意识，类似于人本主义的"自主性"，也与卢梭的自然体育观隐隐呼应，反映了一种天性自然观（天性自然）。

③充分体验自然科学给予人的健康提示，并尊重体育的生理学、生物学、生物化学规律。这种自然体育观要求遵循自然科学关于人体发展的认识成果与自然规律（生理自然）。

④充分体现综合性运动过程的非智力因素或者情感意志价值观的成长。关注学生作为人的主体价值与意义，接近裴斯泰洛齐的"心理自然"，强调学生在自然体育活动中的心理学规律与情感体验（情感与心理自然）。

⑤在开放的体育空间中通过体育实践来促进学生的社会化进程，呼应社会的自然发展和学生的成长规律（社会化自然）。

当代的自然体育精神，在体育与健康课程中有诸多体现，如关注体育自然资源的开发与利用，重视学生的学习兴趣、爱好和个性发展，培养积极的自我价值感等。正是在这个意义上，我们说体育与健康课程是对传统自然主义体育思想的一种回归；但当代的体育与健康课程，并不是旧思想的死灰复燃，而是在继承优良传统的基础上，又体现出了课程的时代性，拓展并丰富了自然体育的内容，是在旧思想基础上形成新精神的一种蜕变。尽管在实践操作层面仍有许多道路要走，但我们仍然可以说，新课程对体育教学场域中人的主体地位的重视，促成了体育自然精神的回归与复兴。

刘军、周兵、顾彦超、俞向阳、陈新华和陈旭等老师参与了本书的编著并提供了资料帮助，在此一并致谢。

目 录

引论：为什么要追求"自然的体育教学" ……………………（1）

    一、研究缘起 ……………………………………………（1）

    二、研究方法 ……………………………………………（3）

    三、相关研究综述 ………………………………………（6）

第一章　何谓自然：自然主义体育思想解读 ……………（17）

    一、相关概念 …………………………………………（18）

    二、近代欧美的自然体育思想 ………………………（32）

    三、近代中国的自然体育观 …………………………（51）

第二章　自然视角：中小学体育教学实践考察 …………（64）

    一、小学体育教学实践考察 …………………………（64）

    二、中学体育教学实践考察 …………………………（82）

第三章 逆反自然：体育教学中不自然现象的剖析 …………（97）

  一、体育教学中不自然现象的表现 …………………………（97）

  二、体育教学中不自然现象的缘由分析 ……………………（102）

第四章 取法自然：体育教学自然观的方略举要…………（134）

  一、关注学生兴趣 ……………………………………………（134）

  二、倡导自主体验 ……………………………………………（138）

  三、重视直观教学 ……………………………………………（139）

  四、提倡合作交流 ……………………………………………（141）

  五、注重游戏比赛 ……………………………………………（142）

  六、走进生态自然 ……………………………………………（145）

第五章 回归自然：新课程场域中的体育教学观念流变 ……（148）

  一、当代自然体育精神是近代自然体育观的一种复兴 …………（148）

  二、享受乐趣、增强体质是体育教学的自然目标 ………（150）

  三、传递健身和娱乐方法是体育教学的自然价值 ………（152）

  四、建立课堂常规是学生体育社会化的自然起点 ………（155）

  五、体教融合是体育教学回归自然的有效途径 …………（155）

第六章 应对自然：体育教学技能培养……………………（158）

    一、技能培养是体育教学的自然样态 ……………………（158）

    二、体育教学设计技能培养 ……………………………（159）

    三、体育教学评价技能培养 ……………………………（170）

    四、体育游戏技能培养 …………………………………（181）

    五、体育说课技能培养 …………………………………（185）

参考文献 ………………………………………………………（198）

引论：为什么要追求"自然的体育教学"

一、研究缘起

（一）人与体育，道法自然

人与自然和谐发展，是科学发展观的重要内涵。人的发展，是自然的发展，应该尊重人的自然天性，因材施教。但在对人施加教育影响的过程中，又不能完全"率性而为"，而应遵循一定的规律，才是科学的发展。

体育，本源于人的自然活动。老子曾说：人法地，地法天，天法道，道法自然。体育活动蕴含着自身的规律性，体育教学应遵循自然的规律。这里的自然规律，包括人自身身体活动的规律，以及人的认识活动的规律。前者，在体育教学论中可称之为体育规律或动作技能形成规律；后者，则归结为教学规律。体育教学应该遵循这两个规律，而体育教学论的使命就是要揭示在这两者基础之上的体育教学规律，并将其应用到教学实践中去。

（二）对现实的反思

反观现实中的体育课堂教学，存在某些"不自然"的现象。特别是当前流行的许多体育公开课、观摩课，本应是体育教师学习借鉴体育教学新观念、新方法的教学实验与教学探究的绝好机会，然而由于参赛者或"表演者"对《体育与健康课程标准》基本理念与基本精神的曲解、误解或者曲意迎合，让观摩者从中"嗅"到了许多不自然的味道。在这样的背景下，重新审视现有的体育教学理论就显得尤为必要和具有现实意义。许多学校体育理论与实践的工作者，都希望体育教学能够"回归自然"，我们的目光很自然地就指向自然主的体育教学思想。

如果我们相信，体育教学中的诸多弊端和误区常常源于违背自然，那么就有理由认为，辨析自然主义体育教学的精神，诠释体育教学的自然观，可能会获得对当前体育教学的某些有益启示。体育教学如何贴近自然，我们将在后面章节中探讨。相信广大体育教师都有自己的看法，因为不同的教师、不同的教学情境，必然有不同特色的体育教学，这恰是体现了体育教学回归自然的个性化特征。

（三）教学实践的需求

本文的研究对象是自然主义的体育教学观及当前体育教学中的某些现象。而关于研究内容，笔者原想写一部类似于体育教学论专著的"宏大理论"，这缘于本人的工作经历。笔者在师范院校体育系从事《学校体育学》《体育教学论》等课程的教学工作，教学过程中注意到两个问题：①师范院校体育系的培养目标大多是培养中小学体育教师，然而现行的某些体育教学论教材太过追求"理论化"，对中小学体育教学实践的指导性并不是很强，有的甚至还不如20世纪80年代的《学校体育学》教材更有实用性；②就新课程标准的理念而言，过去的《学校体育学》教材又显得过分老旧，与当前基础教育体育与健康课程改革的结合并不是很紧密。

在这样的问题意识下，笔者很想将博士学位论文写成一篇实用性很强且紧扣当前体育课程教学改革现状的《体育教学论》，能真正给予中小学体育教师以借鉴与帮助，让体育教师能更清晰地理解《体育与健康课程标准》的理念与精神，知道"为什么"，而且更重要的是知道"怎么做"。然而，笔者通过前期的资料收集与准备工作发现，这种既有理论深度又有实践意义的"宏大理论"写作起来真的很难，某种意义上它并不是"写"出来的，而是经历长期实践锤炼并加以理论浸润才能"锻造"出来的，笔者感到自己能力的单薄，既缺乏必要的理论高度，又缺少长期的实践，对这样理论与实践相结合的专著无法真正驾驭。

体育与健康课程强调以学生发展为中心，关注学生兴趣与个性发展，这与近代自然主义体育观隐隐有一种呼应。于是笔者瞄准自然体育这个切入点，尝试通过对近代自然体育观的追溯，分析它对当代体育教学实践的启示，探究当代体育与健康课程对自然体育思想某种意义上的回归与复兴。

二、研究方法

我们选择某种方法进行研究,并不是因为这种方法"多么好",而是因为它"最适合"。迪尔凯姆曾说,一门科学如果没有自己专门的研究对象,就没有必要也不可能产生和发展,如果没有自己专门的研究方法,这门科学至少可以说还未真正建立起来,或者说,只能依附于其他学科[①]。因此,研究方法应该与研究对象、研究内容相适切。

基于以上选题依据与研究内容,笔者拟采用以下研究方法。

(一)文献资料法

本文试图运用文献资料法,搜集古今中外有关自然体育教学的思想与理论,再探讨它对当代体育与健康课程改革的借鉴意义与启示作用。资料收集整理过程中,笔者借鉴了杨启亮教授"古今中外法"。古今中外法是课程与教学论研究者特别看重的方法,是弄清楚所研究的问题发生的一定的时间和一定的空间,把问题当作一定历史条件下的历史过程去研究。所谓"古今"就是历史的发展,所谓"中外"就是中国和外国,就是己方和彼方[②]。研究中国的问题,应当以中国作为中心,"把屁股坐在中国身上",不研究中国的特点,而去照搬外国的东西,就不能解决中国的问题。那么我们该如何研究基础教育中体育课程与教学的实践问题?如何对待传统?如何借鉴他人?如何实现理论与实践的融通?显然也应该"把屁股坐在中国身上",了解中国学校体育与健康课程以及教学实践的现实与特点。杨启亮教授曾说过,"我们倡导'古今中外'的研究方法,既溯源求索于文化历史传统,又外拓参照于西方教学精神。它可以从一定程度上愈加显示出重视自己的文化传统的必要性,同时也可以澄清因为生吞活剥外国教学经验而造成的理论困惑,改造与此相关的一些实践误区……从而为实践者提供理性的文化态度参照,以促使课程与教学改革走出一条从中国实际出发的、实事求是的稳健道路[③]。"

[①] 迪尔凯姆.社会学研究方法论[M].胡伟,译.北京:华夏出版社,1988.
[②] 董远骞.中国教学论史[M].北京:人民教育出版社,1996:7.
[③] 何善亮.有效教学的整体建构[M].北京:高等教育出版社,2008:Ⅲ.

（二）考察访谈法

体育教学是一种实践性很强的活动，因而体育教学理论的研究也必须注重教学实践，从实践中汲取智慧和经验。反观时下的某些体育教学理论研究，其研究内容与方法大多追求浓厚的"学术气""书斋气"。田雨普教授和孙庆祝教授多次说过，体育教学论专业的博士学位论文"过于注重理论，往往缺乏实证"，这是对我们的鞭策，也是殷切的期待。另外，体育课程与教学的理论，作为教育的分支，往往套用教育学或教学论的现成理论，显得生硬而僵化，其自身的理论体系并不完善。基于体育教学自身的实践性特点，我们对体育教学的研究就不能局限于追求所谓理论的深度与高度，而更应走实践的道路、田野考察的道路，深入教学第一线，去描述教学现实，探求真正有助于实践教学的理论与方法。

本研究选择Y市A小学、D小学、J中学、M中学、N市的T附小、NJ市的B附中和L县的DL中学等7所中小学作为实践考察的对象，并访谈了这几所学校的校长、体育教研组长，以及Y市、N市的体育教研员和H师范大学、N师范大学的多位教授，试图通过实践考察及访谈，探寻这几所中小学体育教学中合乎自然以及某些违背自然的现象。之所以选择这7所学校，基于两方面的考虑。

一是研究对象的典型性与代表性。A小学是一所城市实验小学，是Y市教学质量及设施最好的小学之一。更重要的是，通过长期在Y市中小学听课考察的了解（笔者在该市的一所师范院校任教，每年均带学生到该市的中小学实习，具备这个便利条件），A小学的体育教学在Y市处于一种非常规范的"常态"，在应试教育的压力下，许多中小学的体育教学处在一种"自由"的状态、"辅助"的状态[①]，在此背景下，A小学的体育教学"常态"显得难能可贵。笔者所要研究的是体育教学的"常态""自然"状态，而不是该地区体育教学的"整体"表现与水平，因而A小学恰好符合我们的要求。至于选择D小学，主要是由于它是一所具有代表性的农村小学，并且是一所典型的体育传统项目小学，它的乒乓球教学与课余训练是Y市的一个品牌。选择J中学和M中学是将其作为初高中体育教学的考察对象。L县的DL中学是全国闻名的一所农村中学，其办学

[①] 指体育课成为理论课教学某种意义上的辅助与放松手段，学校和老师把体育课用来"调节"与"缓解"文化学习所积压下来的疲劳，让学生简单"活动"一下，以便"精神抖擞"地进行下一轮的理论课学习。

理念"气法自然"更容易引起笔者对自然体育的一种遐想。

二是基于研究条件的便利。Y市的几所中小学都是笔者所在的体育教育科学研究所的实践基地，学校的领导和教师与笔者都比较熟悉，便于沟通和深入他们的教学生活。教师们很容易敞开心扉，谈他们在教学中的思路与困惑。有这样的便利条件，笔者可以很自由地出入这几所学校的体育课堂，或近距离观察，或远距离"窥视"，从而获得他们体育教学中的真实与自然状态。

（三）课堂记录法

笔者的课堂记录法源于"课堂志"方法的启发。课堂志这一词汇来源于民族志的名称与方法。民族志是对某地方或某族群社会和文化的全面描述，而所谓课堂志研究就是教学研究者对特定的研究场域（主要指教学课堂）中的教育制度、教育过程和教育现象的描述[1]。目前，课堂志研究已经成为课程与教学论等学科重要的研究方法，尤其在课堂人文性、自然性研究方面有着更适切的运用。课堂志通过观察记录课堂场域中教学活动的现象来探究教学规律，解释教学活动，通过回归真实的教学生活去研究教育事实，即现象学所说的"面对事实本身"[2]。正因为有了课堂志的研究方法，课堂研究因此就迈向一种回归教学生活本身的、"深描"（thick description）的人文解释研究之路。

本文的课堂记录法是忠实地呈现体育课堂教学的实态，进而归纳、解释和分析，以期找出体育教学中的某些自然或不自然现象。因而笔者的课堂记录法属于一种记实性解释的研究模式。教育社会学认为，只有通过"记实性解释"才能展示社会交互行为的过程，其基本途径是原原本本记录交互行为过程，并以此为据，剖析交互行为的内在结构与意义联系[3]。本文的研究，就是试图先观察并收集体育课堂教学的实例，在事实的基础上找寻隐含在教育事实背后的自然规律。这种方法就是忠实地记录体育课堂教学，将其自然常态呈现出来，探寻体育教学归于自然的方法。

由于工作条件的便利，本人多年均在中小学指导体育教育专业学生实习，积累了大量的课堂教学实录，特别是2008年秋学期，带着研究自然体育的视角，笔者参加了S省的小学体育观摩活动，在N市的T附小记录了S省二十多位小

---

[1] 王鉴.课堂志：回归教学生活的研究［J］.教育研究，2004（1）：79.
[2] 倪康梁.面对事实本身——现象学经典文选［C］.北京：东方出版社，2000：9-11.
[3] 吴康宁.教育社会学［M］.北京：高等教育出版社，1999.

学体育教师的课堂教学实况，集中听了大量的常态体育课。笔者力图突破书斋文献的局限，深入课堂教学生活，在课堂观察中积累第一手资料，再回到自己的"书斋"整理与利用第一手资料，体悟真实而自然的课堂生活，形成可信而可靠的课堂志，在经验事实的基础上通过直观记录来获取本质洞察，试图获得对体育教学本质及其内在关系的把握。

杨启亮教授认为，"教育和教学是一种实践活动，教育教学研究是一类实践性很强的科学研究。这就意味着，人们关注教育和教学就应当也必须关注教育和教学的实践问题，探究这些实践问题产生的真实原因。毕竟，科学理论的原材料是来自经验的世界，而不是来自想象的世界"[1]。受此启发，笔者感到，研究体育教学问题，必须回到实践，经历从田野到书斋再返回田野的过程，才能使体育教学理论真正与体育教学实践相结合，这样的研究才是"自然的"、适切的。

三、相关研究综述

在我国近代学校体育发展历程中，出现过多种多样的体育指导思想，从最初的军国民体育思想、体育军事化思想，1949年后的体质教育思想、技术教学思想，到现在的"健康第一"的指导思想，纷繁芜杂，千姿百态。而在这多种多样的学校体育思想中，自然主义体育思想似乎经历了一个轮回，从20世纪上半叶的浮华到后期的失落，再到21世纪初新课程理念的推广，自然主义体育思想好似又出现了一种回归。

我国近代学校体育中的自然体育思想，出现在军国民体育思想之后，此后在当时的学校体育教学中一度占据重要地位，尽管在"九一八"事变后还出现了体育军事化思想、国粹主义思想，但现在看来，多是军国民体育思想的延续，而且当时国内教育界的自然体育思想，主要是从美国传来，而不是我国传统意义上的那种本根本土的老子自然主义思想。正如苏竞存先生所说，"到本世纪二十至四十年代，又是美国的自然体育在我国学校中占统治地位"[2]。在当时学欧美的潮流影响下，自然主义体育思想一直比较受重视，直到中华人民共和国成立。

---

[1] 杨启亮. 教学实践问题的理论研究丛书［M］. 北京：高等教育出版社，2008：I.
[2] 苏竞存. 我国学校体育思想四十年的曲折发展［J］. 体育文化导刊，1989（4）：2-5.

此后国内从学欧美转向学苏联，自然主义体育思想逐渐丧失其主导地位，直到近年，特别是新课程改革之后，随着对学生主体地位及自然天性的不断重视，自然体育思想才渐渐又进入研究者的视野。

从现有的研究资料看，对自然主义体育思想的研究主要是论述其产生的背景、阐明其主要观点、探讨其传入我国的具体时间及社会因素、分析它在我国学校体育中的地位。总的看来，1949年之后自然主义体育思想在我国未能受到应有的重视，宣传该思想的资料并不多，或者仅是在介绍学校体育史或学校体育思想时一带而过、泛泛而谈。正如张洪潭先生所说，"自然体育的实体，至少是不曾广泛存在过，自然体育的思想，则散见于那些痛感传习体育有名无实的言谈之中"[①]。

通过搜索CNKI中国期刊全文数据库，可以发现：自1980年以来，以"自然体育思想"为关键词的研究文章有170篇，在所有这些文章中篇名出现"自然体育思想"字样的文章仅有23篇，篇名中有"自然"及"体育教学"字样的文章只有17篇。可见对自然主义体育教学思想的研究并未受到人们的关注，1980—2008年来以"自然体育思想"作为篇名的文章仅有区区23篇，平均每年不到1篇，这至少传递了这样两个信息：一是自然主义体育教学思想在相当长的一段时期内不占主流地位；二是对自然主义体育教学思想的研究还不够深入。而不占主流的思想未必就不重要，某些研究不够深入的思想，恰恰需要我们去进一步探究它，以还原其本来面貌，从而对现实的体育教学有所借鉴和启示。

（一）关于自然主义体育思想的形成

仔细研读有关自然主义体育思想的文献，我们发现，自然体育思想的形成是研究者关注的一个重点，但现有研究大多笼统地说源自于卢梭，再向前追溯，就鲜有研究者涉及了。对这个问题研究较早且较深入的是林笑峰先生，他认为，体育这个概念是1760年开始形成的，至今已有二百多年的历史。"这二百多年基本上是自然体育的历史"[②]。人类对历史传流二百多年来的自然体育，已经有了较为客观的总结评价。自然体育丰富的历史遗产奠定了现代体育向科学化方向发展的基础，当前正处在由自然体育向科学化发展的过程。作为体育概念创始人之一的卢梭首先是一位自然主义教育家。因此，"体育从它产

---

① 张洪潭.体育基本理论研究[M].桂林：广西师范大学出版社，2004：163.
② 林笑峰.自然体育和现代体育科学化[J].武汉体育学院学报，1983（1）：54-60.

生的时候起就是自然主义的产物"。自然体育的基本特点是顺应孩子们的爱好去运动,"只讲究运动教育(主要是运动教学),而把运动如何增强体质的事情完全信托给了自然"[1]。

郑俊武和赵华先生从文艺复兴和宗教改革来寻找自然主义的源头,反对中世纪的灵肉分离,猛烈抨击禁欲主义,提倡灵肉统一,指出,"自然主义者充分肯定肉体的价值,主张适应自然"[2]。他们从夸美纽斯和洛克那里找到了理论依据,正是夸美纽斯,提出了"适应自然"的原则,而洛克,则发出了响亮的口号:"健全之精神寓于健康之身体。"

从现有的资料看,自然体育的思想始于18世纪60年代的欧洲,它首先来源于自然主义的教育思想。说到西方的自然主义教育,一般以卢梭(Jean Jacques Rousseau,1712—1778年)为中心人物,然而在卢梭以前,其实早就有了自然主义思潮的渊源与萌芽。在东方,有先秦道家的自然主义教育观;在西方,柏拉图、亚里士多德等人的学说也有自然主义教育观奠基的意味。柏拉图提倡教育要避免强制而让孩子们以游戏的方式轻松愉快自然而然地学习,这些主张与欧洲文艺复兴之后自然主义的教学主张惊人地相似。在亚里士多德的教育学说上,认识到儿童的生活是合于动植物与人类的生活而成的,必然要依照其自然的发展以教育,则更明显地提倡一种教育上的自然主义运动了。亚里士多德认为教育应当遵循事物运动的法则和人的天性来进行,把德、智、体结合起来促使人的多方面发展。亚里士多德的这一思想开创了西方教育史上"教育遵循自然"理论的先河,对后世产生了深远的影响[3]。但是,这种朴素的自然教育思想还没有来得及发展成为系统的理论就被中世纪的神学和封建统治所淹没。

文艺复兴运动掀起了对封建神权和宗教至上的挑战,试图要恢复古希腊古罗马时代的荣耀,复归人性和人文精神。然而这个时期的教学思想,远不像它的艺术那么辉煌,但却也有一些自然主义教育观的曙光初照。意大利的维多里诺(Vittorino da Feltre,1378—1446年)创办了"快乐之家"学校,重视优美舒适的自然环境,追求和谐欢乐的教学氛围,教学活动以儿童自身天赋的协调发展为目标,以围绕人文学科核心的德智体全面性课程为内容,以遵循儿童兴趣爱好、倡导自觉创造为方法[4]。在这被誉为文艺复兴第一所伟大的学校里,维多

---

[1] 林笑峰.自然体育和现代体育科学化[J].武汉体育学院学报,1983,(1):55.
[2] 郑俊武,赵华.略述近代欧洲的自然体育观[J].浙江体育科学,1990,(4):2-4.
[3] 亚里士多德.亚里士多德全集(第四卷)[M].北京:中国人民大学出版社,1997.
[4] 杨启亮.困惑与抉择——20世纪的新教学论[M].济南:山东教育出版社,1995.

里诺进行了自然教育的早期尝试。

夸美纽斯（Amos Comenius，1592—1670年）在《大教学论》（Magna Didactica）一书中系统地论述了其教育思想，并提出了"自然适应性原则"。他对当时的学校进行了严厉的批评，认为当时学校的教育违背了人的自然规律，要改革旧教育，必须遵循自然的原则。夸美纽斯所说的"自然"实际上包含两个方面的含义，一是指自然界中的普遍"法则"或"规律"，夸美纽斯称之为"秩序"。他在《大教学论》中指出："秩序是把一切事物教给一切人们的教学艺术的主导原则，这是应当，并且只能以自然的作用作为借鉴的。"二是指人与生俱来的"天性"[①]，应当使教育适应人类本身的"自然"。

洛克（John Locke，1632—1704年）在他的《教育漫话》（Thoughts Concerning Education）一书中认为，"健全之精神寓于健康之身体，这是对于幸福人生的一个简短而充分的描述"[②]。作为教学方法，洛克极重视个人本性和能力，主张发展个人特点，方法多样，因人而异。他还提倡游戏的学习方法，"学习知识要像游戏娱乐一样""在我们称之为游戏的活动中，他们能有自由，并且自由地使用精力"。而游戏中的自由，正是人的天性的自然表露。

作为法国启蒙运动有代表性的思想家，卢梭提出了培养自由人的自然教育理论，主张教育顺应儿童本性，遵循儿童自然发展的程序。在教学思想方面，他反对教师权威，强调发挥儿童积极性和独立精神。大概是由于卢梭的教育名著《爱弥儿》的广泛影响，所以自然主义教育的光环就戴在了他的脖子上了。卢梭在这部著作的开篇便说，"无论何物，出于自然的创造，都是好的，一经人手，就弄坏了"[③]。在《爱弥儿》（Emile ou De L'Education）一书中，卢梭力图按照自己的设想，使人类自然本性中固有的自由、理性、良心得到回归，并详尽地论述了儿童生理、心理发展的自然进程，主张教育要适应儿童的能力和器官的自然发展，尊重儿童的倾向、兴趣、需要，使儿童得到自然和自由的发展。与夸美纽斯相比，卢梭把儿童的身心发展直接看成自然的一部分，更加注重儿童天性的发展和个性的差异，注重儿童发展的自然规律，主张儿童从一生下来就要顺应自然的发展，使他们成为率性发展的"自然人"，确立了真正的自然主义教育体系。

现在普遍认为，卢梭是"体育"（Education physique）这个词的肇始者之

[①] 夸美纽斯.大教学论[M].傅任敢，译.北京：教育科学出版社，1999.
[②] 洛克.教育漫话[M].傅任敢，译.北京：人民教育出版社，1979.
[③] 卢梭.爱弥儿[M].李兴业，熊剑秋，译.北京：人民教育出版社，2001.

一，卢梭的自然教育思想使"体育"这个词从一开始就具有了自然主义的意韵。卢梭之后，继承自然主义教育思想的有巴塞多（Johann Bernard Basedow，1723—1790年）、裴斯泰洛齐（Heinrich Pestalozzi，1746—1827年）、福禄倍尔（Friedrich Froebel，1782—1852年）、蒙台梭利（Maria Montessori，1870—1952年）等一连串响亮的名字。而在这些人之中，德国的巴塞多和古兹穆茨（Guts Muths，1759—1839年）最先使体育成为学校的正式课程之一。其后，被称为德意志学校体育之父的施皮斯（A.Spiess，1810—1858年）及奥地利的高尔霍费尔（K.Gaulhofer，1885—1941年）承继了自然体育思想的衣钵，特别是高尔霍费尔所做的工作（著有《自然体育》两卷及《新学校体育》《儿童体育》《少年体育》等），使他成为20世纪初期代表自然体育思想的主流。之后，由于杜威（John Dewey，1859—1952年）及克尔伯屈（W.H.Kilpatrick）等人实用主义教育思想以及桑代克（E.L.Thordike）行为主义心理学的影响，自然主义体育思想在美国开始逐渐生根并发展。

美国的体育历史学家里斯（E.A.Rice）认为，"体育中的自然运动（The natural movement in physical education），无疑是20年代的重要事件。在这个10年中，威廉姆斯博士是自然运动理论的主要立论者，他订出了一系列的程序，提供了可实现性……自然体育纲领返回到形式主义以前的合理的方法，同时，把它自己置于现在的人类学、生物学、心理学、医学的、社会的和教育的进步基础上"。

一般认为，对我国学校体育产生重要影响的自然体育思想主要来自美国。它是20世纪初由美国教育界人士在杜威的实用主义教育思想影响下，根据心理学、教育学、生理学原理提出的，其代表人物是威廉姆斯（J.F.Williams，时任哥伦比亚大学师范学院体育系主任）。威廉姆斯辨析了"自然体育"（Natural physical education）与"非自然体育"的概念，并提出了体育的自然纲领（The nature program of physical education）。他的代表作《体育原理》对美国和其他许多国家都产生了较大影响。

（二）关于自然主义体育思想的论纲

就目前所能搜集到的资料看，关于自然体育思想观点的研究较多，而且形成了一定的共识。多数研究者认为，自然体育的基本观点是：以儿童为中心，让青少年按照自然适应性原则去自主进行运动学习和体育锻炼。运动学习和体育锻炼的内容要符合儿童的兴趣和本能冲动，强调运用自然手段锻炼身体，通过身体运动来教育人，形成知识和技能，并从中获得乐趣[1]。有学者进一步认为，体育就该以儿童的生物学和本能需要为出发点，以儿童为中心，要符合他们的兴趣，强调本能的冲动；通过身体运动来教育人，并形成生活技能，善用余暇，从中获得乐趣，采用球类、游戏、走、跑、攀、爬等运动，促进儿童个性的自由发展[2]。

由于自然体育思想来源于自然主义的教育思想，因而强调体育的教育意义，重视体育对人全面教育的作用，进而主张"体育即生活"的观点，提倡"教育化的体育"，推崇自然生活，而把体操视为"人为的"活动予以否定和反对。主张体育与教育一样，目的在于教育人，留传文化，而把增进健康视为附带产品；主张以儿童为中心，强调"个性自由发展"[3]。提倡通过体育培养"民主、自由"的意识，强调人的自然本性，重视人生的意义，强调体育的娱乐价值。

有学者从学校体育的目的、手段、方法等方面对自然主义体育思想作了进一步的探究。自然主义体育思想在学校体育目的上强调达到文化教育目的，偏重于社会的、道德的发展和文化娱乐生活的目标；在手段上，主张采用适应学生兴趣和需要的自然活动；在方法上，让学生自由活动，以儿童为中心，从儿童的"个性自由"和"个性发展"出发，在做中学习，自己去学习体会。可以说，自然主义体育思想是一个有着内在紧密联系的理论体系，较之军国民体育思想有了更深厚的理论依据。其特点：一是强调"本能"的立论基础，认为"体育活动必须适应儿童的兴趣和本能的需要"[4]，认为体育对于生活的贡献在于使现实的生活达到最优的境界，使人善用闲暇，丰富生活；二是基于"本体论"的教育化、生活化的观点，主张"通过身体的运动来教育人"，"体育是以身体大肌肉活动和适应环境为工具，而谋求达到教育目的的一种教育"；三是推崇自然活动，否定非自然活动，主张应尽量采用符合儿童本性的游戏、舞蹈、球类、田径和攀爬、举重、搬运等活动，而把19世纪末风行的德国和瑞典式体操看作是违反人性的"非自然的"或"人工的"东西[4]。从历史发展的角度来看，自然体育思想带来了较系统的学校体育理论和方法，客观上促进了学校

---

[1] 程传银. 几种体育教育思想形态分析与展望[J]. 体育与科学, 1998, 19 (4)：44.
[2] 屈杰. 近现代中国学校体育思想形成过程中学风问题的反思[J]. 体育与科学, 2005, 26 (4)：71.
[3] 项立敏. 近现代我国学校体育指导思想演变的社会学思考[J]. 西安体育学院学报, 2005, 22 (6)：105.
[4] 赵子建. 中国学校体育思想历史回顾及发展趋势[J]. 南京体育学院学报, 2003, 17 (4)：7.

体育的发展，加速了学校体育理论的丰富和发展。在自然体育思想影响下，我国学校体育理论体系已初具规模，其中有许多理论观点，如强调体育的教育作用和文化作用，为生活服务，注重儿童的"个性发展"等，不仅在当时具有进步意义，就是现今，对我国的学校体育教学改革与发展仍具有启示作用。

（三）关于自然主义体育思想的"西风东渐"

如前所述，我国学校体育中的自然主义体育思想来自美国，是五四新文化运动时期在否定军国民体育思想时引入的进步教育思想观点。而当时的进步教育主要是由杜威等人提出来的，因而自然主义体育思想的引入与杜威有一定的联系。杜威曾于五四运动前夕来华讲学，带来了实用主义的教育思想，深受当时国内教育界的追捧，其生活教育的思想、注重儿童个性发展的观点有别于我国传统教育中的呆读死记，因而深得学界的赞同。

目前研究者比较公认的说法是，自然体育思想在五四运动前后首先由基督教青年会干事麦克乐（C.H.Mccloy）传入我国。基督教青年会以及一批留美学者，其代表人有袁敦礼和吴蕴瑞等，著书立说进行宣传，积极引荐自然体育思想，编译了威廉姆斯的《体育原理》介绍给国人。由于自然体育思想符合当时中国资产阶级和民主主义者谋求民主、自由，反对封建文化的需要，所以它很快就在中国盛行。1922年颁布的壬戌学制正式确立了自然体育在全国的统治地位，直到新中国成立，自然体育思想在学校体育中一直发挥重要作用。这种教育思想与我国古代长期积淀下来的"自然无为""顺其自然"的道家思想相近，因而自20世纪20年代传入我国，并得到早期一些国内教育家的认同。

20世纪初的旧中国是个战乱频仍的年代，但在学术思想上却也呈现出百家争鸣的畸形繁荣。周谷城先生在《民国论书（民国学术名著汇编）》中指出，中国历史上有两个百花齐放的时代，一个是春秋战国时期，另一个就是民国所谓乱世出英雄，这两个时代都是战乱频繁，但在学术上却是别样繁荣，出了许多大家、名家，也出了许多学术名著[1]。自然主义体育思想在当时的学校体育中出现，有一定的社会背景。一方面是实行"军国民主义"的德国在第一次世界大战中战败，使许多中国人觉得"军国民主义"没有前途[2]；另一方面，是新文

---

[1] 周谷城.民国论书（民国学术名著汇编）[M].上海：上海书店出版社，1989.
[2] 项立敏.近现代我国学校体育指导思想演变的社会学思考[J].西安体育学院学报，2005，22（6）：105.

化运动对"民主与科学"的倡导,唤醒了人们追求科学与民主、反对迷信与专制的思想意识。

五四运动之前,北洋政府在学校中开设"体操"课,效仿德、日等国,以兵操为学校体育教学内容,以军国民体育为指导思想。五四运动之后,由于受新文化运动提倡民主科学,反对封建专制主义的影响,军国民主义体育思想受到了抨击与抵制,1919年10月,民国政府第五次全国教育联合会的决议案指出,"近鉴世界大势,军国民主义已不合新教育之潮流,故对学校体育应加以改进"[①]。而恰在此时,美国的自然主义体育思想传入了中国,因而逐渐被当时的教育界所接受。

考察旧中国的历史与社会背景,约略可知,民国时期,国民党政府在政治、经济、军事和教育等方面多依靠美国的支持。因此,在社会的很多领域多受美国的影响,学校体育中的自然主义体育也得到了进一步推广。

(四)关于自然主义体育思想的历史作用

关于自然体育思想对中国近代体育所产生的影响,大都持否定的观点从反面予以论述,认为自然体育思想是导致"放羊式"教学的主要源头,自然主义体育思想有多方面的消极影响,诸如:"否认增强体质是学校体育的主要目的""片面强调学生兴趣,忽视技能学习""排斥非自然的操练性的体育活动""否定体育教师的主导作用"[②],等等。自然主义体育思想是否真有这些负面影响,是否真的就"忽视技能学习""否定体育教师的主导作用",这些都有待于澄清与探讨,但从研究者这些不容置疑的话语,大致可以看出,自然主义体育思想在我国学校体育中饱受歧视的境遇了。

近年来随着学术思想的多元与包容,对自然主义体育思想也有了更多的公正认识,有研究者认为,"从它的进步性、对中国近代体育产生的正面影响方面,却论述不够"[③]。

赵浅华先生指出,自然体育思想对中国近代体育的影响是多层面的。"这种影响大至体育制度、法规、概念、思想等宏观领域,小到体育内容、体育课程、教材教法的改革等微观领域。可以说,它很大程度上改变了中国近代体育

[①] 王其慧,李宁.中外体育史[M].武汉:湖北人民出版社,1988:177.
[②] 马陵.试析自然主义体育思想对学校体育教学的消极影响[J].职业时空,2007(16):9-10.
[③] 赵浅华.论自然体育及其对中国近代体育的影响[J].体育文史,1998(3):32-34.

界乃至社会的体育观念，直至今日，还有很多自然体育及其思想被继承下来，被人们自觉地或不自觉地予以运用。"对自然主义体育思想如此大加褒扬，固然有点言过其实，但应当承认，自然体育思想对中国近代体育的影响，加速体育的现代化进程等方面，是起到过积极而有益的历史作用的。

从历史发展的观点来看，正当否定军国民体育的时候，自然体育思想带来了较系统的学校体育理论和方法，其新颖与创见给人耳目一新的景象，客观上促进了学校体育的发展，也促使人们吸取近代科学的成果，研究学校体育，加速了理论的丰富和发展。在自然体育思想影响下，我国学校体育理论体系已初具规模，其中，有许多理论观点，如强调体育的教育作用和文化作用，为生活服务，注重儿童的"个性发展"等，都具有一定的进步意义。

谭兆风先生对自然体育思想也作了较为中肯的评价，他指出，自然体育思想在学校体育中产生了非常积极的影响，在体育思想的确立、更新和充实，在体育实践活动的设计和体育目的的实施等方面也发挥了重要的作用[①]。然而由于多方面的原因，我们对自然体育思想还缺乏系统的研究，在理论体系上没有完整地把握，在实践的指导上还没有表现出高度的科学性，有些还处于不自觉的运用阶段。

曾吉先生肯定了自然体育的实践意义，指出"自然体育思想符合素质教育要求"，认为自然体育"与素质教育的主体性原则、全面性原则和创造性原则等是完全一致的"，他认为自然体育方式符合我国学校的实际状况，目前，"我国还处在社会主义初级阶段，体育基本设施比较落后，在这样的条件下，自然体育思想所倡导的灵活多样、因地制宜的活动方式就表现出了良好的适应性"[②]。

（五）关于自然体育思想对待儿童兴趣与体操的态度

自然体育思想强调从儿童兴趣出发，尊重儿童生长发育的自然需求和自然规律，因此，自然体育思想体系对儿童兴趣的重视是显而易见的。有研究者认为，自然体育思想对儿童的兴趣需要的认识也带有唯心主义的色彩，表现在"把儿童的兴趣需要，同社会对儿童发展的客观要求割裂开来，甚至对立起来，其中某些极端的观点把儿童的兴趣需要看作是纯主观的、无规律可循的，

[①] 谭兆风.简论自然体育思想的特点与实践意义［J］.嘉应大学学报，1999（6）：100.
[②] 曾吉.论自然体育思想及其实践意义［J］.体育文化导刊，2007（6）：97.

由此完全否定教育的规范作用和教师在教育中的重要地位和作用"[1]。落实到近代我国学校体育教学中,就形成了当时体育教学中的一种所谓"放羊"现象。

程传银等研究者也认为,研究自然主义的"兴趣"教学,片面强调学生的中心地位,忽视了教师的主导作用,不符合"双边活动"的教学规律[2],实践中极易导致"放羊式"教学,从而损害体育教学应有的严肃性和规范性。

笔者以为,自然主义体育思想重视体育教学中对儿童兴趣的引导和培养,尊重儿童生长发育过程中的自然需求与自然规律,并不意味着否定教师的主导作用,现实中的"放羊式"教学,更多的是某些教师责任心不强的一种表现,而不应该将板子不问青红皂白就打在自然体育思想的身上。那种自由散漫的体育教学,究竟是自然主义体育思想所带来的后果,还是某些教师的托词,有待于进一步探讨。

自然体育思想将18到19世纪风行的德国和瑞典式体操看作是违反人性的"非自然的"或"人工的"东西,主张应尽量采取符合儿童本性的游戏、舞蹈、球类、田径、攀爬、举重、搬运等运动,"体操及改正体操,虽对改正姿势有贡献,在教育上无大价值……此种教材,宜在摒弃之列"[3]。

自然体育思想推崇发乎自然的体育活动,比如基于人的本能活动的走跑跳投等运动能力(即田径项目),以及在此基础之上的球类、游戏等活动。而自然体育不赞成刻板的体操等项目,其主要原因是,这些项目是人为编排的,是按照固定的程序与形式,而不是发乎天性,不是自然而为。特别是把体操排斥于体育教学之外,不能正确评价体操在学校体育中应用的价值,把增强学生体质当成是体育教学的"副产品"。

严格来讲,自然体育的研究者对待体操的态度有点过激,因为在笔者看来,体操的动作规范,其实最初来源仍是模仿人的自然活动,只不过其后逐渐"铸型化"、规格化之后,就有点远离"自然状态",从而显得僵化、呆板,但其对于人的"自然能力"锻炼,仍然有一定的价值。

(六)关于自然主义体育思想观照下的教学模式

自然的体育教学,应该是体育教师根据教学内容及现实条件以及学生的

---

[1] 屈杰. 近现代中国学校体育思想形成过程中学风问题的反思 [J]. 体育与科学, 2005, 26 (4): 71.
[2] 程传银. 几种体育教育思想形态分析与展望 [J]. 体育与科学, 1998, 19 (4): 44.
[3] 吴蕴瑞, 袁敦礼. 体育原理 [M]. 上海: 勤奋书局, 1933.

具体状况，灵活采用不同的教学手段，以顺应学生身心发展的自然规律及体育技能的形成规律，帮助学生掌握体育技能与方法，即所谓"教学有法，但无定法"。因此，我们不认为存在一种自然体育教学的模式。但也有学者尝试研究自然体育的教学模式，并对过去的某些体育教学模式进行了批判，认为目前我国的学校体育教学在很多方面其实仍在沿袭苏联的体育教学模式，这种模式在长期的教学实践中，有许多不尽如人意之处，如过于突出体育教学固定的组织形式，以教师为中心，常常造成"教者发令，学者强应，身顺而心违"的现象。改革我国现行学校体育教学，克服上述缺陷，"恰可以从自然主义体育思想得到启发"[1]。自然主义体育思想反对强制、单调、整齐划一的形式化的体育教学模式，提倡体育教育目标的多元化。按照这种指导思想，体育教学应该是顺应学生身心发展需求并且使学生乐学爱学的一种模式。

在自然主义体育思想的指导下，体育教学中常常表现为兴趣满足和启发的模式，根据学生不同性格、年龄、性别而安排不同的教学内容、方法和形式，以适应青少年对体育活动的不同需要。但任何一种教学模式都是基于特定条件的理论模拟状态，教师应该根据本校本地区的自然地理条件、场地器材状况特别是学生现实状况灵活采用不同的手段与方法，而不能一味追求某种固定不变的永远"管用"的模式，否则就违背了顺其自然、自然而然的本意了。

---

[1] 林致诚.自然主义体育思想及其对学校体育改革的启示[J].厦门大学学报，1998（3）：122-125.

第一章 何谓自然：
自然主义体育思想解读

在学校体育这个领域，围绕体育教学这根主线，新异思想可谓层出不穷，如竞技体育思想、体质教育思想、快乐体育思想、终身体育思想、全面教育思想等，令人目不暇接。本文无意也无力构建任何新的体育思想流派，因为所谓自然体育思想，历史上本已有之。笔者所谓追求自然的体育教学，是追求体育教学的自然状态。而所谓体育教学的自然状态，是指体育教学应该遵循两个规律，一是人的身心发展的规律，二是动作技能形成的规律。历史上所谓的自然教育，是要减少人为的干扰，让"自然"来教育儿童。而作为教学，只有施加人为的影响，才是教学的"自然"，没有人为的因素，也就谈不上教与学。特别是体育动作技能，不施加人为的影响，不克服适当的负荷，就难以超越人的惰性自然，就难以形成技能。只有学生的体育活动，没有教师的教学与组织，那是不自然的体育教学。所以体育教学的过程，应该是向学生传授动作技能与方法的过程，通过教师对运动技能的传授和学生的身体练习，使学生获得身体健康、体育认知及情感意志等非智力因素的全面发展，才是体育教学的自然状态或应然状态。

我国学校体育界一向有所谓体质论与技能论之争，体质论认为"学校体育主要是为增强学生体质服务的"，技能论则针锋相对，极力主张"体育教学要突出基础知识、基本技术和技能的传习"。笔者并不想调和这两种论调的矛盾，事实上这两者之间根本就没有矛盾，所谓两派针锋相对的激烈论争，其实只是皮影戏，表面上打得不可开交，实际上你演你的，我演我的，没有丝毫解不开的疙瘩。为了"增强体质"就不能学习体育技能了吗？掌握体育技能就不利于"增强体质"吗？互不干扰的事非要弄得苦大仇深似的，实在没有必要，也无助中小学的体育教学实践。笔者曾访谈过一位小学体育特级老师，并向她提了一个问题，"您认为小学体育应该以增强体质为主还是以掌握技能为主？"当时她一脸茫然，笔者隐隐感到这个问题在中小学体育教学实践中其实是个假问题。体育理论界在那里打得不可开交，而中小学的体育教学实践者们则在基层扎扎实实地开展自己的体育教学。也许这节课能增强学生的体质，也许这节课能教会孩子们技能，也许这节课既增强了孩子的体质又教会了他们运动技能，也许这节课既不能增强体质又没有教会什么技能，但孩子们最终一天天长大起来。

一、相关概念

人是自然孕育的生命，人们常说"生命在于运动"，意指运动是生命的重要前提和条件。其实在笔者看来，生命就是运动，因为运动是生命永恒的形式，无论是肉眼可观察的运动，还是难于察觉的运动，一旦停止运动，生命也就结束了，而构成生命的自然物质也将开始新的循环，孕育出新的生命，开始新的运动。因而也可以说，运动是生命的自然本性。

（一）关于自然

人生于自然，又超越自然。何谓自然？关于自然，历来就有多种解释。

《辞海》中的"自然"词条是这样解释的：①天然，非人为的。如自然物，自然美。苏轼《定惠院海棠》诗云："自然富贵出天姿，不使金盘荐华屋[1]。"描绘了海棠的自然天成之美。②不造作，非勉强的。如态度自然，文笔自然。《晋书·裴秀传》载："生而岐嶷，长蹈自然。"③当然。比如，事情都乱成这样了，他自然很生气。④无意识，无目的，无为无造。⑤指道。遵循自然就是指遵循自然之道。⑥指人的自然本性和自然情感。⑦自然界。在通常情况下，人们所理解的自然，一般是指自然界，比如说2008年北京奥运会开幕式文艺演出中有一章名为"自然"，其寓意即为人与自然界和谐相处，达到天人合一、和谐共生的境界。

《中国大百科全书·哲学卷》把自然分为广义与狭义两种解释。广义的自然是指具有无穷多样性的一切存在物，它与宇宙、物质、存在、客观实在这些范畴是同义的。狭义的自然是指与人类社会相区别的物质世界，或称自然界，它是各种物质系统的总和，通常分为非生命系统和生命系统两大类[2]。这与《辞海》中

---

[1] 编委会. 辞海[M]. 上海：上海辞书出版社，1989：4950.
[2] 中国大百科全书编委会. 中国大百科全书·哲学卷[M]. 北京：中国大百科全书出版社，1988：1253.

关于自然界的解释是一致的，在这里，自然或自然界表达了一种名词的意味。

广义的自然包括人类社会，后者是由自然界发展而来的，所以我们说"人生于自然"。人类在生产劳动中与自然界发生相互作用，并且随着生产实践和科学技术的发展，在越来越大的程度上改变着自然界的面貌，因此我们常会说"人生于自然，又超越自然"，这也就是毛泽东"人定胜天"的革命乐观主义精神。被人类活动改变了的这部分自然界，是人类的社会劳动的物化，通常称为"第二自然"或"人化自然"。

现代欧洲语言中，"自然"一词更经常地在集合的意义上用于自然事物的总和或聚集。古希腊词Φνσιζ（自然或本性）带有英语单词nature的原始含义，"聚集"意味着某种物质在一件事物之内或非常密切地属于它（nature），从而它（nature）成为这种物质行为的本性或根源[1]。这是早期希腊思想家心目中的自然含义，并作为贯穿希腊文献史的标准含义。

"自然"这个词最常用的语性除了名词之外，还有副词或形容词，如"这位老师的教态很自然""他的表演朴实无华、清新自然"。

本文所追求的自然体育教学，类似于《辞海》的第二种解释，指不造作、非勉强之意，意指体育教学应该自然而然、顺其自然，其词性类属于形容词。追求自然的体育教学，即追求一种不造作的、非勉强的体育教学，它是顺乎人类自身发展特性的、又遵循运动技能形成规律的体育教学。所以，笔者眼中的自然，又蕴含着一种"规律性"的意味。

"自然主义"一词，产生于16世纪，直到19世纪40年代，一般只用于哲学领域，其含义是：除自然外，并不存在超自然的事物，一切都包含在自然的法则之中。19世纪40年代后，"自然主义"这一词汇开始用于绘画和文学领域，是指对人类与自然的一种写实。

"自然主义"在文学创作上代表了一种倾向，这一派的作家着重描写现实生活的个别现象和琐碎细节，追求事物外在的真实，而忽视对生活现象的分析和概括。代表人物有法国的左拉和贡古尔兄弟等人。

另外，"自然主义"在文艺批评界是一个颇具贬义的词，如果人们谈到色情的、黄色的描写，经常用"自然主义"加以称呼，把自然主义看作是现实主义的蜕化或堕落。之所以称为自然主义，恐怕是因为，自然主义的基本出发点与前提是——真实。在这一点上，自然主义与现实主义一脉相承，完全一致。

---

[1] 柯林武德. 自然的观念 [M]. 吴国盛，柯映红，译. 北京：商务印书馆，2018.

而自然主义与现实主义的区别是，自然主义追求更为彻底的真实，绝对的真实，甚至是严酷的真实[1]。本文追求自然的体育教学，也有追求真实体育教学的意味，主要是在研究方法上注重忠实地记录体育课堂教学的真实状态。

自然教育，源于古代的教学自然观。古希腊的亚里士多德明确提出教育要顺应人的自然发展，这其实就是要求教育要适应人的身心发展规律。老子说"道法自然"，孔子也说教育要"循序渐进"，它们虽然质朴无华却已察觉到了科学和真理的发展轨迹，在这一轨迹里教育的内容变得自然有序。欧洲启蒙时期的教学自然观，当代非指导性教学所重视的教学要"循乎自然"的观点，多少总可以从这些古老的质朴里寻到渊源[2]。18世纪法国杰出的启蒙思想家卢梭（1712—1778年）成为自然教育理论的集大成者，他继承了古希腊时期的教学自然观以及维多里诺、夸美纽斯等人关于教育遵循自然的理论与实践，鲜明地提出了"自然教育"的观点和主张。卢梭在他的名著《爱弥儿》第一卷中明确提出，我们每个人都是由三种教师培养起来的。这种教育，"我们或是受之于自然，或是受之于人，或是受之于事物。"在这三种教育中，"自然的教育完全是不能由我们决定的，事物的教育只是在有些方面才能由我们决定。只有人的教育才是我们能够真正加以控制的。"卢梭眼中的自然，应该是指人的天性和本能。他自己也说，"我们的才能和器官的内在的发展，是自然的教育；别人教我们如何利用这种发展，是人的教育"[3]。因此那个时代的所谓自然教育，就是要服从自然的永恒法则，反对束缚儿童个性发展，主张教育适应儿童感觉器官发展的自然顺序，不加压制，听任儿童自由发展，以培养新人。

自然主义体育思想，也有人称之为"自然体育思想"，它来源于卢梭的自然教育思想。因为体育这个词本源自于教育，所以自然体育思想脱胎于"自然教育"也就不令人奇怪了。冠之以"自然主义"的头衔，恐怕也有追求真实及其本来面目的意味。最初在维多里诺、夸美纽斯、卢梭、巴塞多、裴斯泰洛齐等人的著作与实践中，都有论及儿童身体教育的观点，许多观点都闪耀着自然主义体育思想的光泽，到后来奥地利的高尔霍费尔等人就旗帜鲜明地提出了"自然体育"的名称，高尔霍费尔的著作中就有《自然体育》两卷。欧洲的自然主义体育思想也影响到了美国，20世纪初美国学者托马斯·伍德、赫斯灵顿、威廉姆斯等人形成了"自然体育"学派，正是这个自然体育学派，通过麦

---

[1] 柳鸣九.自然主义[M].北京：中国社会科学出版社，1988.

[2] 杨启亮.困惑与抉择[M].济南：山东教育出版社，1995：7.

[3] 卢梭.爱弥儿[M].李平沤，译.北京：商务印书馆，1999：7.

克乐、吴蕴瑞等人的传播，使自然体育思想在20世纪初叶传入中国。

（二）关于体育

首先要明确，人类社会很早就有了体育现象，然而直到近代，才有了"体育"这个词。所以"体育"作为词语的出现要远晚于体育现象。据说卢梭原先是用"体育"一词来给他所论述的身体教育冠名，但后来人们把所有与人类体育活动相关的现象都用"体育"来称谓，因而造成了体育含义的泛化与扩大化。

体育现象是随着人类社会的发展而产生和发展的。原始人类在为生存而同自然界进行的斗争中，发展了走、跑、跳、投掷、攀登、游泳以及其他各种技能。这些原始人类的生产和生活技能与现代人的体育活动，都是身体的活动，其区别在于前者主要用以求生存，后者主要用以锻炼身体或作为闲暇时的娱乐（求发展）。但随着社会的发展，这种所谓的区分也逐渐走向了融合。在现代社会，体育手段既可以成为人们娱乐健身的工具，也可以成为人们谋生的手段。比如说在巴西有些贫困儿童为了摆脱贫困命运，从小练习足球技能；在欧美，高水平的足球、篮球等竞技活动更成为一种职业。

体育现象绝不仅仅局限在教育领域，但"体育"这一词汇却的确源自于教育。由于先有体育现象，而没有统一的名词来描述它，所以当初关于各种体育现象的称谓，其对应性很强，如"体操""养生""导引""气功"等。这样一一对应，一个称谓对应于某一种身体活动，显得清楚直白。而当"体育"这个名词出现，并扩大为一种统称或集合名词时，"体育"现象究竟属于教育范畴还是大文化的范畴？各种歧义、混乱与纷争才开始出现。

因此，体育这个概念的出现，最初是与教育相联系的。在许多人的眼里，"体育"是一个合成词，意指"身体的教育"。1762年，卢梭的名著《爱弥儿》（*Emile*）出版，其中用"体育"（education physique）论述了对爱弥儿的身体教育过程[①]。此后，体育一词便逐渐沿用下来。随着人类社会活动与体育活动内容的不断扩展，"体育"一词的含义也不再局限于教育领域，而弥散成为一种内容极其广泛的社会文化现象。因而"体育"这个词也不能简单归结为合成词，而应将其看作一个特定的专有名词，不可拆分。它指代一个特定的身体运动的领域，而不再是"身体+教育"。唯其如此，"体育教育"才是一个有意义的词汇，否则，"身体教育"的教育究竟是个什么东西，让人难以理解。

---

① 杨文轩，杨霆.体育概论［M］.北京：高等教育出版社，2005：13.

汉语中的"体育"一词，有两个重要的英文词汇与其对应，一是physical education，另外一个是sports。前者是体育一词的原始称谓，physical education指的是以身体活动为手段的教育，直译为"身体的教育"，由于中国词汇的简约与包容，就将其简称为体育。在古希腊，游戏、角力、体操等曾被列为教育内容。17—18世纪，在西方的教育中也加进了打猎、游泳、爬山、赛跑、跳跃等活动，只是尚无统一的名称。18世纪末，德国的古兹穆茨把这些活动分类综合，统称为"体操"。进入19世纪，一方面，德国形成了新的体操体系，并广泛传播于欧美各国，另一方面相继出现了多种新的运动项目，在学校也逐渐开展了超出原来体操范围的更多的运动项目，建立起"体育是以身体活动为手段的教育"这一概念认识。

近几十年来，随着体育实践的扩展，体育的内容也不断扩充，并逐渐发展成为一个与教育和文化相并列的领域。到20世纪50年代，各国学者越来越感到"体育"（physical education）这个反映教育范畴的专用词，已不能概括新发展起来的这个领域的全部内容，试图创立一个新名词。1963年成立了"统一体育术语国际研究会"，第一届大会就是以讨论体育基本概念为中心。许多国家都有了这方面的专用词汇，如苏联百科全书中称之为"身体文化与运动"，解释为"社会总文化的一部分，是为增进健康、发展人的身体能力、并为适应社会实践需要而利用这些能力的一个社会活动领域"。美国百科全书用的是"体育与运动"（physical education and sport），解释为"泛指一切非生产性的体力活动，即从兴趣出发，以竞技为目的和以强健身体为目的的体力活动"。国际体育名词协会出版的《体育名词术语》中用的是"身体文化"（physical culture），解释为"广义文化的一个组成部分，它综合各种身体活动来提高人的生物学潜力和精神潜力的范畴、规律、制度和物质条件"。近年来有人主张用"sports"作为总概念，其内容是指所有旨在游戏和取得好成绩的、为增强身体和精神灵活性服务的、特别是身体活动领域里的人类活动形式的总称。

Sports是体育在英语词汇中的另外一个重要对应词，它源于拉丁语disport，原意指"离开工作"，即通过一些轻松愉快的身体活动使人转移对日常生活的艰难和压力的注意力。美国、苏联、英国、德国、日本等国的百科全书和辞典中，都保留有这样的解释：sports是游戏和娱乐活动。

随着体育实践的发展，sports这个词的游戏成分逐渐减少，而出现了强调其竞赛、竞技含义的见解，即把sports理解为"竞技运动"。如加拿大的盖伊和基里翁认为，"sports是根据规则进行的、以取胜为目的的竞赛性和娱乐性体力活动"。国际体育名词协会1974年出版的《体育名词术语》中，把sports的基本含义规定为"专门的竞赛活动,在这一活动中,个人或集体为了充分发挥形态、机能和心理能力而紧张地从事各种身体活动"。

现代的竞技运动与游戏(play)、娱乐(recreation)、比赛(game)相比,它有一些突出的特征:①必须充分调动和发挥人的体力和智力方面的能力,甚至是潜在的能力;②运动员只能在专门的国际机构公布的正式规则范围内,充分发挥个人或集体的体力、技术和智力,有效地击败对手;③参加竞技运动的人,往往是肩负着一个组织、团体或国家的委托,由于责任和义务的加强,而加重了精神上的压力和负担;④它的目的是追求功利,不再是个人娱乐和消除疲劳的活动,因而其活动本身以外的价值往往具有更大的意义。在这种情况下,运动员、教练员以及有关的组织管理人员,为了取胜而进行的艰苦的训练和比赛活动,可能给他们的身心带来过度的紧张。因此,sports这个词已经淡化了"游戏娱乐"的本来含义,逐渐演变为"竞技运动"。

我国体育理论界的学者对体育的概念问题早就有过较为深入的研究与讨论。1982年我国曾专门举办了一次以体育概念为专题的研讨会,会上形成了一个内涵宽泛的体育概念体系并将之推行至今。在此基础上,曹湘君教授的《体育概论》给出了体育的概念:"体育,是指以身体练习为基本手段,以增强体质,促进人的全面发展,丰富社会文化生活和促进精神文明为目的的一种有意识、有组织的社会活动。"[①]这个概念指出了身体练习是体育的基本手段,这反映了体育的某种特质,但该定义后半部分所描述的四个目的,似乎使体育一词承载了过多的内涵,而且体育的某些目的(如物质利益),在这个概念中并没有反映出来;另外,"有意识、有组织的社会活动"似乎只关注到了体育的规范化特征,有些自发的、"无组织"或自组织的娱乐或游戏,其实仍然能划归到体育的领域。

《中国大百科全书·体育卷》指出,在中国,体育的广义含义与体育运动相同。它包括身体教育(即狭义的体育)、竞技运动、身体锻炼3个方面[②]。在这部全书的记载中,将体育的范畴划分为三个部分,三个部分各有所指,而且相互联系,构成了体育的全集。身体教育、竞技运动、身体锻炼这3个方面因目的不同而互相区别,但又互相联系。它们都是通过身体活动全面发展身体和增强体质,都有教育和教学的作用,也都有提高技术和竞赛的因素。

[①] 曹湘君.体育概论[M].北京:北京体育学院出版社,1985:27.
[②] 编委会.中国大百科全书·体育卷[M].北京:中国大百科全书出版社,1981:350.

张洪潭教授对体育概念的定义是：旨在强化体能的非生产性肢体活动。按其理解，首先，体育是指人的肢体活动，"仅指由人的四肢和躯干等肌群舒缩所调控的身体活动，不包括单纯的大脑思考及其连带的微量的手动操作"[1]。这样就把围棋、象棋、桥牌等智力游戏和斗鸡、斗狗等动物性博彩活动从体育范畴中区分出去。其次，体育的主旨是强化体能而非保健养生。强化体能的指向不是增益健康。强化体能的过程并无止境，当接近或尝试冲击体能极限时，就难免发生运动损伤。其三，体育这种人的肢体活动，还具有非生产性的特点。体育归属一种文化活动，创造没有生活实用价值的社会附加产物，如精神财富（这里似乎割裂了精神与物质之间的关联，特别是现代社会，人们更愿意用物质财富去购买精神财富。无可辩驳的事实是，体育表演给人们带来精神财富的同时，聚敛了大量的物质财富，NBA、英超、意甲、高尔夫、网球、赛车等，对观赏者而言是一种精神活动，而对运动者或表演者而言，却实实在在是一种创造物质财富的活动）；生产劳动讲究实用效益，追求物质财富的创造，体力劳动也会产生健身强体的效果。无论是资本主义上升期间唯利是图的生产劳动，抑或是社会主义的生产劳动，都会顾及人的健康和体质问题，唯其如此，才能保证社会生产的可持续发展，创造更多的物质财富和精神财富。

体育的主旨，是历经古代奥林匹克运动的激荡洗涤、近代欧洲资本主义文明的顺势助力、现代世界体育主流的不断汇聚和演进而自然形成的。显然，体育的主旨是源于西方文化语境和背景。东方文化中的身体，要么受儒墨显学操控，文弱儒雅，要么受道家思想影响，致虚守静，养生贵柔，"柔弱者生之徒，坚强者死之徒"，"天下之至柔，驰骋天下之至坚"。因而归根结底，东方的养生文化，贵柔守静，以静制动，以不变应万变，"夫唯不争，故天下莫可与之争"。所以东方文化更强调静、虚、和谐，而西方文化的竞争色彩似乎更浓。体育竞技源自西方，体育的概念放在西方文化背景下来定义，似乎也更能贴近它的本源。

给概念下定义，既要考虑其学术性，也要考虑国情和民族习惯。许多约定俗成的概念，并没有太多的学术依据，但在大众之间仍然广为传播和使用，就是这个道理，因为语言和概念，首先要传播和使用，才具有生命力，过分追求学术性，忽略其实用性，无视某些约定俗成的概念和既成事实，反而会舍本逐末。

相比较而言，陈荫生、陈安槐先生给体育下的定义似乎更为贴切。在他们主编的《体育大辞典》中对体育的概念是这样定义的：体育，也叫"体育运

---

[1] 张洪潭.体育的概念、术语、定义之解说立论[J].西安体育学院学报，2006，23（4）：2-5.

动",人们根据生产和生活的需要,遵循人体的生长发育、生理机能活动能力变化与适应性的规律,以及动作技能形成规律与认识事物的一般规律,以身体练习(体育动作)为基本手段,结合日光、空气、水等自然因素和卫生措施,达到全面发展身体、增进健康、增强体质,提高运动成绩水平,丰富社会文化娱乐生活为目的的一种社会活动[①]。这个定义的进步之处在于,它已把体育概念完全从教育领域剥离了出来,形成了"体育运动"自身的体系,这与体育运动在当前社会活动中的地位与价值是相对称、相吻合的。该定义与前面几种观点类似之处在于,它同样试图从"目的"角度把体育运动从社会活动中区分开来。

(三)关于体育教学

按照前文关于体育概念的探讨,体育本源于教育,但现在已完全从教育中剥离出来,形成了自身独立而完整的庞大体系(可称为体育界)。学校中的体育活动或体育教学,并不意味着体育(体育运动)包含在教育之中,而只是教育领域把体育借用过来作为教育的一个内容与载体。正如数学或物理等领域一样,它们本身形成了独立的体系(可称为数学界或物理学界),有自己的专家与学者(数学家或物理学家等),有自身的研究对象与成果。学校中把数学或物理作为教学的内容,并不表明数学或物理就是教育的组成部分。学校中有数学教学或体育教学,只是在教"数学"或教"体育",或者说是利用数学或体育来教学生、发展学生,而不能说数学本身就是教育,或者说体育(运动)属于教育。

我们看待某种社会角色往往习惯用固定的思维,而事实上看待一个人扮演何种社会角色应该看他当时所处的情境或承担的主要社会活动。很多体育教师自称是"搞体育的",显然是一种观念误区。基于上文所述,体育教师应该是属于教育界,他首先是教师,在此基础上,为了做好自己的教学工作,他需要在体育专业与技能上不断学习与发展,以胜任作为教师的教学工作之需要。教师的角色不是固定不变的,而是随着情境的变化不断变换。如果当时他在给学生上体育课,那么他是以教育领域的教师角色出现,如果他在业余时间训练某专业队的运动员,那么此时他就扮演体育领域的教练员了。可以说,角色只在此时此地。在某一时刻你是家长,而在另一时刻你是教师,如果在学生面前你还要摆出家长的威风,学生肯定会对你敬而远之;如果在孩子面前你拿出教师

[①] 陈荫生,陈安槐.体育大辞典[M].上海:上海辞书出版社,2000:3.

说教的面孔，那也大概会招来孩子的不耐烦。

体育教学的概念，就意味着教学"体育"或者用"体育"教。因而"体育"教学的定义，与"数学"教学、"物理"教学一样，显然源出于教学的定义，都是教学活动，区别只在于教学的内容变了。我们首先来温习一下教学的概念。在凯洛夫《教育学》的影响下，我国教育界对教学的理解，大都是"教与学的双边活动"。王策三先生在《教学论稿》中说，所谓教学，乃是教师教、学生学的统一活动[1]。李秉德先生在他主编的《教学论》中说，教学就是指教的人指导学的人进行学习的活动，进一步说，指的是教和学相结合或相统一的活动[2]。顾明远先生在《教育大辞典》中称，教学是以课程内容为中介的师生双方教和学的共同活动[3]。可见我国学者对"教学"的理解，大多是"教师的教与学生的学"。于是在此时此地，教学成为一种合成词：教与学（teach and learn）。

对体育教学的概念，有两种理解：一是认为"教学"与"教"通用，所谓教学论其实就是"教的理论"；二是与教育理论界的观点吻合，认为体育教学是教师的教和学生的学相统一相结合的双边活动。

《中国大百科全书·体育卷》对体育教学是这样定义的：体育教学，按照教育计划和体育教学大纲，由教师向学生传授体育知识、技术与技能，有效地发展学生身体、增强体质，同时对学生进行思想、道德、意志、品质教育。这是一个有目的、有计划、有组织的教育过程[4]。这个定义侧重于教师的教，"教师向学生传授知识、技能""对学生进行思想道德教育"，显然这里的"教学"意味着"教学生"，对应着英文词汇中的teach。

金钦昌先生主编的《学校体育学》是我国高等院校体育系的主要教材和优秀教材，其中关于体育教学的定义在体育理论界有较深的影响。该书指出，体育教学是学生在教师有目的、有计划的指导下，积极主动地学习与掌握体育、卫生保健基础知识和基本的技术、技能，锻炼身体，增强体质，发展运动能力，培养思想品德的一种有组织的教育过程。它是实现学校体育目标的基本途径之一[5]。这个定义注重学生的学习活动，这里的"教学"意味着"教与学"，对应于英语词汇中的合成词teaching and learning。

---

[1] 王策三. 教学论稿［M］. 北京：人民教育出版社，1985：88.
[2] 李秉德. 教学论［M］. 北京：人民教育出版社，1991：2.
[3] 顾明远. 教育大辞典［M］. 上海：上海教育出版社，1990：178.
[4] 编委会. 中国大百科全书·体育卷［M］. 北京：中国大百科全书出版社，1981：351.
[5] 金钦昌. 学校体育学［M］. 北京：高等教育出版社，1995：72.

体育教学是一种教学活动，这种活动是围绕特定的体育教学目标而进行的。所谓体育教学目标是指在一定的时间和范围内，体育教学中师生所应达到的最终目的，即预期所要达到的教学结果和标准。许多版本的《学校体育学》教材都指出，我国的体育教学目标是：通过体育教学向学生进行体育、卫生保健知识教育，增强学生体质，促进身心发展，培养德、智、体全面发展的社会主义建设者。

由此看来，人们给体育教学赋予了三个基本任务：增强体质，传授知识技能，进行思想品德教育。我们来分析一下，体育教学是否能完成这些任务。

在儿童、少年、青年时期，随着年龄的增长，人的机体也在持续地生长发育着，持续生长发育的阶段性结果，就是人的体质不断有所增强。这是一个自然长进的过程。而许多优秀运动员身体形态的专项特点，有时却非自然长进的结果，而必定是经历了长期运动训练的改建重构过程。这说明运动训练对于人体具有这样一种功能。但运动训练与体育教学是有区别的，它通过不断地对运动员机体施加超常量的负荷，通过负荷后的恢复及超量恢复，使机体达到新一级水平的适应，同时也使身体形态不断发生细微变化，最终形成鲜明专项特点[①]。体育教学并不具备这样的特点，尽管在体育教学过程中也要使学生承受适当的运动量和强度，但体育课上或体育教学过程中的"适宜"强度，其增强学生体质的效用，与青少年体质自然长进的过程相比，显得微乎其微。

体育教学的第二个任务是传授知识技能，我们认为这才是体育教学的自然功能与本质目标所在。体育教学的真正作用是向学生传授健身的方法与技能，正是在掌握了某种方法与技能的基础上，学生持之以恒地锻炼或参与体育活动，其体质才得以逐渐增强。所以说增强体质并非单纯的体育教学过程所能完成的。体育教学第一步的或基本的任务，显然还是传授体育方法与技能。

学校体育教学的目的究竟是什么？在回答这个问题之前，我们可以先考察一个更一般的问题：学校教学的目的究竟是什么？我们所受的教育告诉我们，是为了培养社会主义建设者和接班人，去掉"社会主义"的限定，使范围更扩大一些，是为了培养建设者和接班人。再扩大一些，教学目的是为了培养人。曾经在某市听过一位国家级重点中学的校长访谈，他说，有人认为我们的教育是为了培养人才，哪有那么多的人才呀，教育能培养人，就算是完成使命了。答案也许很直白，但事实的确如此，谁又能否认我们的教学（甚至于体育教学）不是为了培养人呢。然而这个回答还是过于遥远，不够具体。我们想要的

---

① 张洪潭. 体育教学概念匡补 [J]. 上海体育学院学报，1994，18（3）：1-5.

是对教学目的最直接、最具象的回答。来分析一下"教学"。教学，是一种双边活动，教与学，教是为了传授某种东西，学是为了接受或掌握某种东西，这里的"某种东西"就具有了直接意义和具体形态。无论教学目的是为了培养全面发展的人才也好，是为了培养完满的人格也好，教与学最直接、最原初的目的应该是为了传递某种东西。如果说"某种东西"缺乏学术味的话，我们给它一个学术名称"知识技能"，往大了说，可以叫"人类文化"，或者叫"人类文明的成果"。

于是，我们回过头来回答，体育教学的直接目的是什么？沿着前面的思路，很容易给出这样一个答案：体育教学的直接目的是为了传递体育知识与技能。而且，由于体育知识所具有的实践性与操作性，体育技术技能的传习应当成为学校体育教学的主旨。同理可推导出这样的结论：体育知识和技能的传递显然应成为体育教学最直接和最主要的目的，而增进健康与增强体质，只是体育教学的可能价值与终极价值所在。历来的体育教学大纲中始终把增强体质作为主要目的，这反映了体质羸弱年代人们迫切要求改变弱国弱民面貌的美好愿望。但如果在体育课上单纯强调增强体质，其实失去了教与学的载体或增强体质的抓手。我们很高兴地看到，在教育部《体育与健康课程标准》新的修订稿中，知识与技能的教学再一次被提到了最重要的位置。

对于体育知识而言，特别是中小学所学习的体育知识而言，那些所谓"体育知识"，比如球星的八卦与逸事、奥运会的历史与趣闻等，实在是有辱"体育知识"的清誉。真正有价值的体育知识，其实正是体育的技能。体育知识有两种，一是认知性知识，二是操作性知识。操作性知识不是以单纯的认知形式来做表现，而是直接表现为身体运动系统操作之后所形成的数量庞大、多种多样、实有功效的固定程序[1]。以往人们大多不把它们当作与认知活动成果并称的知识，例如，运动技术并不被认为是一种知识形态，在事实上给体育教学带来了认识上的困惑。

由此可见，在知识中心的大背景下，人们并没有把运动技术当作一种知识来对待，因而运动技术的传习也就没能理直气壮地成为学校体育教学的主流，它羞羞答答地淹没在体育教学的众多目的之中，又是增强体质，又是思想品德教育，使人不知体育教学究竟想干什么。

因此，体育课应强调体育技能和方法的传习，这是实现增进健康、促进学生身心发展等目标的基础。《体育与健康课程标准》也强调，身体练习是体育

---

[1]张洪潭.体育教学概念匡补[J].上海体育学院学报，1994，18（3）：3.

教学的主要手段，以体育与健康知识、技能、方法为主要学习内容[1]，这是体育教学的特点所在，也是体育教学过程价值的体现。如果过多地坐在教室里讲"体育基础知识和卫生保健知识"，那就不像体育课了。在传习体育技能和方法的过程中，体育教师可以有针对性地讲解有关卫生保健、运动竞赛、身体练习等方面的认知性知识。而且这些认知性知识在初步体会到的操作性知识的基础上，是不难被理解和领悟的。

尽管从1903年清政府颁布《奏定学堂章程》（癸卯学制）开始，我国学校中才开始有体育课（或叫体操课），但体育教学活动应该在很早以前就出现了。如果把身体活动、身体练习都看作是体育活动的话，那么远古时代的部落首领"教民以猎"，部族的长者教下一代追逐和捕猎的本领，都可以看作是某种意义上的"体育教学"活动。

原始社会末期，中国古代的学校开始萌芽。"成均，五帝之学。"成均是黄帝、颛顼、帝喾、尧、舜五帝时期出现的学校。夏朝初具形态的学校有庠、序、校三种，其中"序"原是练习射箭的场所，《孟子》记载："序，射也。""序"只有东西墙，以方便射箭之用，是为适应军事训练的需要而产生的。而"校"原指木栅栏，是养马的地方，后演变为操演或角力比武的场所。《礼记·内则》记载："十有三年，学乐诵诗舞勺。成童，学射御。"儿童学射箭驾车，跟谁学呢？这里应该有一个教导的师傅，或者至少有一个学习和模仿的对象，于是教与学的关系便存在了。这里的记载反映出中国远古时代就有了体育教学活动的萌芽。

（四）自然主义体育思想的内涵

人们对自然体育的理解，一般有两种。其一认为它是利用自然生态环境（外在的自然）开展体育活动，进而对学生进行教育和培养。例如文艺复兴时期维多利诺的"快乐之家"，喻意是贴近自然、充满欢乐的地方。学校重视优美舒适的自然环境，不只风景宜人，空气清新，且有花园，阳光普照[2]。这种自然体育观可归属于生态自然观。其二是顺应学生的自然天性（内在的自然）进行游戏或体育活动，使其得到教育与发展。卢梭说"我们的才能和器官的内在的发展，是自然的教育"[3]。这种自然体育观就归结为天性自然观。

---

[1] 教育部. 普通高中体育与健康课程标准［M］. 北京：人民教育出版社，2003：2.
[2] 杨启亮. 困惑与抉择：20世纪的新教学论［M］. 济南：山东教育出版社，1996：12.
[3] 卢梭. 爱弥儿［M］. 李平沤，译. 北京：商务印书馆，1999：7.

笔者认为，自然主义体育思想不仅仅局限于这两个方面，"自然"喻指一种规律性，自然体育不仅要遵循环境和人的天性发展的规律，还要遵循运动生理的规律、运动技能形成的规律、体育教学的规律、儿童社会化的规律，等等。遵循这些规律进行的教育教学活动指导思想可以称之为自然体育思想或自然主义体育思想（文中的自然体育观或自然主义体育观其内涵与此类似，不同表述只是为了行文的方便）。所谓当代自然体育精神，是指体育的价值判断、情感意志及行为导向过程中充分利用自然生态环境、尊重学生主体意识、关注人体发展规律的一种体育理念，其最终目标是为了实现人的全面发展。因此，当代自然体育精神或自然主义体育思想至少包含以下五个方面的意义。

——充分利用自然生态环境提供的体育物质条件进行体育教学活动。这与传统意义上的生态自然观相一致。

——充分展示运动者个体主观意愿与自然天性。尊重学生主体意识，接近于人本主义的"自主性"，也与卢梭的自然体育观隐隐呼应，反映了一种天性自然观。

——充分体验自然科学给予人的健康提示，并确立体育的生物学、生理学、生物化学规律。这种自然体育观要求遵循自然科学关于人体发展的认识成果与自然规律。

——充分体现综合性的运动过程的非智力因素或者情感意志价值观的成长。这一点关注到学生作为人或学习主体的主体价值与意义，关注学生在自然体育活动中的心理学规律与情感体验（类似于裴斯泰洛齐的"心理自然"）。

——在开放的体育空间中通过体育实践来促进学生的社会化进程。

开放的体育空间是体育课区别于一切文化课的重要特征，在阳光下、新鲜空气中开展体育学习活动，在自然环境中接受熏陶和感染，这是其他任何学科无法比拟的，正是这一特征决定了实现学生身体健康、心理健康和社会适应的优势条件，也正是这一优势条件，构成了体育实践类课程区别于其他一切课程的重要学科性质。

凡是违背并不能与上述方面相适应的、由制度化和工具化所产生的体育教学思想、目标、内容、实施评价与科研，而与学生的自然发展相抵触的体育教学现象，我们都可以将它们称为非自然体育，由此我们真正确立了自然体育和非自然体育的明确界限。

近代自然体育的萌芽可追溯到17世纪英国出现的户外运动，户外运动是现代体育运动的三大基石之一，它是英国的绅士教育所关注的一种手段。英国贵族注重培养具有德行、智慧、礼仪和健康身体的绅士。绅士教育的倡导者洛克尊重儿童的自然天性，重视儿童自由并且主张给儿童以选择自由的权利，反对恐吓和体罚，并且认为它们对人类热爱欢乐、厌恶痛苦的自然本性有百害而无一利。洛克认为，学习知识要像游戏娱乐一样，因为对儿童来说，游戏即是学习。两者均要费力，但他们都不在乎，因为他们喜欢忙忙碌碌。唯一不同之处是，在我们称之为游戏的活动中，他们能有自由，并且自由地使用精力。但是学习却是被迫的，他们不得不被驱使着去学习[①]。因此，绅士教育关注在户外自然环境中的游戏与运动，包括骑马、打猎、游泳、网球以及田径运动等。

洛克认为，户外的体育运动是绅士教育的基础之一。显然，户外体育运动的目标是培养绅士"强健的身体"。为了培养健康的身体，洛克还从三方面给我们指出了具体的原则与方法。首先身体锻炼要从小形成习惯，其次身体锻炼要从建立良好的生活制度与习惯开始，此外，身体锻炼要顺应自然，"自然所作为的比我们指导他去作为的不但好得多，而且精确得多"[②]。洛克把身体教育放在了培养绅士的重要环节，为我们指出了体育的自然方法。"健全之精神寓于健全之身体"，他关于身体教育的名言，到今天仍然让体育教师们倍感振奋。

应当承认，近代中国的自然主义体育观源自西方的自然教育观念，但在中国传统文化的源头，却有着我们本根本土的自然体育精神，这就是老子的自然体育观（下一节将专门论述）。

老子的自然体育观重在养生之道，养生贵柔，"以天下之至柔，驰骋天下之至坚"；西方的自然体育思想重在强身、娱乐，强调运动竞技、参与竞争，有别于老子的"夫唯不争，故天下莫能与之争"。本文所述的自然体育思想，在继承老子自然体育观的基础上，借鉴西方运动竞技的方法，帮助学生养生、健身，尊重学生主体地位与天性发展，试图达到促进学生身心健康发展的目的（表1-1）。

表1-1 老子自然体育观与西方自然体育思想比较

比较内容	老子自然体育观	西方自然体育思想
目标	养生	健身、娱乐
理念	专气致柔，致虚极、守静笃，以其不争，故天下莫能与之争	运动，竞争，拼搏
方法	呼吸吐纳，气功等	户外运动，田径、球类、游泳、骑猎等
理论基础	道法自然，不妄为	遵循生理与心理的自然规律

[①] 杨启亮.困惑与抉择：20世纪的新教学论[M].济南：山东教育出版社，1996：20.
[②] 洛克.教育漫话[M].傅任敢，译.北京：人民教育出版社，1985：72.

二、近代欧美的自然体育思想

夸美纽斯生活的时代，欧洲学者在数学、力学等方面取得了很大的成就，为钟表、机械等工艺的发展奠定了理论基础。夸美纽斯认为，整个世界也是一架"巨大的机器"，世界上的一切都是按照机械的原则安排的，他把这个原则称作"秩序"。"真正维系我们这个世界的结构以至它的细微末节的原则不是别的，只是秩序而已"[①75]。

教学要有恰当的秩序，秩序来自哪里？《大教学论》指出，"教导的恰当的秩序应当从自然去借来，不能受到任何障碍"。教学艺术应该服从整个大自然的秩序，"秩序是把一切事物教给一切人们的教学艺术的主导原则，这是应当、并且只能以自然的作用为借鉴的"[①80]。

夸美纽斯继承和发扬了人文主义者、宗教改革者在教育、体育等方面的理论和实践成果，提出了教育"适应自然"的原则，奠定了近代资产阶级教育理论和学校体育的基础，被称为"近代学校体育之父"[②]。在夸美纽斯之后，卢梭、巴塞多、裴斯泰洛齐等人，从对儿童实施全面教育的角度，对自然教育及学校体育的理论与实践进行了可贵的探索。

（一）自然体育的倡导者与追随者

1. 卢梭的自然体育

卢梭同意这样一个命题：人是环境和教育的产物。不同的环境形成了人的迥然不同的心灵。人体之强弱，往往也取决于生活环境。"一个人体质强弱以及依存于体质的体力的大小，往往取决于他是在艰苦环境中成长起来的，抑或是在娇生惯养中成长起来的，而不是取决于他的身体的先天禀赋。"这是卢梭在《论人类不平等的起源和基础》中所讲的话，反映了环境和教育对人体发展的重要影响。

[①] 夸美纽斯. 大教学论［M］. 傅任敢, 译. 北京: 人民教育出版社, 1984: 75; 80.
[②] 编写组. 体育史［M］. 北京: 高等教育出版社, 1996: 240.

教育在改变环境对人的影响、塑造人的身体与心灵等方面起着决定性作用，因而教育势必要遵循人的内在的自然规律。卢梭认为，感觉是认识、情感和意志的来源和基础。追求愉快和幸福美满的东西，避开痛苦和不幸的东西，这种倾向就是人的"内在的自然"。

卢梭的自然教育，就是以发展儿童的"内在自然"或"天性"为中心的教育。人的教育和事物的教育，都应追随儿童的"内在自然"，因此体育也应该依照儿童的内在自然的发展秩序，以儿童的内在自然为依据，通过恰当的教育，使儿童的身心得以顺利的发展。

按照儿童身心发展的自然进程进行教育，是自然体育的基本原理，自然体育的理论与方法都应由此产生。

既然教育要以适合儿童的"内在自然"为准则，所以一切教育措施就不能超出儿童的能力和需要。在笔者看来，这一点显然是卢梭自然教育的主要特征，但恰恰也是其局限性所在。教学要遵循儿童的内在自然，但也要遵循"教学的自然"，即要适度超越儿童现有发展水平，才能促使其发展与进步。特别是在体育教学中，不施加适当的负荷强度，就不能对学习者机体产生有效刺激，其体质状况与技能水平也就不会得到有效提高。教育的目的是要通过自然使儿童的本能、天性得到发展，使儿童合乎自然地成长为一个自由的人。重要的是使儿童能够自然地成长，使他能自由地发展他的本能、他的个性。教育应以儿童的能力和自然倾向为原则。"真正自由的人，只想他能够得到的东西，只想他喜欢做的事情。这就是我的第一个基本原则，只要把这个原则应用于儿童，就可源源得出各种教育的法则。"[①]

卢梭认为，人们受教育从出生的那一天起就开始了，不过这时他不是教师的学生，而是自然的学生。儿童在他生命开始的日子里，就从大自然受到教育，得到最初步的经验。父母是子女的天然教师，把初生的婴儿交给乳母和家庭教师教育，是违反自然的。

两岁以前，教育的重点是帮助儿童的身体健康成长。所以体育应该从出生开始，这时最应防止的是用襁褓束缚儿童的身体的自由发展。襁褓的束缚有碍儿童身躯的自由舒展，阻滞其血液流通，减少婴儿的活力，压抑他的自然成长。因此，卢梭冷峻地说，人出生后所得到的第一件礼物就是枷锁。

体育之重要还在于体质与精神不可分，只有健康的身体才会有健全的精神（洛克也说过同样的话"健全之精神寓于健全之身体"），身体愈强壮，它愈

---

① 卢梭.爱弥儿：第2卷[M].李平沤，译.北京：商务印书馆，1978：80.

能听从精神的支配,虚弱的身体使精神也跟着衰弱。所以卢梭只要健壮的学生。

卢梭的自然教育思想是从他的自然哲学观点出发的。他认为人生来是自由平等的,在自然状态下,人人都享有这一天赋的权利。但是人类社会进入文明状态,是人与人之间不平等的起源,特权和奴役现象,使人失掉了自己的本性。为了改变这种不合理的状况,卢梭主张对儿童进行"自然教育",以适应自然发展的过程。所谓自然教育,就是要服从自然的法则,听任人的身心自由发展。自然教育的手段就是生活和实践,让孩子从生活和实践的体验中,通过感官的感受去获得他所需要的知识。卢梭提倡的自然教育,在当时教会学校束缚儿童个性发展的情况下,是具有反封建的进步意义的,他倡导的资产阶级"个性解放",在客观上也是符合社会进步要求的。

在《爱弥儿》中,卢梭提出了对不同年龄阶段的儿童进行教育的原则、内容和方法。在该书第一卷中,他着重论述了对婴儿如何进行体育教育,使儿童能够自然发展。这是自然主义体育思想把卢梭奉为自然体育源头的重要原因。

卢梭在《爱弥儿》的开篇就写道:出自造物主之手的东西,都是好的,而一到了人的手里,就全变坏了。他要强使一种土地滋生另一种土地上的东西,强使一种树木结出另一种树木的果实;他扰乱一切,毁伤一切东西的本来面目;他喜爱丑陋和奇形怪状的东西[①]。与此相类似,与卢梭同时代的东方文化中也有对摧残生物界自然状态的批判。明末全祖望《梅花岭记》所述,"梅以曲为美,直则无姿;以畸为美,正则无景;以疏为美,密则无态"。于是匠人就夭其稚枝,改变其自然形态,追求所谓的畸曲之美。可见违背自然的教育不愿意看到事物天然的那个样子,甚至对人也是如此,把人像马戏团的动物那样加以训练。

卢梭认为,我们所接受的教育,主要有三种。"这种教育,我们或是受之于自然,或是受之于人,或是受之于事物。"在这三种不同的教育中,自然的教育完全是不能由我们决定的,事物的教育只是在有些方面才能够由我们决定。只有人的教育才是我们能够真正加以控制的。这反映出卢梭对待自然教育的认识。他认为自然的教育不能加入任何人为的因素,否则就不能算是自然的教育了。但是如果没有任何人为的因素,那种"自然的教育"只能是"自然的启示"了,教育就是"养子使作善",没有人为的因素,也许就不能称作教育,而只能是"启迪"或受教育者自我"感悟"了。

---

① 卢梭.爱弥儿[M].李平沤,译.北京:商务印书馆,1999:7.

卢梭对自然的概念也做了探讨。他反对把自然看成是习惯,强制养成的习惯是永远也不能消灭人的天性的。一些自由生长的植物,虽然保持着人们强制它倾斜生长的方向,如果这些植物脱离了强制,重新自由生长、继续发育,它又会恢复直立生长的天性。人的习性也是如此。虽然这些习性对我们来说是最不自然的,但是,只要情况有改变,习惯就会消失,天性又恢复过来。

卢梭说,"人们只想到保护他们的孩子,这是不够的。应该教他成人后怎样保护他自己,教他经受得住命运的打击,教他在必要的时候,在冰岛的冰天雪地里或者马耳他的灼热岩石上也能够生活。你劳心费力地想使他不致于死去,那是枉然的,他终归是要死的。虽说他的死不是由于你的操心照料而造成。但是你所费的这一番苦心是可能被误解的。所以,问题不在于防他死去,而在于教他如何生活。生活,并不就是呼吸,而是活动"[1]15。

与卢梭的自然教育相反,现在某些学校的安全教育,似乎只在乎防止孩子死去,而不在意教他如何生活。校长整天提心吊胆祷告,"在我的学校里,可千万不要有什么死人或失火的事情发生"。再看给学生的交待:"不玩火、不玩电、不去危险的地方玩耍;在没有成人监护的情况下,不去河里游泳、嬉水。"为了达到安全目的,教他如何生活等内容,统统可以放在其次。但有时私底下会偷偷闪过一丝疑虑:我们为了安全地活着,可能会失去某些活着的意义和乐趣。

遵循自然,自然跟着它给你画出的道路前进。它在继续不断地锻炼孩子;它用各种各样的考验来磨砺他们的性情;它教他们从小就知道什么是烦恼和痛苦[1]23。这是自然的法则,由于想改变这个法则,结果是毁了孩子,阻碍了它对孩子的关心照料取得成效。孩子在室外受到自然给他的锻炼,这在家长看来是倍加危险,可是相反,这是在分散危险,减少危险。在童年时候使他少受一些痛苦,而结果却使他在达到有理智的年龄时遇到更多的痛苦,这个方法岂不愚蠢!

体育始终是教育的一部分,进行体育活动只是为了锻炼人、教育人,这一点卢梭从未怀疑过。有一些运动纯粹是自然的和机械的,如游泳、跑步、跳跃、抽陀螺和扔石头。从事这些运动,不只是要锻炼体力,而且要锻炼所有一切指挥体力的感官。人的教育在他出生的时候就开始了,在能够说话和听别人说话以前,他已经就受到教育了,只不过这种教育是自然赋予的,是孩子自己在观察、体会、领悟。所以卢梭的自然体育思想,是遵循客观的自然,也遵循儿童内在的自然。

---

[1]卢梭.爱弥儿[M].李平沤,译.北京:商务印书馆,1999.

卢梭的确是个伟大的理论家。和夸美纽斯、裴斯泰洛齐等人不同，卢梭并没有太多的教育实践，他只做过短期的家庭教师。爱弥儿只是他想象出来的一个学生，所以他可以自由自在地阐述一些不用他去实施的方法，可以轻而易举地提出许多不一定能实行的美好方案。他的自然教育理论其实也的确只是一种理论，因为在卢梭大谈顺应儿童内在自然进行教育的时候，他的孩子却在孤儿院里受着煎熬。而且卢梭的自然教育理论并非完美无瑕，也有其缺陷与不足。其根本缺陷在于过分强调儿童在活动中的自然成长，而忽视了人类文化传统在教育中的作用。卢梭重视儿童的生理的成长，特别是感官发育的成熟是对的；他注重儿童在活动中，通过练习而获得经验，主张儿童到15岁以后应接触社会，以便得到人与人之间的关系的知识。而在此之前，不应该对孩子施加任何教育，或者说，最初几年的教育应当纯粹是消极的，"你开头什么也不教，结果反而会创造一个教育的奇迹"[①96]，"爱弥儿长到12岁还不大知道什么叫书"[①135]。在儿童阶段，不可急急忙忙向他灌输知识，"不仅不应当争取时间，而且还必须把时间白白地放过去"。这是"最重要和最有用的教育法则"。可以看出，卢梭对"早教"持否定的态度。另外，卢梭所说的自然教育，其教育对象也是有局限性的。他认为，"穷人是不需要受什么教育的"[①32]，所以，我们要选择一个富有的人来接受教育，至于穷人，他是自己能够成长为人的。这反映出卢梭在教育对象上的阶级局限性。

2. 巴塞多的泛爱教育

深受卢梭思想影响的德国泛爱主义教育家约翰·伯纳德·巴塞多（Johann Bernard Basedow，1723—1790年），是卢梭自然教育最初的实践者之一，狂热地宣传并实践卢梭的自然教育思想。巴塞多生于德国汉堡一个理发师的家庭，1749年开始做家庭教师，在做家庭教师期间，他就注意教学方法的改良，利用周围的事物，进行谈话式的教学，并把教学与游戏结合起来。1761年他到德国的埃尔托纳（Altona）的一所文科中学（gymnasium）教书，此时正值《爱弥儿》发表，巴塞多有机会接触到这本书，并以此为依据，开始进行教学改革的尝试。

"一切顺乎自然"是巴塞多的教育原理。与卢梭一样，他认为要把儿童作为儿童来对待。儿童喜动，这是自然本性的提示。即使在玩耍的时候，儿童也

---

① 卢梭.爱弥儿（上卷）[M].北京：李平沤，译.商务印书馆，1999.

可以学习到事物的名称，在这点上，卢梭、巴塞多、福禄倍尔持相同的见解。儿童首先通过感觉印象来熟悉世界——应该向自然本性学习。要教育儿童的全部身心——通过体育来锻炼身体，通过对事物的学习来培养心智。强制的方法是错误的，儿童应当自由。要培养他们的自然本性的愿望和引导他们，千万不可压制。

1774年巴塞多在德绍创办了一所学校，称为泛爱学校，也称为博爱学校（Philanthropin）。巴塞多在泛爱学校宣扬广泛热爱儿童，让他们在优美自然环境中愉快学习与发展的主张，在当时的德国乃至整个欧洲产生了广泛影响，以致巴塞多本人的教育实验失败以后，泛爱主义教育运动还在许多地方持续拓展。泛爱主义兼顾了夸美纽斯重视感觉实在的"泛智"，卢梭浪漫自然主义的理想化"人本"，但并没有多少理论建树。所以它只是提出了摆脱传统教学程序目标和进步教学主张的一种教学尝试。当时德国学校充满经院主义气息，单纯进行智育教育，体育无人过问，死记硬背，把小孩子变成小大人。孩子的衣着服饰与成年人毫无二致，一个个少年老成，缺乏童年应有的童趣。巴塞多着手改革这种旧教育。

巴塞多最为突出的贡献是他的教育实践活动，他创办的泛爱学校是他开展教学实践活动并实施其教育理想的重要场所。巴塞多试图把这所学校办成一所充满"人类之爱"的慈善学校，他以卢梭的学说为根据，但又不完全局限于卢梭的学说。该学校努力贯彻卢梭所提倡的教学科目和教学方法，最有代表意义的是开办了这样两方面的教育，一是劳动教育，二是体育活动、游戏与户外活动，每年有一个月或两个月的夏令营活动。

巴塞多的泛爱学校，把体育列为正式课程，将古希腊体操、传统骑士项目和民间游戏糅合在一起加以发展，创造了著名的"德绍五项"（跑步、跳高、攀登、平衡、负重）。学校改变了传统的体育模式和课外活动、游戏的教学方式，采用按年龄选用教材和分组教学的方法，使各种身体练习在教育意义上组成统一的体育手段，在这所学校，出现了近代最早意义上的体育教师。

巴塞多特别强调游戏、竞赛在教学中的作用，他认为这些方法可以使儿童较容易记住他所学过的东西。巴塞多十分强调儿童的学习应建立在自觉的基础上，儿童应是主动地学习，教师只是从旁帮助而已，要使学习尽量地引起学生的兴趣，其方法尽可能地多样化。

遗憾的是，巴塞多缺乏领袖气质，缺少领导泛爱学校改革的行政能力，他的泛爱学校在1793年便停办了，但他的教育理想却很快传遍了德国，在德国、瑞士等国家产生了广泛影响，直接影响了裴斯泰洛齐等人的教育理论与实践。

3. 裴斯泰洛齐的自然教育

卢梭提出自然教育的思想，是由于资产阶级上升时期对人才提出了新的要求，这个时期不再满足于以往传统教育所训练出来的没有真知识、能力和个性得不到充分自由发展的人。但是，卢梭的自然教育仅仅只是一种教育思想，他本人没有从事过切实的教育实践。他的发展人类本性的思想具有浪漫主义的色彩，关于什么是人的自然本性，以及如何具体实施自然教育的内容和方法来发展人的本性，他并没有明确而切实的论述。而裴斯泰洛齐的以教学心理学化为具体内容的自然教育理论，比卢梭的自然教育理论实际、丰富和深刻得多。而且由于裴斯泰洛齐的伟大实践，他的自然教育已经从理论走向了学校的现实生活。

裴斯泰洛齐于1746年生于瑞士的苏黎世。幼年的时候，常随祖父访问教区内的贫苦居民，从小即深知劳动人民的疾苦，对于穷苦和不幸者有无限同情。1769年裴斯泰洛齐购买并经营一所小农场，名为新庄（neuhof，许多文献译作"纽荷夫"），1774年农场经营失败，他将自己的住宅改办成了一所名为"贫儿之家"的学校，招收孤儿和乞丐儿童，目的是"在穷困中教育人"。在这一点上，裴斯泰洛齐和卢梭的旨趣迥然不同，卢梭曾明确说过，"穷人是不需要什么教育的"[1]，所以按卢梭的想法，在教育对象上应选择富有的人，在他的心目中，爱弥儿至少不会为生活发愁。所以卢梭的自然教育，可以说是平民教育，但不是贫民教育。因而相比较而言，裴斯泰洛齐的自然教育，更接近广大无产阶级。

1800年裴斯泰洛齐在瑞士的布格多夫镇（Burgdorf）创办了初等小学，在几位青年教师协助下，裴斯泰洛齐开始实验他的新教学方法。其中有一位原拿破仑军队的士兵馁夫（Naef）担任体育课的教学工作。二百多年前的瑞士偏远小镇布格多夫小学居然有了专职的体育老师，这是继巴塞多的泛爱学校之后我们再一次发现了体育教师的身影。

裴斯泰洛齐是一个伟大的实践者，一生勤俭办学，创办了多所学校，实践他的教育理想。1846年裴斯泰洛齐诞辰百年纪念日，瑞士人民在他墓前竖了一块纪念碑，碑文写着：在新庄，你是穷人的救星；在《林哈德和葛笃德》中你是人民的导师；在斯坦兹，你是孤儿之父；在布格多夫，你是国民学校的创始人；在伊弗东，你是人类的教育家，你是一个完全的人，一个基督徒，一个公民。你一切为人，毫不为己，裴斯泰洛齐之名，万古长存！

---

[1] 卢梭.爱弥儿：上卷[M].李平沤，译.北京：商务印书馆，1999：32.

在裴斯泰洛齐的教育实践中，他始终认为，儿童天赋力量和才能有其自然发展的规律，教育者必须多方面研究儿童的自然发展，使教育与儿童的自然发展相一致。他认为只有牢固地建立在儿童自然发展基础上的教育，才能达到教育预期的目的。因而，他指出教育最基本的原则就是适应自然的原则。

"我寻求人类心智的发展必须服从的规律。我认为这些规律一定如同物质的大自然的那些规律一样，并且确信初步教育的心理学方法，可以在这些规律中寻求可靠的思路。"[1]因此，裴斯泰洛齐寻求的自然是"心理的自然"。

裴斯泰洛齐提出了"直观"这个心理学的重要概念，它可以意指感觉印象、观察、注视、知觉、统觉或直觉等。裴斯泰洛齐自己对此也做了描述。总的来说就是凭借自然的力量，"我们的心智由模糊的感觉印象上升到清晰的概念"。他指出，这种转变和统一就是要由教学来完成。一切教学的本质、教学的任务、教学规律的基础，都不外于此。所以，教学过程必须心理学化。

裴斯泰洛齐的教学心理学化思想的历史意义十分重大。它把夸美纽斯和卢梭的教育适应自然的思想和直观原则发展到了更高更深的层次。夸美纽斯只注重考虑到客观的大自然，并且认为教育应模仿大自然的外部发展顺序。卢梭前进了一步，注意到人本身的身心自然发展，即所强调的人的自然本性，并主张在自然条件下发展人的自然本性。裴斯泰洛齐又前进了一步。他把自然本性具体化了，把人的本性理解为人的心理发展，并比较全面地论述了关于心理的特性，以及教育教学过程与心理过程相一致。他认识到教育既要遵循自然，又不能完全听任自然的发展。在笔者看来，这一点恰好弥补了卢梭的缺陷。在卢梭那里，教育是要完全遵循儿童的内在自然的，一切教育措施不能超出儿童的能力和需要。

裴斯泰洛齐关于教学课程的考虑广泛重视了体、劳、德、美、智的全部内容。他在实践教育中增加了绘画、唱歌、体操、地理、历史、自然基础知识等，并认为教学任务首先就是教学生以感性经验为基础获得并积累丰富的知识，同时也强调发展智力尤其是发展思维能力是教学的另一重要任务。

裴斯泰洛齐在教学方法上也有许多建树。他不仅深刻研究了直观教学的理论与实践，把遵循自然的原则发挥得非常充分，而且在伊弗东学校尝试现场教学获得了成功。他的"要素教学"着眼于最基本要素，寻求普遍适应性，区别学科探索不同学科的特殊性。例如，他认为数学学科的要素在于形和数，体育学科的要素在于关节运动，等等。不管他的研究结果是否符合事实，但他的确

---

[1] 裴斯泰洛齐.裴斯泰洛齐教育论著选[M].夏之莲，等，译.北京：人民教育出版社，1992：334.

在学科教学的要素方面做了可贵的尝试。19世纪德国的施皮斯所提出的"要素体育"的主张，显然是受了裴斯泰洛齐"要素教育"的启发。

裴斯泰洛齐认为，体育的任务是通过身体的训练，发展儿童身体的力量和技巧。体育的最简单要素是各种关节的运动。它表现为最简单的体力形式，如搬、打、推、掷、拉、摇、转等基本动作。把这些基本动作结合起来，可以构成各种复杂的动作，甚至人类各种职业所依赖的最复杂的动作。这是自然赋予儿童关节活动的能力，既是儿童体力发展的基础，也是进行体力活动和身体练习的要素。

在体育中，儿童应该从小就习惯于各种关节的运动，从最简单的动作开始，然后逐步扩展到全身的、更为复杂的动作练习。通过这些由简单到复杂的动作练习，儿童身体的力量和各种动作就能够得到进一步的发展。而在此过程中，"四肢的基本练习，必须很自然与感觉的基本练习协调起来，也必须与有关思维的机械练习和形数教学的练习协调起来"[1]，因此，体育是培养人全面发展的重要手段，它能够使智力和体力同时得到发展。

裴斯泰洛齐之后，欧洲有许多教育理论家与实践者继承了他的"教育适应自然"的主张，并将之应用到儿童教育的实践中去，如福禄倍尔、蒙台梭利等。尤其是福禄倍尔，他是世界上第一所幼儿园的创立者，关注幼儿的教育与发展。福禄倍尔曾多次到裴斯泰洛齐的伊弗东学校参观并学习，并曾应邀在布格多夫学校担任校长，对裴斯泰洛齐的教育理论与实践耳濡目染，深受影响。福禄倍尔接受了裴斯泰洛齐关于教育要适应自然的思想，并把"自然"理解为潜藏在人身上的力量和能力的发展。他认为，教育要适应自然就是要顺应人的本能，并按照其本能给予适当的教育，以便使他自然地、多方面地运用自己的能力[2]。

4. 蒙台梭利的游戏

蒙台梭利（Maria Montessori，1870—1952年）的儿童发展观在很大程度上受卢梭、裴斯泰洛齐、福禄倍尔的自然教育的影响，并根据自己的观察和实验研究以及生物学、遗传学、心理学理论加以拓展和发挥。蒙台梭利认为，儿童存在着与生俱来的"内在生命力"或"内在潜力"，这与卢梭的"内在自然"在本质上是完全一致的。教育的任务是激发和促进儿童的"内在潜力"的发现，并按其自身规律获得自然的和自由的发展。她认为儿童不是成人和教师进

---

[1]张焕庭.西方资产阶级教育论著选［M］.北京：人民教育出版社，1979：192.
[2]单中惠.西方教育思想史［M］.北京：教育科学出版社，2007：263.

第一章 何谓自然：自然主义体育思想解读

行灌注的容器，不是可以任意塑造的蜡或泥，也不是父母和教师培植的花木或饲养的动物，而是一个具有生命力的、能动的、发展着的活生生的人。父母和教师应该仔细观察儿童，研究儿童，了解儿童的内心世界，揭示儿童的自然发展进程及规律性[①12]，在儿童自由和自发的活动中，帮助儿童智力的、精神的和身体的、个性的自然发展。

在蒙台梭利教育体系中的自由概念，并不是放任自流，或让儿童任意妄为。《蒙台梭利方法》第五章明确指出，"儿童的自由以不损害集体利益为限度"[①112]，对他人不礼貌或有粗野行为就应加以制止。蒙台梭利的教育原则和方法是在有准备的环境和特定的条件下给儿童以最多的自由和活动的权利，在组织得井然有序的自由活动中让儿童自然而然地受到纪律和道德的教育和训练，并逐渐形成习惯，习惯成自然，从而形成儿童的"第二天性"。对蒙台梭利而言，纪律和自由是一件事物不可分的两部分——犹如一枚硬币的两面。

活动是儿童内在生命力的外部表现。对儿童来说，活动往往比食物还重要。儿童的活动往往被称之为游戏。就儿童的本性而言，他们的游戏是在自己的世界里探索、建设与发展，而绝非成年人所认为的破坏或捣乱。例如多米诺骨牌的游戏与搭积木的游戏，儿童始终乐此不疲，就在于其中有建设的意味，也有"破坏"的快感。

但是，如果把游戏作为一种教育手段，有可能把儿童引向不切实际的幻想，不利于培养儿童严肃认真、严谨求实的精神与责任感，因而蒙台梭利不太赞成"寓教育于游戏"的儿童教育观。教育应该为未来生活做准备（这一点似乎是杜威所反对的，杜威说教育即生活），儿童的早期教育有可能、有必要使儿童获得一些实际生活的基本技能并养成从事工作的行为习惯。工作是人类的天职和生活的需要，儿童喜欢做事，他们常模仿成人的工作。工作使儿童肌肉和肢体动作协调，手脑并用，也促进身心的和谐发展。

"在普通学校中，习惯于把体操作为一种集体进行的肌肉训练，其目的是让孩子们按口令学会一套规定的动作。这样的体操，其指导精神是强迫，以强迫运动代替自然运动。我不知道选择这些强迫运动的心理学依据何在"[①148]。因此蒙台梭利反对那种工具主义的、制度化、程式化的体操，倡导自然体育。

"许多人听我讲到关于幼儿学校的体操时，都直率地表示不满；当他们听到我谈论幼儿体育馆时，更表示不赞成。"这反映了当时的体操作为一种工具

---

① 蒙台梭利. 蒙台梭利幼儿教育科学方法［M］. 任代文，译. 北京：人民教育出版社，1993：12；112；148.

主义、程式化的"强迫运动",已经引起了人们的反感。

蒙台梭利推荐的体操是保健体操,包括自由体操、教育体操和呼吸体操。

自由体操不借助任何器械。分为两类:一类是有指导的在口令下做的体操,另一类是自由的游戏活动。第一类,她建议采用齐步行进操,其目的不仅练习节奏感,而且练习保持平衡。在自由游戏时,可以给孩子提供皮球、铁环、小包和风筝。

教育体操指两套练习。包括日常各种劳动锻炼,如翻土、锄地、栽种植物、浇水、剪枝,把物品搬运到指定地点等,蒙台梭利认为这都是极为有益的体育锻炼机会。以上的教育体操要求协调身体各种动作,另一类教育体操,包括增强手指协调动作的练习,如穿衣、脱衣、解纽扣、缝纽扣、穿针线等。这类体操,很显然是"为未来的生活做准备"。

呼吸体操的目的是调节呼吸运动。这里有许多呼吸体操练习及协调肌肉练习的项目,动作非常简单,许多动作接近于我国的气功及养生功法。比如:双手叉腰,嘴巴张开,舌头平直;深深吸气,迅速提肩,横膈膜放低;慢慢呼气,缓缓放肩,回复原姿势[1]。蒙台梭利所描述的呼吸体操,类似于我国的气功或某些养生功法中的呼吸吐纳,尽管动作方法有些区别,但原理应该是接近的,只不过蒙台梭利的体操是建立在生理学、解剖学的基础上,而东方的养生功法是建立在经脉脏腑等学说之上。

蒙台梭利还介绍了一些有利于儿童练习的体育器械与游戏方法,如坐式秋千、走直线,另外绳梯也适用于幼儿学校,可帮助幼儿练习并完善许多动作,如跪下、前弯、后仰等,若不借助于绳梯,儿童做这些动作就容易失去平衡。

理想化的游戏场应该能提供各种类型的游戏。它需要有各种锻炼器材,以促进大肌肉运动游戏,发展力量、平衡和协调力,它也需要有零散物体和自然材料,如沙、小石子、木块以鼓励孩子们玩建构性游戏,此外,它还要有可增进社会性互动及团体游戏的设施。当前流行的许多拓展训练场地大都与这种游戏场类似,不仅有用于体育锻炼和进行戏剧性游戏的器材,还有促进建构性游戏活动的零散件和工具[2]。由于缺乏对自然环境的接触,今天的儿童对大自然的了解也越来越少,因而人们努力为孩子们恢复安全的户外游戏机会,如将公园游戏场、自然保护区相连接,形成游戏绿色通道;另外,城镇学校也应经常安排儿童去户外远足,让孩子们有机会探索大自然,学习基本的自然知识。

---

[1] 蒙台梭利. 蒙台梭利幼儿教育科学方法 [M]. 任代文,译. 北京:人民教育出版社,1993:154.
[2] 约翰逊. 游戏与儿童早期发展 [M]. 华爱华,译. 上海:华东师范大学出版社,2006:288.

（二）自然体育不同价值取向的交织发展

1. 古兹穆茨的体育实践

古兹穆茨（J.C.Guts Muths，1759—1839年）为体育教育倾注了毕生心血。他主张全民体育，从理论和实践上对博爱学校及前辈的理论进行了系统的整理，把体操视为"披上快乐外衣的劳动"，创立了自己的体操体系——八项运动，成为近代学校体育（特别是广播体操）的普遍模式，适应了大工业对提高劳动者身体素质的要求，使学校体育彻底改变了贵族性质，被誉为"德国近代体育之父"[①]。

古兹穆茨一生的职业是体育教师。他从1786年开始当体育教师，一直工作到临终前的1839年，在这53年间，为人类自然体育思想的形成和发展，做出了很大贡献。

在古兹穆茨的著作中记载，当时在德国只是把体育当作维持健康的一种措施，在人体发展上的教育作用常常被忽视。当时的体育课题，主要是从卫生的角度来考虑饮食、衣着、空气、日光、散步和旅行等养身之道，而不包括许多身体运动技巧的内容。

古兹穆茨认为，体育只以保养为目标是不充分的，更重要的是增强体力，提高运动技能，培养良好的性格。从这里可以看出，现在我们通常所说的体育三项任务的思想体系，其雏形大概是古兹穆茨在18世纪后半叶提出来的。

古兹穆茨主要的功绩是身体运动教育，提出了一系列运动教学的内容和方法。由于当时科学发展水平所限，古兹穆茨不可能提出发展身体的规律和方法，只有采取自然主义的态度去顺其自然。

欧洲有竞技运动的悠久传统，但这种竞技却也伴随着血腥的历史，古罗马的角斗场洒满了奴隶的鲜血。到公元4世纪才终止人与人的角斗，公元6世纪才终止人与兽的角斗，西班牙的斗牛尽管不像罗马时代那样血腥，但仍然保留着那个时代的风俗与传统。古罗马的角斗场高大宏伟，见证了欧洲竞技角斗的历史，经历了数千年的风雨剥蚀，至今仍屹立在广场上供后人瞻仰。当时，有人认为开展体育活动需要有古希腊和罗马的竞技设施。古兹穆茨说："我们所需要的设施就是室外，不需要那样高大建筑物。最好让孩子穿过弯弯曲曲的山

[①] 编写组.体育史［M］.北京：高等教育出版社，1996：243.

谷，若是有一条小河那就更好了。"[①]在古兹穆茨看来，供贵族们享乐的角斗场宏伟奢华，而用于教育孩子的则应质朴自然，尽量减少人为的痕迹。

古兹穆茨还强调，体育是适应儿童本性的一种教育方法，也就是以身体运动为中心的教育。

他把体育教学内容分为：①原有的人体运动；②手工劳动；③集体游戏。他把人体运动按运动的目的、性质、解剖学特点和动作的类型分类，对动作类型又要求按自然原则分类。

此后，F·L.杨（F.L.Jahn，1778—1852年）与他的学生在古兹穆茨理论基础上创立了重视爱国主义、民族主义和意志教育的德国体操体系。F·L.杨是德国体操的创始人，被尊称为"德国国民体操之父"。他受博爱派体操的启发，创立了具有强烈军事性质的体操体系，其内容以器械体操为中心，包括队列、器械体操和手持武器的练习，体操成为近代体育的重要手段。笔者认为，从德国体操体系创立起，学校体育教学中的工具主义开始逐渐确立其地位。

2. 施皮斯的体育教学倾向

施皮斯（A.Spiess，1810—1858年）被称为德国的第三个"体育之父"，因为他的功绩主要是在学校体育方面，所以又被称为"德意志学校体育之父"。

施皮斯继承和发扬了古兹穆茨的运动教育的思想，而且是把它发展到了顶峰。施皮斯的主要功绩在于他的运动铸型理论，而他的主要过失则在于片面地追究运动教育，由于迷恋运动教育而把体育引向了歧途，这其中主要表现为体育教学中的工具主义，把体育作为强国强民的重要工具，目的是把学生作为增强国力及军队战斗力的工具来培养，而不是培养一个完满的人。欧洲体育，在19世纪后半叶，是在突破施皮斯桎梏的情况下，才有了一个新的发展。

施皮斯终身职业是体育教师。他有多年中小学体育实践经验，而且把全部实践经验，进行了理论加工，形成了一整套的理论体系。他的著作不是可供欣赏的读物，而是体育实际工作的指南。19世纪前期，丹麦、瑞典、德国等先后把体操定为中、小学必修课程。19世纪后期至20世纪初，德、法、美等国颁布了许多关于学校体育的法案，标志着学校体育体制的确立。据史料记载，施皮斯体育体制，在西方整整应用了一个世纪，可见工具主义体育思想影响的深远。

许多文献资料中称自然体育是突破了施皮斯体育的桎梏，从而得以快速发展。但按照林笑峰先生的研究，施皮斯的体育体制其实也属于自然体育演变过

[①] 林笑峰.自然体育和现代体育科学化［J］.武汉体育学院学报，1983（1）：54-60.

程中的一种形态。但为何人们经常把施皮斯体育作为自然体育的对立面而大加鞭挞呢？这大概是由于施皮斯体育在德国学校中形成为一种制度化的内容，而这恰是自然体育追求"自然""自由"所要突破的。

施皮斯将杨氏体操经过合理改造引入学校，创造了分段教学法、综合教学法，并把音乐和体操结合起来，使学校体育内容系统化。他的教育思想是以纪律和秩序来陶冶人，要求在严格的纪律中养成习惯，在法律约束下强调服从，这恰是当时发展国力与扩充军事实力所必需的。他认为学校体育应以集体练习为主，把徒手运动、秩序运动（队列练习）作为教材重点。他在教材的选择、分类以及教学方法上，受当时主知主义的影响，以理性主义的运动观为基础，建立了一套力学、几何学的"要素化""模式化"的体育。其中包括悬垂和支撑运动、队列练习、徒手体操等。

施皮斯体育实践和理论的核心称为身体运动的"要素化"和"铸型化"，而这种思想，显然是受了裴斯泰洛齐要素教育思想的影响。所谓"要素化"和"铸型化"，用现代汉语来说，大概就是身体运动动作的规格化和系统化。在19世纪30年代以前，许多体育运动是杂乱无章的，没有规格标准。施皮斯从1833年开始确立了运动的规格和体系，这是他为运动教学所做的贡献。

施皮斯的观点是"身体是精神的寺院，是精神的工具"，而身体运动则是"精神的象征，精神以身体行为来表露"。实质上所注重的，是身体运动的表现行为，并非真正重视了体质。这是施皮斯体育观的实质，表现出一种典型的工具主义价值观倾向。

我国普遍认为，身体是"载知识之车，寓道德之舍"[①]，这和施皮斯"精神的寺院"内容相似，但不相同。我们的主张是重在体质，这跟施皮斯的体育有很大的区别。即便如此，我国的体育教学仍广泛存在着西方工具主义体育观的影响，即以增强体质之名去搞运动铸型教育之实。

3. 高尔霍费尔的自然体育

施皮斯体育理论的特点是重在运动教育，而奥地利的体育家高尔霍费尔（K. Gaulhofer，1885—1941年）则是把重点引向身体全面发展教育方面，把自然体育提高到了一个新的水平，显示出一条工具主义与自然主义交错发展的轨迹。

19世纪末到20世纪初的欧洲体育，是从传统的和形式化了的体育，向以人的本性为基础的自然体育方面转化的阶段。这可以说是欧洲体育的"新时

[①] 毛泽东. 体育之研究 [M]. 北京：人民体育出版社，1965.

代"。奠定现代欧洲自然体育基础的人，应属高尔霍费尔博士以及其助手施特赖歇尔等人。他们批判并借鉴了当时德国的古兹穆茨以及施皮斯等人渐趋呆板与形式化的工具主义体育倾向，建立了奥地利的新体育或自然体育。

奥地利自然体育的实质是：①体育不单是指导体育的知识和技术，而在于形成完善的人；②体育指导必须适应儿童身心的发育和成长；③教材应是自然的、有机的，也是适合生活的。这反映出奥地利的自然体育不仅关注儿童身心发展的自然规律，而且也关注体育的生活化自然。

高尔霍费尔和施特赖歇尔博士曾严肃地批判了施皮斯和F·L.杨等人把体育变成部分化、模式化、非自然化，认为他们的体育已失去形成完善的人的意义。同时，提倡以完善儿童和学生的身心发育和健康成长为目标的"自然体育"的设想。这种思想成为后来欧洲体育思想的主流。

如果说自然体育之源是在18世纪60年代卢梭等人那里，而20世纪初开始彰显其作用的高尔霍费尔体育思想是自然体育的主流，更确切地说应该是自然体育发展的一个高潮。

自18世纪60年代初卢梭提出体育的概念及自然教育思想体系之后，自然体育经过了二百多年曲折演变的历史。自然体育随着历史年代和地域条件的变化，经常在变异当中，因此，自然体育的形态也纷繁不一。我们看一看自然体育中的古兹穆茨体育、施皮斯体育、高尔霍费尔体育，以及30年代以来的行为主义——本质主义体育、传习式体育和竞技主义体育，从这里可以了解自然体育开始向科学化发展的趋势[①]。这种科学化的过程也表明欧洲的自然体育开始走向制度化、规则化、标准化的道路。

高尔霍费尔的主要著作是《奥地利学校体育概要》，还有《自然体育》第一卷、《自然体育》第二卷、《新学校体育》《儿童体育》《少年体育》等。高尔霍费尔的基本思想体现在其论文集《自然体育》中，认为必须扩大体育锻炼的外延，把它们与日常的运动和生产劳动结合起来。在学校体育教学中，他强调体育教学的方法、手段等必须和少年儿童的智力与身体发育状况相适应。

在教材选配上，高尔霍费尔突破了施皮斯按动作形式编排分类的结构，根据运动对身体的作用，即按矫正运动、形成（身体姿态的）运动、提高体能的运动和技巧运动等4类项目选择适合的体育教材。

在体育课的组织形式上，确立了课的结构三个组成部分：引序部分、基本

[①] 林笑峰.自然体育和现代体育科学化［J］.武汉体育学院学报，1983（1）：54-57.

部分和结束部分。按身体锻炼的需要，他把基本部分分成了五个环节：①躯体运动；②平衡运动；③力量和技巧性运动；④走和跑；⑤跳跃。仔细考察一下不难发现，这几项基本运动恰恰涵盖了人的自然体育动作。现在我们所用的体育课的结构，基本上是高尔霍费尔在20世纪初就确立并使用的形式。

高尔霍费尔的进步主要在于，他突破了施皮斯以运动为中心的、铸型化的运动教育体制，建立了以儿童为中心的身体教育体系。高尔霍费尔是用顺应儿童的自然主义思想方法进行身体运动教学，因而他的自然体育体系仍然没有脱离运动教学的主旨。但高尔霍费尔倡导的自然体育明确反对体育中的竞技主义，反对把竞技运动的训练纳入到体育教学中来。

高尔霍费尔主张，在学校体育中要根据学生年龄阶段的不同，充分发挥少年男女对运动的兴趣和冲动，而且要满足他们这种运动的欲望[①]。对儿童应以自然天性为中心，就是智力的发达也不能离开这个中心。在体育教学中，他主张顺应儿童的本性，让其身体自由发展。强调户外运动比室内好，野外运动比户外运动好。对所采用的运动教材，应着重考虑它的自然价值。根据儿童的特点，多采用竞争形式（比赛）为主的运动结构。儿童的竞赛可以有其自定的规则，而用于成人的正式比赛规则是不适用于儿童的。

有学者认为，传习式是自然体育的本质特点[②]。这大概是基于运动教学这个角度而言的。古兹穆茨体育、施皮斯体育、高尔霍费尔体育，包括许多自然体育流派，它们当中共同存在的主要问题是传习式。自然体育许多流派，它们之间有许多差别。但是，在运动教学的传习式这一点上它们又是相似的，所以都可归入自然体育的范畴。总体而言，欧洲的学校体育思想，呈现出从自然主义到工具主义、自然主义与工具主义价值取向交错发展的模糊轨迹。

4. 美国的自然体育学派

（1）杜威实用主义思想的启示

19世纪的美国曾接受德国的理想主义、先验主义和绝对主义哲学，康德、费希特等德国哲学曾启发了美国的艾默生和帕克等人，人们相信宇宙中万事万物都是固定的和永恒的。美国人最终冲破这种观点而对人类文化作出成就，乃是植根于进化论的实用主义哲学。生物进化论所阐述的要义是"物竞天择、适者生存"，它的核心是适应，就是说生物必须适应变化不居的环境，才能继续

[①] 白春育，肖天. 自然体育和竞技主义问题［J］. 武汉体育学院学报，1983（2）：48-51.
[②] 林笑峰. 自然体育和现代体育科学化［J］. 武汉体育学院学报，1983（1）：55.

生存，否则失去适应能力，必然遭到自然淘汰。理性主义向来尊重的有条不紊和一成不变，这时便受到怀疑；相反，革故鼎新和大胆尝试以及日新月异和敢于实验，却成为金科玉律。这和当时美国的发展状况是分不开的。此时的美国是新开垦的大陆，需要拓荒和冒险精神，需要在非固定、非永恒的环境和信念中，建造新世界和新文明。因而可以说美国有诞生实用主义的天然土壤与环境。杜威恰是接受这种时代思潮的洗礼从而建树起其实用主义哲学体系的。

杜威强调要将儿童从书本记诵中解放出来。他说，儿童在参加生活活动的过程中使经验的数量得到扩充，用经验指导生活的能力得到增强，也就受到圆满教育了，所以教育并不是强制儿童静坐听讲和闭门读书，教育就是生活、生长和经验改造。要教给儿童生活实用的知识，有用即真理。

杜威认为初生儿童就秉承爱好活动的天赋，并能够凭借活动结果带来的苦或乐而调整其活动，借以适应生活环境的需要。儿童天赋的这种潜在动力是强烈的，教育必须尊重和利用它。儿童是教育的出发点，社会是教育的归宿点，两者之间形成了教育历程，教育历程使儿童社会化。教师是儿童生活、生长和经验改造的启发者和诱导者。"我们在教育中引起的改变是重心的转移，这是一种变革，一种革命，是和哥白尼把天文学的中心从地球转到太阳一样的革命。在这里，儿童成了太阳，而教育的一切措施便围绕他们而组织起来。"[1]由于这段著名的文字，许多人便给杜威披上了"儿童中心论"的外衣，其实杜威只不过是说，遵循自然的教育，就是要尊重儿童爱好和兴趣的起源、增长和衰退。

生活、生长和经验改造是向前发展的和向上提高的，因而学校中的生活并非戏耍取乐。尊重儿童并不是对儿童放任自流。杜威说像卢梭那样让儿童不顾社会规约而率性发展，是片面的、不恰当的。教育即生活，真理和生活需要分不开，探求真理不能脱离实践经验。这种实用主义认识论应用在教学上，便是"做中学"。教学不是直截了当地注入知识，而应当诱导儿童在活动中得到经验和知识。充分利用"儿童的游戏本能"，让他们以活动为媒介间接学到知识。"做中学"看重的是从儿童的现实生活出发，并且附着于儿童的现实生活。教学应为儿童设想，以儿童活动为依附。教师应成为儿童活动的伙伴或参加者，而不是儿童活动的监督者或旁观者。

教育的改革家们认为自然能提供儿童发展的规律和目的，我们的任务是追随和遵循自然的方法。这个概念的积极价值在于它有说服力地引起人们注意那些不顾受教育者的自然禀赋的许多目的的错误。这个概念的缺陷在于把自然发

---

[1] 约翰·杜威.民主主义与教育［M］.王承绪，译.北京：人民教育出版社，1990：15.

展视为正常的发展，容易和身体的发展混淆。我们只是置身于事外，而让自然去做教育工作[①]。在这里杜威似乎为我们揭示了放羊式体育教学的思想根源。

杜威指出应把自然发展的目的转化为尊重身体活动的目的。用卢梭的话来说："儿童总是不停的动；久坐的生活是有害的。"他又说："自然的意思是先强身体，后练心智。"如果自然的"意图"是通过锻炼身体的肌肉来发展心智，那么他就说明了一个正面的事实。

在卢梭以前，教育的改革家们倾向于在实际上把无限的权力归于教育，意图主张教育的重要性。他们认为，在不同的民族之间、同一民族的各个阶级之间和个人之间的一切差别，都是由于训练、学习和实践的差异。各人原来的心智、理性和理解，实际上都是相同的。

遵循自然的教育学说反对这种观点。主张我们有特殊的本能和冲动以及生理的能力，这种特殊的本能、冲动和生理能力，各人都不相同。正如卢梭指出的，甚至同一窝狗，它们的本能也都是不同的。在这一方面，教育遵循自然的学说，由于近代生物学、生理学和心理学的发展而加强了它的力量。这种学说实际上就是说，尽管教养、矫治和通过直接的教育努力而进行改造有它们的重要性，但是自然或不学而能的能力为这种教养提供基础的和根本的力量。

（2）近代美国的自然体育学派

在杜威实用主义思想的影响下，美国出现了积极提倡实用主义体育的"新体育"流派，也可称为"自然体育"学派。实用主义体育思想把体育运动归结为人的本能和本性活动，主张体育要使人"个性自然发展"，主张从儿童的天性和兴趣出发，提倡自然体育；主张教师处于辅导地位，与学生共同生活，反对呆板的、整齐划一的体育。美国自然体育学派跟欧洲的施皮斯体育、高尔霍费尔体育及其他自然体育流派都有一定的关系，基本上是用欧洲这些派系的观点加上杜威的实用主义思想而构成的。

自然体育学派的代表人物，有伍德（T.D.Wood）、赫斯灵顿（C.Hetherington）和威廉姆斯（J.F.Williams）等人，其中影响最大的，当属美国哥伦比亚大学师范学院体育系主任威廉姆斯。

威廉姆斯可谓"自然体育"学派的集大成者。他认同人体是智力与身体的统一体的观点，在社会文化的视角里看待体育。威廉姆斯对体育的界定是：①为必需之教育；②为非身体的教育，乃为应用身体的一种教育；③为联合学校生

[①] 约翰·杜威.民主主义与教育［M］.王承绪，译.北京：人民教育出版社，1990：124.

活于一致的教育。具体而言，体育为善用领导与设备之环境，使个人和团体得到健全之体格、满足之智慧，及社会之发展[1]。体育不仅关系到身体的健壮，还关系着人的情感反应、智力开发、群体行为，体育必须超越单纯为教育的局限。

威廉姆斯认为体育有促进健康的功能，但这并不意味着体育可以代替健康教育，而且体育并不必然带来健康。威廉姆斯指出，"健康绝不仅仅包括良好的身体、心理与情感状态，它还包含一些诸如自我克制与自我控制的价值。而且，健康本身并不是目标，而是最有可能获得完满生活的途径；人如果想获得健康的生活，必须将健康的原理与知识贯彻到日常生活中去，否则就没有价值"[2]。威廉姆斯认为体育的主要目的不单是获得健康。他指出，"体育不应当是为了健康的目的而组织的，它是一个教育活动。将体育课程说成是'身体的福利'就表明，我们缺乏对获得健康以及体育的教育价值的正确评价"[3]。威廉姆斯主张人们参与自然的带有休闲娱乐性质的体育，反对过分追求健身，反对军国民色彩的体操教育，如德国的体操。威廉姆斯对欧洲传统体育强调对身体的矫正表示不满，他于1922年发表《体育组织与管理》指出："形式的柔软体操与运动乃是教育中的畸形现象。"[4]他认为，体操是建立在对本国青少年的特点、特征和需要完全陌生的思想之上的人造练习，"舶来之异时异地异人之德国体操，不适应美国之环境。"

威廉姆斯提出了"自然体育"（Natural Physical Education）概念和体育的自然纲领。他认为，18世纪末到19世纪末风行于欧、美的德国式和瑞典式体操的理论与方法，是违反人的本性的"非自然的"或人工的体操练习。他说："这些体操练习对身体活动技巧的价值很小，而有时是很有害的。"在威廉姆斯所提出的"体育的自然纲领"中，还用图表的形式，明确表达了自然体育的体系，强调各种基本运动能力、游戏和野外活动，除了矫正性的个人体操以外，摒弃了那些工具主义倾向的僵化呆板的体操。

自然体育学派的基本特点是，强调自然运动，重在运动教学，忽视身体的教育，主张运动无目的，运动是人的自然需要，或运动是为了满足人的内心冲动，而增强体质的作用则是副产品。

---

[1] 徐元民. 中国近代知识分子对体育思想之传播 [M]. 台北：师大书苑有限公司，1999：378.

[2] Williams J F. Healthful Living, Based on the Essentials of physiology. 4th Edition. New York, The Macmillan Company, 1919：27.

[3] 马廉祯. 耶西·F. 威廉姆斯研究 [J]. 体育文化导刊，2007（1）：75-79.

[4] 徐元民. 中国近代知识分子对体育思想之传播 [M]. 台北：师大书苑有限公司，1999：378.

自然体育学派认为，体育是通过身体活动进行的教育，目的是通过体育教育形成全面发展的人。

在体育思想上，强调人的本性，认为应该从人的需要出发，激发人们对体育的需求，使之产生良好的体育动机，从而自愿地参加体育活动，使进行体育锻炼成为一种自觉的行为，然后在此基础上构建一种合乎自然的，能有效地促进人体生长发育的身体锻炼体系。

在体育方法和手段上，认为应该采用更自然的、更活跃的和自愿的运动方式。注重体育的教育意义，强调体育的方法和手段要能促进少年儿童的身心发展，要充分尊重他们的个性，从而促进人们对体育教学规律和教学方法的研究。同时，扩展体育锻炼的范围，将体育锻炼的方法和手段与日常生活，甚至于劳动技能结合起来，充分利用自然手段发展身体，增强体质。

在运动方式上，注意充分利用大自然，丰富和发展各种各样的运动方式，使人们在生动活泼、充满情趣的活动中得到锻炼，摆脱各种清规戒律的束缚，充分享受大自然的恩赐。

显然，美国的"自然体育"理论也并非尽善尽美，许多地方难免失之偏颇。其形成初期过分注重实用主义倾向，过分强调教育功能和个性自由等，这对体育教学基本任务的完成，教师主导作用的实现等产生一定的消极影响。

三、近代中国的自然体育观

（一）中国传统自然体育观溯源

关于自然的思索，历来的先哲们从来就没有停止过。老子的自然思想，是近代中国自然体育思想灵魂上的始祖，尽管近代中国的自然体育是某种意义上西风东渐的结果。

老子的教学观点，是顺其自然，处无为之事，行不言之教。老子不喜长篇宏论，惜字如金，这与当时物质匮乏条件下文字记载与传播的代价昂贵有一定的关联。在纸张出现以前，上古时代的文字都刻在甲骨或竹简上，讲究一些的则录在丝帛上，因此代价非常昂贵。所以古人大都惜墨如金，文字非常精练。"大方无隅，大器晚成，大音希声，大象无形，道限无名。"于是老子讲究"希言自然"（《老子》第二十三章），少给予指导，让事物按其自身规律演变发展，这才是自然的。"悠兮其贵言。功成事遂，百姓皆谓'我自然'。"（《老子》第十七章）"不言之教，无为之益，天下希及之。"近代美国的人本主义教育家罗杰斯倡导"非指导性教学"，大概他也从老子处得到了启发。

大概远古的人类，都是依水而居的，所以生命和生活中离不开水。于是老子把水看作自然的源头，对水充满了崇敬之心。"上善若水。水善利万物而不争，处众人之所恶，故几于道。夫唯不争，故无尤。"（《老子》第八章）再进一步，"夫唯不争，故天下莫能与之争。"（《老子》第二十二章），"以其不争，故天下莫能与之争"，体现了一种海纳百川的大度和气魄。于是与世无争，成为东方民族的一种处世哲学，和谐社会，成为我们追求的一种目标。因此，在老子提倡的教学内容中，"不争之德"占有突出的地位。我们对待体育的传统，也显然受到这种哲学的影响，养生、贵柔，太极、气功，慢条斯理，呼吸吐纳，与西方的拼搏、竞争，形成了鲜明的对照。公园里的晨练，大都不紧不慢，从容不迫，反观欧美国家市民的健身，那属于真正的"锻炼"，动辄大汗淋漓，量大强度高，让人觉得老外颇为生猛。

老子的养生之道，讲究回归自然，自然本生于静，本生于无，因而老子追求致虚守静。"致虚极，守静笃。夫物芸芸，各复归其根。归根曰静，是谓复命。复命曰常，知常曰明。不知常，妄作凶。"万物回复其根本，才有利于其生长发展。不知自然规律，贸然行事，必然带来灾祸。所以老子的"无为"，其实有一种"不妄为"的成分。老子推崇人的自然状态，他说："载营魄抱一，能无离乎？专气致柔，能婴儿乎？"（《老子》第十章）婴儿的状态，大概是最自然的，卢梭也有类似的观点，所以他反对将婴儿束缚在襁褓中，否则会阻碍婴儿的自然生长。

中国传统的武术讲究以柔克刚，在老子的表述中同样能找到源头。"柔弱胜刚强"（《老子》第三十六章），"天下之至柔，驰骋天下之至坚"（《老子》第四十三章）。另外老子还描述了柔弱与坚强的辩证法。"人之生也柔弱，其死也坚强。万物草木之生也柔脆，其死也枯槁。故坚强者死之徒，柔弱者生之徒。强大处下，柔弱处上。"（《老子》第七十六章）"天下莫柔弱于水，而攻坚强者莫之能胜。弱之胜强，柔之胜刚，天下莫不知，莫能行。"在这里，老子再一次对水这种自然事物大加褒扬，极尽溢美之词。水滴石穿、以弱胜强的道理，天下人大都知晓，然而真正能处变不惊、以弱制强的又有几人欤？

"天之道，损有余而补不足；人之道，则不然，损不足以奉有余。"（《老子》第七十七章）在这里，老子为我们揭示了自然界的某种规律，而这种规律，恰恰又是人体锻炼所应遵循的一种原则。锻炼中的运动量与强度，逐渐地增加，超越人体极限，再逐渐地适应，使人一步步地超越自己，克服目前的不足，再一步步地追求自己目前达不到的目标，维果茨基的最近发展区理论与老子思想相比，倒有异曲同工之妙。

"知人者智，自知者明。胜人者有力，自胜者强。"真正强大的，不在于战胜别人，而在于战胜自己，超越自己。身体的强壮与有力，会通过自然赋予，而实现自我超越，才是最艰难的心路历程。

（二）近代中国自然体育思想的先行者

1840年鸦片战争后，中国面临极其险恶的政治命运，李鸿章称之为"三千年未有之变局"，西方列强也是"三千年未有之敌手"。在鸦片战争以及镇压太平天国的战争中，曾国藩、李鸿章等人目睹西洋火器的威力，开始注意学习西方科技，以发展军事工业，试图用坚船利炮来救国，由此开始了一场洋务运动。然而洋务派对西方的学习多局限在军工、国防如造船、开矿、铺设铁路等器物层面，对西方的社会、文化、观念、体制等方面却未给予足够重视，洋务运动坚持"中学为体、西学为用"的指导思想，对政治体制根本未能改变也无力改变。从最高统治阶级到普通百姓都充斥着腐朽保守思想，对新生事物采取排斥的态度。

1853年美国海军准将佩里率领4艘军舰闯进江户湾的浦贺，要求与德川幕府谈判，在不开国就开战的威胁下，日本结束了锁国政策，幕府时代结束，这就是日本近代史上著名的黑船事件。1868年日本开始了明治维新。维新三杰西乡隆盛、大久保利通、木户孝允等人积极倡导向西方学习。明治政府在身份制度、社会文化、教育、军事、经济、交通、司法等方面全方位仿效西方制度，1871年明治政府派出岩仓具视为首的大型使节团出访欧美，考察资本主义国家制度，在富国强兵、殖产兴业、文明开化的口号下，积极引进西方科学技术，建立了一批以军工、矿山、铁路、航运为重点的国营企业，以优厚的政策鼓励私营企业的发展，培植了三井、三菱等财阀。派出留学生，培养高科技人才。社会文化方面，伊藤博文、大隈重信等人吸收并引介西方文化与典章制度进入日本，从西方带回了现代理念。"文明开化"的风潮逐渐形成，对于原本传统而保守的日本社会造成很大影响。不只物质需求与生活习惯上出现西化的转变，在教育系统与社会组织的广泛推行下，思想与观念上也逐渐有了现代化的倾向。

中日两国面对19世纪中后期西方列强殖民侵略的进逼，都展开了各种形式的改革，然而最终达成改革目标而独立富强的，却是日本。深刻反思改革历程可以发现，中国的封建势力为了保有既得利益，只提倡经济和军事等方面的改革，而极力避免触及政治改革，主张"中学为体、西学为用"，日本则是全盘西化，在相当程度上注重教育、文化与思想、观念方面的改革。

近代中国许多思想启蒙的先驱者痛感国民教育、思想、文化等方面的落后与不开化，开始大量译介西方的文化与典章制度，关注对国民的教育。同时鉴于国民体质的孱弱，许多有识之士，提出尚武救国的口号。如严复的"鼓民力"，梁启超的"新民""尚武"，谭嗣同所憧憬的"威力、奋迅、勇猛、大无畏、大雄"的精神气质，至蔡元培先生则明确提倡"军国民教育"。

严复是中国近代著名的启蒙思想家，正是通过他对《天演论》等西方学术名著的翻译，西方近代文化才比较系统地被介绍到中国来，从而使进化论、实证主义哲学和资产阶级的民主、自由、平等思想成了中国人救亡图存、批判封建主义文化的锐利武器。严复指出，"中之人好古而忽今，西之人力今以胜古"[①]，前者使人安于天命，不思进取，泥守陋习，后者使人不信天命，积极进取。因此要"鼓民力、新民德、开民智"，改变弱国弱民的面貌。

蔡元培是西方民主、自由、平等思想引入中国的先驱者与实践者之一。作为近代著名的教育家，他对体育也给予了足够的重视。他的军国民思想有工具主义的嫌疑，但他的"五育"却是为了培养完满的人。因此蔡元培的体育思想在目的上有工具主义体育观的味道，但在全面教育层面以及具体的体育方法上，却闪耀着自然体育的光泽。

在1912年任民国政府教育总长后，蔡元培发表了一篇《对于新教育之意见》的讲话，称"夫军国民教育者，在他国已有道消之兆。然在我国，则强邻交逼，亟图自卫，而历年丧失之国权，非凭借武力，势难恢复。则如所谓军国民教育者，诚今日所不能不采者也"[②]。1923年他又发表《学校应提倡体育》，指出，"中国教育应重尚武，不但为保卫国家计，亦为强健身体计。惟中国学生多习于文弱，年龄稍长者，更不愿受严格之'军事训练'，此实为提倡者之一大阻力"。"余之主张，各学校应一律提倡体育，国民身体既强，亦可执干戈以卫国家。此则余对于教育前途之意见也。"[③]1912年5月蔡元培还专门编纂了一套《中学修身教科书》，该书从习惯、勤勉、自制、勇敢、修德、

---

① 郑大华.民国思想史论[M].北京：社会科学文献出版社，2006：142.
② 中国蔡元培研究会.蔡元培全集：第二卷[M].杭州：浙江教育出版社，1997：9.
③ 中国蔡元培研究会.蔡元培全集：第五卷[M].杭州：浙江教育出版社，1997：83.

交友等方面详细论述了中学修身及体育实践行为。书中明确指出，"凡修道以修己为本，而修己之道，又以体育为本"①。体育可以修身育人，促进人的自然发展，正符合自然体育的精神。

梁启超继承中国传统哲学中有关发挥人的主观能动性的思想，同时汲取了卢梭的天赋人权论，提出了新民教育的主张。"欲维新吾国，当先维新吾民。"他在《新民丛报》上发表多篇论文，以《新民说》为总标题，精心铸就具有独立人格品性的自由"新民"。在"新国"必先"新民"主张下，宣传了资产阶级的社会意识和自然教育观念。梁启超理想中的"新民"是没有奴性、自由独立、敢于竞争、有尚武精神的一代新人。他主张将教育作为新民的途径和方法，而在教育中，体育不可缺少。梁启超反思传统文化弊端，发起对传统柔性文化的批判。在《论尚武》一文中专门论述了新民的体育问题。梁启超认为洋务派所谓"尚武"，仅仅是一种停留于物质层面的模仿，缺乏精神内涵而徒有形式。"吾所谓武，精神也。无精神而徒有形式，是蒙羊质以虎皮，驱而与猛兽相搏击，适足供其而已"。欲养成尚武之精神，则不可不具备三力：心力、胆力和体力②。在梁启超看来尚武的目的是维持和助长其身体与精神的发展，体育运动的教化可以使人筋骨强健，带来新民的自信、自立和自尊。这与体育原初的自然功能——强健体魄、娱乐精神也有一种内在的呼应。

最初把自然体育的部分思想传入我国的，是基督教青年会派到中国来的麦克乐（C.H.Mccloy）等人。麦克乐对自然体育概念的宣传、研究体系的创设、学校体育系统的规划等都有较大贡献。他对体育解释为："体育乃从运动神经系统之经验中得来的教育，人类进化之历史，完全从身体活动之能力中，产生德、智、体健全之整个人生。"麦克乐在其著作中指出，"普通体育，如柔软体操等，刺激情绪的功用很不充足……因为非自然的柔软体操等类，不大能激发这一种内分泌，神经系统就不能有良好的排泄疲劳物质的功用，做这类运动要格外费精力，并且运动过度，一定使神经太受疲倦。所以必须少用非自然的体操，多采用天然活动的教材"。自然活动和人为活动（如体操等）的不同点在于，前者系遗传的本性的，儿童自然天性中已有爱好的倾向，而后者却正相反，学生喜欢活泼自由的游戏，而厌恶呆板的被动的体操，就是这个原因。

麦克乐曾在中华基督教青年会全国协会开办的体育专门学校任教③，我国

---

① 中国蔡元培研究会.蔡元培全集：第二卷［M］.杭州：浙江教育出版社，1997：74.
② 梁启超.饮冰室合集［M］.北京：中华书局，1998：23.
③ 周佳泉.影响中国近代体育的八位美国人［J］.体育文化导刊，2006（11）：75.

许多著名的老一辈体育家,曾在这所学校学习或与麦克乐共事,其中有些人以后又到美国去学习体育,直接受教于威廉姆斯,如吴蕴瑞与袁敦礼等人。由于近代西方思想文化的输入以及体育先驱者的交流译介,自然体育思想也"西风东渐",逐步进入旧中国的学校教育体系。

(三)《体育之研究》及其自然体育观

毛泽东在1917年就撰写了《体育之研究》,作为一位伟大的革命者和先行者,他在这部经典著作中大力倡导"健康第一",反对死读书和教条主义,充分肯定体育教育及体育活动的价值。毛泽东一生酷爱游泳,而且提倡在自然环境里游泳。"你们应该到大江大河里去锻炼",他发出的号召,在全国掀起了轰轰烈烈的群众性游泳高潮。但毛泽东的自然观,更多是一种"征服自然"的豪迈革命精神,其早期的思想,具有"遵循自然"的意味。

自鸦片战争之后,国力孱弱,旧中国饱受列强欺凌。在救亡图存的口号下,近代洋务运动的倡导者,积极引进西方的科学技术,试图用坚船利炮来与列强相抗衡。而当排名世界第十、亚洲第一的北洋水师被近邻的蕞尔小国日本打得全军覆没,近代民主思想的先行者,开始意识到学习西洋科技与军事只是器物层面的表象,借鉴西方的体制与文化,才是革新的根本。于是西方的教育制度与思想也被逐渐引入国门,试图改变国民愚昧的思想,也改变国民孱弱的体格。毛泽东、恽代英等无产阶级革命家更是对民众体质重视有加,追求中华民族的崛起与复兴。特别是毛泽东同志,在他革命活动的早期,就撰写了令人振聋发聩的《体育之研究》,剖析了当时工具主义体育观存在的弊端并提出了切实可行的方法,今日读来仍感到其深合自然体育之道。

毛泽东在《体育之研究》开篇就说:"国力苶弱,武风不振,民族之体质日趋轻细,此甚可忧之现象也。"接着他很明确地说:"提倡之者不得其本,久而无效,长是不改,弱且加甚。"提倡体育的人不得要领,长此以往,没有效果,导致国民体质日趋疲弱。拿这句话来描述现在的学校体育,仍然是切中时弊,振聋发聩。

然而《体育之研究》并不是对提倡者大加指责,作者提出了一个很重要的认识,国民体质孱弱,其责主要在国民自身。"坚实在于锻炼,锻炼在于自觉。""今之提倡者非不设种种之方法,然而无效者,外力不足以动其心,不知何为体育之真义。"所以体质下降,并非无人提倡锻炼,也并非没有锻炼方法,而是在于主观因素,缺乏锻炼的自觉。"欲图体育之有效,非动其主观,促其对于体育之自觉不可。"[①]"勤体育则强筋骨，强筋骨则体质可变。此盖非天命而全乎人力也。"因而毛泽东强调人的自觉锻炼，仅靠自然生长发育并不能达到强筋骨的目的，倚仗人力的自觉，才是体育的自然之道。

《体育之研究》对体育的理解是，"体育者，养生之道也"。这源于老子的自然体育观念。毛泽东认识到，东西方对待体育的看法是有区别的。"东西之所明者不一：仲尼取资于射御，现今文明诸国，德为最盛，其斗剑之风播于全国。"东方注重养生，礼仪退让，西方注重竞技，竞争之风盛行，这与东方的"夫唯不争，故天下莫可与之争"形成鲜明对照。老子的养生之道，是东方的自然体育，竞技锻炼是西方的自然体育，两者相互融合、相得益彰，才成就了《体育之研究》及其精辟的自然体育观。

对体育的地位，毛泽东给予了高度评价。"体育一道，配德育与智育，而德智皆寄于体，无体是无德智也。""体者，为知识之载而为道德之寓者也，其载知识也如车，其寓道德也如舍。体者，载知识之车而寓道德之舍也。"所以，小学时应注重身体发育，而知识与道德的养成倒在其次。"小学之时，宜专注重于身体之发育，而知识之增进、道德之养成次之。"他对旧中国的学制也提出了批评。"吾国学制，课程密如牛毛，虽成年之人，顽强之身，犹莫能举，况未成年者乎？"所以他强调，"体育于吾人实占第一之位置，体强壮而后学问道德之进修勇而收效远。"

对当时的工具主义体育倾向，《体育之研究》提出了尖锐的批评。"故愚观现今之体育，率多有形式而无实质。非不有体操课程也，非不有体操教员也，然而受体操之益者少。教者发令，学者强应，身顺而心违，精神受无量之痛苦，精神苦而身亦苦矣，盖一体操之终，未有不貌瘁神伤者也。"当时学校流行的体操教学，借鉴德国、日本的军国民教育，表现出典型的工具主义价值取向，学生只是实现未来国家功利主义目的的工具，因而在体操学习中接受兵操的操练，身顺而心违，丧失了主体性，自然体育所应体验的愉悦，在工具主义教学观的压制下也逐渐失落。

针对人们重知识轻身体的积习，《体育之研究》把体育对于学知识的重要作用也作了阐述。"非第强筋骨也，又足以增知识。近人有言曰：文明其精神，野蛮其体魄。此言是也。"作者旗帜鲜明地指出，"欲文明其精神，先自野蛮其体魄；苟野蛮其体魄矣，则文明之精神随之。""体全而知识之事以全，故可谓间接从体育以得知识。"

[①]毛泽东.体育之研究[M].北京：人民体育出版社，1965：1.

"非第增知识也，又足以调感情。"《体育之研究》认为，感情之于人，其力极大。古人以理性制之。然理性出于心，心存乎体。所以通过身体运动调节情感，其效果往往立竿见影。作者还举了实例，"吾人遇某种不快之事，受其刺激，心神震荡，难于制止，苟加以严急之运动，立可汰去陈旧之观念，而复使脑筋清明，效盖可立待也。"

"非第调感情也，又足以强意志。"《体育之研究》指出，"体育之大效盖尤在此矣"。作者总结说，"体育之效，至于强筋骨，因而增知识，因而调感情，因而强意志"。故夫体育非他，养乎吾生、乐乎吾心而已。可见，体育对于人们学习知识、磨炼意志、调节情感、愉悦身心都具有重要的作用。

显然《体育之研究》关注的是自然体育的运动锻炼，正是通过人体的自然运动，才会有增知识、调感情、强意志等运动锻炼的自然功效。

《体育之研究》对不好运动之原因也作了详细分析。既然自然体育有如此多的功效，那么为何人们的运动参与程度仍然不高呢？原因有四个方面。

其一是体育锻炼的自觉性不够。"一则无自觉心也。"关于自觉心，作者也做了解释。"明白周详知所以然者，即自觉心也。"人们研究各种科学知识孜孜不倦，因为它关系到自己的切身利益，今天不钻研，他日将无以谋生。至于运动，就缺乏这个自觉性了。

其二是积习难返。我们国家一贯重文轻武，即使知道运动应当贯彻执行，而且知道身体通过运动才能逐渐强壮这个道理，但旧观念的力量仍然顽固地发生着影响。

其三是提倡不力。这有两种情况，首先，作者认为当时的所谓教育家大多不熟悉体育，所以出之也不诚，所以行之也无术。此外，教体操者大多缺乏文化，语言粗俗，只掌握某一项运动技术，而且未必精通。

其四是学习体育者大多认为运动是羞耻之事，以为衣衫整洁是文明人，赤膊露足就大惊小怪。刘良华先生说，如果在语文课堂上看不出优雅、文明、文质彬彬，如果在体育课堂上看不出膂力、干劲、流汗、野性、疯狂，我相信这教育肯定是出了问题[1]。然而令人意外的是，现在的体育课倒上得温文尔雅。这显然是把优雅文明放错了地方。体育运动仍然讲究礼仪廉耻，但如果说在体育活动中不尽全力投入，扭扭捏捏，讲所谓的温良恭俭让，那是不尊重对手、不理解体育自身的礼节与内在规律。

《体育之研究》对于体育运动的方法，也有其重要认识。"近今学校有

---

[1] 李炳亭.文明其精神，野蛮其体魄［N］.中国教育报，2007-9-10.

体操、坊间有书册，冥心务泛，终难得益。"学校有体育课，书店有大量体育书籍，学生仍难得益，原因何在？作者一针见血地指出："盖此事不重言谈，重在实行，苟能实行，得一道半法已足。"真是精妙！体育这个事情，不靠理论学习，不靠灌输，关键在于实践，能身体力行，有一两个方法就足够了。虽然现在体育课或体育书籍上介绍体育的方法成百上千，只要能亲身实践，长期坚持，有一个方法就足矣。"虽百其法，不外欲使血脉流通。夫法之致其效者一，一法之效然，百法之效亦然，则余之九十九法可废也。"说得精辟。现在新课程标准提倡，让学生掌握一到两项终生受用的体育技能，而不必所有的体育项目，样样都学，这也正是毛泽东所提倡的精神。如果成百上千的体育方法都在课堂教学中介绍，那样做的结果，在有限的课时里，只能是样样都学不精，最终既没有掌握技能，体质健康也没有得到实质性的增强。

对于体育教学的内容，《体育之研究》也有深刻论述：提供给学生选择的体育技能方法要多，但学生应该学习或掌握的方法却要少。"筋骨之锻炼而百其方法，是扰之也，欲其有效，未见其能有效矣。"硬要教给学生多种方法，其实对学生的锻炼是一种干扰。那是为了适应多方面的需求。但是，"夫应诸方之用，与锻一己之身者不同。"追求普适性的目标，未必就能适应某一个学生锻炼的需求。"运动筋骸使血脉流通，此锻一己之身者也。应诸方之用者其法宜多，锻一己之身者其法宜少。"为了满足广大学生的需要，体育教学应提供尽可能多的体育项目或方法供学生选择，也就是，供学生选择的面一定要宽。但对于学生个体而言，学习的体育项目或方法却宜少不宜多，宜精不宜泛。

现在的体育学习者存在两个误区。一是某些热衷于体育运动的人，认为学习的体育项目越多越好，贪多求全，甚至想一个人，把十八般武艺都学会；另一种情况是，不太热心于运动的人，看到别人掌握的技能多而全，眼花缭乱，而我自己会的东西少得可怜，就容易丧失自信，甚至放弃体育学习。体育教师应该帮助学生扭转这两个误区，树立其体育学习的信心。"其宜多者不必善，务广而荒，又何贵乎？少者不必不善，虽一手一足之屈伸，苟以为常，亦有益焉。"

对于运动健身的要点，《体育之研究》首先注重的是持之以恒。"凡事皆宜有恒，运动亦然。"养成运动的习惯最为重要，终身体育观念不可或缺。

此外，《体育之研究》还提倡身体练习的投入与专心。"有恒矣，而不用心，亦难有效。""故运动有注全力之道焉。运动之时，心在运动，闲思杂虑，一切屏去。谓吃饭则想着吃饭，穿衣则想着穿衣。注全力于运动之时者，亦若是则已耳。"

所以，《体育之研究》对运动的注意事项，提倡三条：一是持之以恒，

"有恒，一也"；二是全神贯注，尽全力为之，"注全力，二也"；三是不必弄滑使巧，"蛮拙，三也"。"运动之进取宜蛮，蛮则气力雄，筋骨劲。运动之方法宜拙，拙则资守实，练习易。"这样，体育锻炼对于健身才有实际的效果。

（四）袁敦礼、吴蕴瑞的自然体育

袁敦礼（1895—1968年）是我国近代体育界的重要人士，曾任北京师范大学体育系主任，传播自然体育思想。他的体育思想特色在于，主张教育化的体育思想，视体育为教育的一环，一切体育目标、内容、方法及师资等，均应遵循自然教育的理念。极力反对体育竞技化，应采取公平、合作的原则，体育才不致沦为追求名利的工具。

我国的学校体育发展，从体操科到体育科，体育的发展始终在军事化、竞技化、教育化之间徘徊，此起彼落，莫衷一是。其实就是在工具主义体育观与自然主义体育观之间摇摆。究其原因，与当时国家命运曲折坎坷、社会经济萧条有密切联系。思想潮流介于传统与现代之间、中西文化交会之处，在此过渡时期产生了多元与多变且缺乏体系的思想，不足为奇。

袁敦礼曾于1939年撰文《体育究竟是什么》，整理"体育"的相关概念。他指出，体育的范畴受各民族及其历史的变迁所影响，也受到近代科学昌明之影响，体育的观念也随之改变。

当时的体育界对体育一词也有不同解释。有的主张体育为"从身体活动中来教育"（Education through the physical），有的主张体育是"身体的教育"（Education of the physical），其实两者说法并无本质相背，前者仍要以"身体的教育"为出发点。

袁敦礼认为，体育如仅停滞在19世纪初期瑞典体操、德国体操的身心二元论主张，那么，体育的功能只能在增加体力、强壮体格、矫正姿势等方面发挥作用，而将身体以外之灵魂与智慧托付给文化教育，如此便会导致运动道德堕落，竞赛组织商业化。

袁敦礼把体育视为教育的一环，不再视体育为其自身目的，不论是为娱乐、为比赛、为健康、为锻炼，皆是体育的内容，皆有实际的教育价值。这种体育教育化思想，在身心合一的前导之下，使得体育的功能与价值朝多元化发展。

为了实现体育的自然教育价值，袁敦礼扩展了体育教育的目标，包括身心的健康、基本工具与技能的运用、培养良好的家庭成员、辅助促进职业的效能、训练良好的公民、善用闲暇的习惯等[1]。这些目标融合了杜威的"教育即生活""生活即教育"的理念，试图通过身体的大肌肉活动，将体育也能融入生活之中，借以发展机体之均衡，培养生活基本技能，促进工作效率，在家庭里或社会上，均能扮演适合的角色，充分发挥自律的道德规范，善用闲暇，使体育目标的范畴，从生理到心理，从家庭到社会，从学校到职业，从技能到休闲，从个性到群性，让体育的功能与价值完全发挥在教育目标的范畴，并与生活融为一体。

为了达到体育的教育化目标，袁敦礼主张采用自然活动。不同时代的体育活动类型繁多，18世纪末19世纪初德国、瑞典体操与20世纪初欧美各国的体育，在内容方法上就有很大区别。近代德国、瑞典由于受民族主义思潮之影响，体育的内容是以简单的体操动作为主，较形式化，呆板无趣，以达强身卫国为主要目标[2]，而当时美国由于受民主主义思潮影响，体育内容显得活泼有趣，具有启发性的教育功能，其目标尊重人的个性发展，有人性化倾向，这种教育化的体育活动之内容，袁敦礼称之为自然活动，在体育教学中加以采用，而舍弃工具主义的兵式体操。

吴蕴瑞（1892—1976年）在东南大学体育系学习时，当时的系主任是美国自然体育学派的重要成员麦克乐先生（C.H.Mccloy），麦克乐主张自然主义体育思想，所选用的教材具有活泼性、竞争性和体能性，吴蕴瑞在很大程度上承继了麦克乐的思想。

在20世纪20年代，我国的学校体育正从兵式体操向体育阶段转型，虽废除了兵式体操，但普通体操的教育价值并未被否定，体操课的名称虽被改为了体育课，但是原先的体操教材仍然沿用。

吴蕴瑞在美国留学归来，对欧美各国的体操发展历史及特性了解得较为透彻。瑞典体操，其功能在于改正身体姿势，适用少数需要矫正姿势者，不适合全体学生体育课活动。德国体操分为传统体操和新式体操两种，传统体操注重发达肌肉和操练形式，不考虑练习者心理的感受，且也没有改正身体姿势的功效，已渐渐废止；新体操借鉴要素主义的体育观念，注重关节与肌肉的放松与伸张，是体育的基本训练手段，合乎科学原理，在当时的学校中有较多采用。

美国的新体操则反映了自然主义体育的特点，又称为自然体操，是各种体育运动的预备活动。这类自然体操模仿田径或球类竞赛的动作进行有节奏的演

---

[1]袁敦礼，吴蕴瑞.体育原理［M］.上海：勤奋书局，1933：153.
[2]徐元民.中国近代知识分子对体育思想之传播［M］.台北：师大书苑有限公司发行，1999：348.

练，类似于一种热身活动。这种自然体操或准备活动在目前我国学校体育的许多场合仍然广泛使用，如上课前体育教师经常会亲自或安排体育班委带几节操（或准备活动），就类似于美国的"自然体操"，它从20年代的旧中国，一直延续到21世纪的学校体育教学领域，可见其生命力的顽强以及在学校体育教学中的实用性。

吴蕴瑞于1930年出版著作《运动学》，将物理学应用于体育领域。他认为体育运用科学乃是大势所趋，不论人体运动、体育建筑与设备、运动生理学等，都要用到物理学。吴蕴瑞为了摆脱欧美传统运动学的局限，以达到其"体育学术化"的理想，在《运动学》一书中坚持如下特色：动作采自然，方法取自动，摒弃一切太呆板、少趣味的材料。

1933年，吴蕴瑞与袁敦礼合著了《体育原理》，开创了我国体育学术界本土性研究的领域，也将哲学的态度与方法带入体育学的领域。序文中称"体育为一种实践的工作，但这种事业必须探究其学理之基础，并从知的方面下工夫，然而知之程度有深浅，知之性质有真假，浅知假知而行之，其弊或甚不知而行，故知不可不深，不可不真，本书之用意，在使人知体育，又恐人知之不真，知之不深，故作此书"[①153]。

吴蕴瑞对麦克乐和威廉姆斯的自然主义体育思想都持认同的态度，认为体育为教育的一环，对体育的目的应随着教育的目的而转移，体育的目标归结为三方面：①机体之充分发达；②各种技能与能力之养成；③人格之陶冶[①108]。

吴蕴瑞不但崇尚自然主义，也仿效老子极力主张清人品，反古道，去一切仁义礼智之修饰，返乎人类本来之天真。道家之主张是从根本做，体育也应如此，一切教材均应具有教育性、活泼性和感化性，让学生参与运动时，能知耻不犯规。吴蕴瑞以美国系统的自然主义体育思想为基础，将其与我国古代先哲思想相对照，发现道家的思想与自然主义颇为契合。

吴蕴瑞赞同杜威的实用主义，所要强调的是，体育不应只是发挥人类个人生活的需求，或迎合社会环境的需求而已，应该还包括教育人类的目标在内。

吴蕴瑞针对当时兴趣主义与努力主义的论争，也提出了自己的观点。他指出，兴趣主义者，企图以教育环境让学生产生学习的兴趣，努力主义者，试图通过教育方法，养成儿童坚忍不拔之意志，百折不挠之恒心，诚此二者均非出自儿童之自我，有违自然主义之原则，谓之假兴趣、假努力[①138]。从这一点看，吴蕴瑞始终坚持他的自然主义体育的理想，他认为体育不应被教师或成人固定

---

① 吴蕴瑞，袁敦礼.体育原理［M］.上海：勤奋书局，1933：153；108；138.

在一个设计好的环境或方法中成长，而是以儿童为中心，让儿童从自然活动的学习当中，引导出他们所应学习的知识或技能。

吴蕴瑞的体育思想受麦克乐、威廉姆斯的影响较大，是自然主义体育思想的积极拥护者。他有较扎实的历史根基，能客观的吸收古今中外各国的自然体育特色，并加以本土化的考察，以求与本国国情相适应。他接受老子道家的自然主义，反对法家的法治和人为。他接受杜威的实用主义思想，对违背儿童自然本性的做法，予以有力的驳斥。可见，吴蕴瑞的体育思想，既吸纳美国的自然主义体育思想，也继承老子的传统体育观，或迎或拒，都经冷静和理性的思索，以求体育能适应于国情的发展。

第二章 自然视角：
中小学体育教学实践考察

一、小学体育教学实践考察

从小学一年级到大学二年级，体育课始终是我国学生的必修课之一，这体现了国家对儿童青少年体质与健康的重视。由小学到大学，学生从对体育的懵懂无知，到初步掌握体育知识，进而能运用体育知识技能进行简单的体育锻炼，经历了一个漫长而艰辛的过程。那么，小学生是如何开始他的体育学习历程？小学体育教学存在哪些自然与非自然现象呢？带着这些疑问，笔者走访了S省几所小学，对小学生的体育学习进行全面而翔实的记录与考察。为了保护所考察学校及当事人的隐私，本文的记载凡涉及到校名及人名，均隐去其真实名称。

（一）Y市小学体育教学实践考察

1. 课堂控制

（2008年9月2日，星期二，一年级（11）班，执教者：凌老师）

A小学一年级新生的体育课共有三位老师承担，三位老师都是女性，学校大概是考虑到一年级新生体育课需要女教师的细腻和耐心。一年级新生共14个班，每班每周4节体育课，符合教育部关于小学课时的规定。4节体育课中有1节是由班主任带的活动课，由体育老师正式上的体育课每班每周3节。

今天是一年级第一次上体育课。我重点去看了凌老师的课。下午第一节课，凌老师进入一年级（11）班的教室，简单讲了一下体育课堂常规，然后将孩子们带出教室，在教室门前排队，进行队列队形的组织与练习。为了保证听课效果的自然真实，不干扰课堂正常教学，我事先并没有告诉凌老师我要来听课，也没有出现在凌老师的视野里，而是选择教学楼二楼的一个平台，居高临下,"偷窥"整个体育课堂教学。

凌老师先将全班同学分为4路纵队,然后组织孩子们学习正确的立正和稍息姿势。刚入学的孩子显然不清楚什么是立正和稍息,这花费了凌老师近半节课的时间。凌老师借助电视剧中香港警察的稍息姿势,告诉孩子们,稍息时右手握紧拳头,左手抓住右手的手腕,左脚向左跨出;立正时则左脚跟并到右脚跟,五指并拢,两手放在裤缝处。

考察一年级新生第一次上体育课,最大的感受是:这不像是体育课,倒像是行为规范课,也有点工具主义的军事训练味道。老师不停地督促孩子们遵守纪律规范,似乎孩子们一生所遵从的行为规范都要通过这最初的几节体育课来奠定基础。老师在教学过程中反复提醒孩子们记忆如下的口诀:"小嘴巴,闭闭紧,小手小手快放好。"最初几节体育课的时候,班主任也会跟在后面,协助维持秩序,督促孩子们集合整队时能做到快、静、齐。

看到班主任和体育老师花费大量的时间组织孩子们练习整队、齐步走,我的头脑里闪过了这样的字眼,"控制"!是的,的确是控制!儿童学习知识技能的过程其实也是他们逐步社会化的过程。孩子们从小就在学校和成人社会规定的框架之内活动,养成集体意识和遵守集体规范的习惯,为他今后适应学校生活和社会生活而打下牢固的纪律基础。我曾经以为,这似乎违反孩子们天性的"自然",硬要给这些小野马戴上笼头,但听了几节课之后,我逐渐意识到,这种做法确实很有必要。没有规矩,不成方圆,小孩子入学的第一课确实应该先立规矩,只有这样,才能保证后面课堂教学的有序组织,为今后包括体育课在内的各科学习的正常进行,乃至他一生的顺利发展,奠定坚实的规范化基础。这才符合学生社会化规律的"自然"。

课堂社会学的研究表明,课堂教学中,师生间的社会行为主要表现为"控制与服从"[1]。尽管尊重儿童个性的学者倡导对话与平等,但在许多情况下教师课堂行为的社会学本质仍然表现为控制,教师总希望自己能够"控制"课堂。与之相对应,教师对于学生回应自己控制行为的期待同样可归结为一点,即服从。服从是教师对于学生的课堂行为属性的一种默契式的制度规定,学生在课堂中指向教师的行为也大多表现为服从,但也有不服从之时,于是师生间的社会行为便转变为"控制与反控制",当学生的反控制行为达到一定强度时,课堂教学便会出现某种程度的"失控"现象。

---

[1] 吴康宁. 课堂教学的社会学研究 [J]. 教育研究,1997(2):66.

2. 秩序平衡

（2008年9月5日，星期五，一年级（13）班，执教者：凌老师）

鉴于上一节课的教训，凌老师这节课早早来到班级，在黑板上先画了队伍的示意图，要求孩子们按照上节课的排队，找好自己的位置，能够迅速站好队。随后她带着队伍来到了学校的小广场。本节课将在这里继续进行队列队形的操练，并教会孩子们辨别左右，认清自己在队伍中的位置。

广场上共有6个班级在上体育课，两个一年级新生班练习队列队形，另有4个高年级的班在学练第三套广播操——希望风帆。由于人数较多，所以凌老师班级的孩子显得很兴奋，注意力不够集中。广场上没有隐蔽的地方，加之为了近距离观看孩子们上课，所以笔者改变上节课"偷窥"的做法，干脆来到孩子们旁边的一棵小树下，做近距离观察。孩子们一开始注意到了我，有点好奇，也有点拘谨，但时间一长，他们也就把我当成了旁边的小树或建筑物，不太关注了。课堂气氛也恢复活跃。

凌老师把全班分成4路纵队，并分别取名为红、黄、蓝、绿四个队，课后她给我解释说，之所以不叫1、2、3、4队，是因为孩子们对数字不够敏感，而对颜色却有较大兴趣，分为四个颜色的队，更有利于他们记住自己所在的队列。然而从实际教学效果看，孩子们似乎仍没有记住自己的位置。

凌老师先问孩子们："你的左手在哪里？"孩子们高举左手回答："我的左手在这里。"凌老师又问："红队红队在哪里？"红队的同学犹犹豫豫，有的举起了手，有的东张西望，显得稀稀拉拉，参差不齐。凌老师说："最左边的是红队吗，大家要记住自己的位置。"随后又问："谁是红队的2号？"这下红队的2号，一个小女孩，很迅速地举起了手。凌老师很满意，说："表扬2号同学，她记住了自己的位置。其他小朋友要向她学习。凡是被表扬3次的，我请班主任给她加一朵小红花。"于是孩子们显得积极而踊跃。凌老师又问了几个同学，有的能清楚自己的位置，有的仍茫然不知所措，凌老师又逐一给他们讲解和纠正。这时队伍后面的几个同学注意力开始分散。

上课前我特意观察了一下，发现大部分孩子都穿着宽松的衣服和便于运动的鞋子，有四个女生和七个男生还穿着成套的运动服。说明家长们都知道孩子们今天下午有体育课，早早给他们准备了体育课的衣服和鞋子。队伍后边有两个男生，就穿着成套的运动服装。最后边的小胖子，穿着一套足球服，在他前边的小瘦子，穿了一套黑色运动服，姑且把他叫作小黑。凌老师在队伍前给其他孩子讲解的时候，小胖在后边开始不老实了，先用手去摸小黑的头，然后又用小拳头捶小黑的腰。小黑回头要踢他，小胖恰好抱住了小黑的腿，向前一掀，把小黑掀倒了。这时凌老师掉转头了，看见小黑坐在地上，她走过来说："你要遵守纪律，不要调皮。"小黑受了批评，又不敢解释。过了一会儿，小胖又蠢蠢欲动，又用手去摸小黑的头，小黑回头推他，两人抱在了一起。这时凌老师看到了，把两个孩子都带到了队伍前的台阶上，并说："不听话的孩子都让他站到前面来，叫大家看看。"两人只是傻笑。过了一会儿又有两个男孩被叫到了台阶上。这时课堂秩序有点失控了。班主任恰好走过来，很生气，严厉地说："我们班的小朋友怎么能不守纪律呢？"过来协助老师整顿队伍，课堂秩序又逐渐恢复稳定，这时下课的音乐响起来了，但凌老师的教学内容显然没有能够全部执行。

由此我感到，对于一年级的新生而言，在最初的几节课确立秩序意识确实很重要，否则课堂教学不能有效组织，教学任务也很难如期完成，教学目标也就难以实现了。如果说让孩子们自由活动顺应了他们天性的自然，那么，教学活动则蕴含着一种"人为"活动的规律，对课堂教学秩序加以控制体现了教学本身的规律与要求，或者说是顺应了"教学的自然""人为的自然"。

3. 新老对比

为了对城市与农村的学校开学初期的状况作一比对，我在新学年第一天首先考查的是农村小学。2008年9月1日，我来到D小学，考查一年级新生的体育课堂教学。今天是开学的第一天，孩子们带着对学校生活的好奇与憧憬，进入各自的班级。根据学校的计划，第一天有体育课的班级，先在各自班级听班主任和体育老师讲授学校日常规范，然后再到操场进行活动。

由于一年级进行入学教育，所以我先到一年级的教室走了一圈，看看老师们是如何在儿童们的人生第一课上施加控制的。等我到操场的时候，有两个三年级的班在上体育课。两个班都在篮球场上课，一个班由一位年轻的刘老师带着学习广播操，另一个班由一位老教师——李老师带着进行身体素质练习。由于两个班紧挨在一起上课，所以我很自然的就有了一个对比。

毕竟是老教师，李老师对体育课的常规显然非常了解，集中讲解的时候，李老师始终使学生队伍背对着阳光。相比较而言，刘老师做得就没有李老师细心。无论是集中讲解，还是分散练习，刘老师的学生队伍都是面对着阳光，而且刘老师的班级是学习广播操，队伍变化也少，所以孩子们大部分时间是迎着阳光在练习。尽管今天的天气不是很晴朗，但9月的阳光仍然使孩子们感到很刺眼。

作为一名老教师，李老师的教学相当规范，练习手段多样，队伍的变化也多，孩子们玩得兴高采烈，学习氛围显得很活跃。相比之下，刘老师的广播操教学显得沉闷一些。李老师先组织同学们进行跳跃练习，他因地制宜，让同学们利用几步助跑，去摸篮球板的下沿，做了5组跳跃练习之后，李老师又拿出8个垒球，将全班同学分为8组，进行抛掷练习，比赛谁抛得远，抛完球的同学自己去捡球，再返回交给下一个同学继续比赛，这样既有抛掷练习，又兼顾了奔跑练习，上下肢都得到了锻炼。

尽管教学内容不一样，刘老师侧重广播操教学，李老师侧重素质练习，但这两节课仍然有许多可以比较的地方。比如教学常规，比如练习手段与方法的多样性。总的来说，两位老师的教态都非常端正，教学严谨认真，口令洪亮，精神饱满，但在具体方法的操作上，年轻的刘老师显然有很多地方需要向年长的李老师学习。

4. 希望风帆

（2008年9月22日，星期一，一年级（5）班，执教者：王老师）

今天的主要教学内容是学习小学生第三套广播体操——希望风帆。王老师把孩子们带到了体育组办公楼前的空地，因为是下午，有办公楼的遮挡，这片空地就有了一块阴凉。做了简单的热身活动之后，王老师要求孩子们前排侧平举、后排前平举，成广播体操队形散开，但孩子们的注意力似乎还没有完全集中，显得懒懒散散、拖拖拉拉。王老师说，"怎么连侧平举都不会啦？我看哪个小朋友先站好"。队伍站好之后，王老师又问："上次我们学的广播体操大家还记得吗？有没有小朋友会做？"有好几个孩子高高举起手，表示自己会。王老师点了一位小朋友，要他到队伍前展示给同学们看。这位小朋友才做了两个动作，底下一迭连声地喊"错了，错了"，一个黄衣服的小女孩叫得最起劲。王老师又重新点了一位同学来做给大家看，底下又喊"错了，错了"，其中仍有那个黄衣服。王老师又点了两个同学到队伍前展示，却始终没有点到黄衣服，黄衣服急得直跳，不管谁上去做操，她都喊"错了，错了"，终于王老师注意到了她，叫她到队伍前表演，黄衣服自信满怀，按照广播体操的口令，从踏步开始，有板有眼地往下做，做到第三节的时候，底下还是有同学喊"错了，错了"，黄衣服似乎也没了自信，有点不知所措。王老师说："好了，好了，大家对上节课教的操还不是很熟悉，下面我们再复习巩固一下。"于是同学们认真跟着模仿。练习了大约10分钟，孩子们的注意力又开始分散了，王老师也感觉到广播操练习似乎有点枯燥，适时地说："小朋友们，下面我们做个游戏好不好？"孩子们一阵欢呼，王老师便组织同学们做螃蟹赛跑的接力游戏，同学们玩得非常卖力，与刚才的广播操练习判若两人。

由此笔者感觉到，小学阶段的体育教学还是应该以游戏为主，适应儿童的自然天性，即使有必教必学的其他内容，教学方法上最好也采取多种游戏手段，以便于学生接受。或者将必教必学内容改编成游戏，以游戏的形态出现，融必教必学内容于游戏之中，既促进知识技能的教学，又使课堂教学富有生动的趣味性。

5. 体育节

（2008年10月24日，星期五，A小学大操场，体育节活动）

按照A小学2008年秋学期的工作计划安排，自10月24日起至11月23日止，结合阳光体育活动的开展，A小学利用每个工作日的下午二节课后以及周末的时间，举办体育节活动。体育节开展的活动项目很多，主要有："希望风帆"广播操比赛，趣味运动会，五年级篮球赛，各年级乒乓球赛，小学生阳光体育冬季长跑活动。

10月24日，A小学的体育节正式启动。上午举行了隆重的体育节启动仪式，市教育局领导和学校领导都出席并分别发表了讲话，强调在小学阶段开展阳光体育活动的重要性，并指出A小学的体育节是对小学生课外体育活动的有益尝试，是体育课堂教学的延伸，对锻炼小学生良好的身体素质、培养德智体全面发展的人才，具有重要意义。

随后举行了深受孩子们欢迎的趣味运动会。趣味运动会分三个大组，按水平段分组，在三个场地分别进行。一二年级为一组（水平一），三四年级为一组（水平二），五六年级为一组（水平三）。一二年级的趣味运动项目主要有：跪爬接力、青蛙过河、踢毽子、跳长绳、拔河、夹球跑等深受孩子喜欢的游戏项目，这些项目在平时的体育课孩子们已玩了多次，所以玩起来轻车熟路，热情高涨。

游戏无疑是小学体育娱乐的重要手段。通过观察A小学的趣味运动会，我体会最深的是，这种游戏类的运动会对儿童身体的锻炼只是一种表象，或者说身体锻炼只是其表面效果，因为游戏的运动量与强度不一定很大，而它给儿童身心所带来的快乐却是显而易见的，其深层次的作用则在于创造了一种社会情境，给儿童提供了一个交往、协作与展示的舞台，它对儿童社会意识的培养具有不可替代的作用。美国儿童游戏问题专家约翰逊（James Johnson）博士说，游戏是连接自己与他人，获得社会自我感，成为社团成员的一种途径[①]。也许我们在游戏中只看到孩子们满头大汗，乐此不疲，据此就认为孩子们的身体得到了锻炼，获得了健康。那是夸大了游戏的作用，因为游戏的活动量还不足以改善人的身体机能，光靠游戏也未必达到健康的目的。但儿童在游戏中的积极参与、集体荣誉与自我表现，却是实实在在的。在趣味运动会的每一个项目中，都能看到小选手们在奋力争先，其实他们并非为获得什么奖励（A小学对优胜者的奖励只是象征性的），而是要在老师和同伴面前展示自己的"力量"与敏捷，这是小学阶段自我意识与自我表现精神的朦胧觉醒；没有参赛的孩子们都在为参赛的同学加油、呐喊，就好像他们自己在参加比赛一样，特别是拔河项目，更是调动了全班同学的积极性，这是真正的"劲往一处使"，在拔河的时候，他们心中想到的仅仅是"我们班要赢"。这是朴素的集体荣誉感在小学阶段的初步展现。

（二）N市小学体育教学实践考察

笔者以为，体育教学的主要任务是使人掌握体育活动的技能与方法，养成参与体育活动的习惯。从这个角度看，小学体育最为重要，对于习惯养成尤为关键。到了中学与大学（尤其是大学），学生已渐渐成人，其习惯是否养成，已渐成定局，体育教学也应逐步淡化（与小学相比），能否积极参与体育活动，能否获得体育的快乐与健康，越来越依赖于个人的自觉行为，体育教学所起的作用其实在逐步减弱。因此，研究体育教学，重点还是在小学体育。《体育与健康》课程改革专家组的P教授在与S省广大小学老师座谈时明确表示：小学体育最重要，有利于学生打下体育基础，形成健康的生活方式，中学次之。S省的体育教研员孟老师也表示：小学体育应该使小学生热爱运动，健康成长，快乐生活，让未来更加美好！这些都反映了专家与实践者对小学体育的高度重视。

1. 体操教学记录

出于安全因素的考虑，体操的内容在很多学校的体育课堂中现在已逐渐缩减，但体操所具有的魅力以及它对培养青少年灵敏、协调及勇敢顽强精神的独

---

①约翰逊.游戏与儿童早期发展[M].华爱华，郭力平，译.上海：华东师范大学出版社，2006：1.

特价值依然不容忽视。这次的S省优质课观摩活动特意设立了体操教学内容，我们欣喜地看到，只要做好保护与预防措施，小学生仍然能在体操课上找到乐趣，并表现出合作、勇敢等多种可贵品质。下面是这次优质课展示活动的课堂教学实录，括号内的宋体字内容是笔者的思考与点评。

本节课器材的布置如图2-1所示，共分10组，每组最前面一块是大垫子，大垫子向外，呈射线状依次排列6块小垫子（因纸张篇幅所限，图中只标示出内层的两圈小垫子，外层的四圈垫子略去）。全班60名同学，每人一块小垫子，以备每个学生练习使用。对于条件不具备的学校，可以多人合用一张垫子。

图2-1的最下方三个器材依次是踏跳板、跳箱、大垫子，以备老师演示及挑选学生表演时使用。

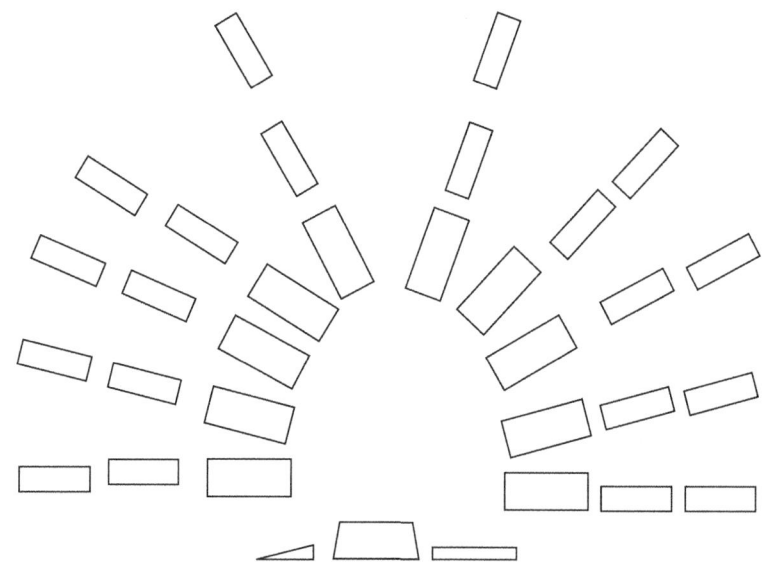

图2-1　跳箱跪撑接挺身下教学场地示意图

学生：T附小五年级（水平三）。执教者：无锡某小学教师。

教学内容：体操练习，跳箱跪跳起，接挺身式跳下。

教学过程：

（1）上课后，体育委员整队报数，师生问好（课堂常规不能少，声音洪亮精神好。有些学者批评体育课的老套路、三段式，但我以为开始阶段的点名、报数有利于振奋精神，当属于教学的自然过程，使学生从松弛状态以良好的精神面貌进入技能学习的准备状态）。

71

（2）快快找垫子。老师在课前给每位同学分发一个号码。课前布置场地时，将每一块小垫子也编上号码。全体同学先围绕场地慢跑，听到老师鸣哨后，赶快按照自己的号码找对应的垫子。

（3）热身运动。找到垫子后，同学们坐在自己的垫子上，随着音乐声，跟着老师做头部运动、肩部运动、伸展运动、踢腿运动、原地跳等动作（随着音乐做准备活动，成为越来越多体育教师的选择，它使原本枯燥的徒手练习变得生动而有活力，恰符合了学生的自然天性）。

（4）练习跪撑。屁股坐在脚后跟上，体会跪坐的感觉（不知不觉间进入教学的基本环节了）。

（5）体会挺身式跳跃的动作。老师让同学们原地纵跳，在跳起的同时，双臂张开，并欢呼（双臂张开，有利于身体充分伸展并挺身，还可帮助学生在落地时适当缓冲，增加落地时的稳定性。但在学生练习时，有些学生由于胆怯，在跳起时并未能充分展开双臂，老师未予纠正）。

（6）跪撑接挺身跳下的完整动作练习。老师要求各组的同学，依次将本组的小体操垫（共6块），叠加到最前边同学的垫子上，再用小皮带固定，形成了一个小跳箱，10个小组的同学，共形成了10个小跳箱。每组的6名同学顺次助跑、跳在小跳箱上，跪撑，站起，挺身跳下，落在各组前面的大垫子上。老师先做示范，然后要求各组同学分组练习，老师巡回指导，发现同学练习中的错误及时纠正他，如果发现普遍性的错误，则集中讲解、纠正，然后再分散练习（各组同学叠放体操垫并捆扎固定的过程，很明显是一个合作的过程。体育教学中贯穿了太多这样的合作，不必要再去刻意设计什么合作学习的模式了。一任自然，体育教学中自然有合作）。

（7）增加难度。将10个小组同学并成5个大组，相邻两小组的小跳箱并起来（共12张小垫子），用带子固定，小跳箱的高度增加了一倍，难度也相应增加。老师先示范完整的动作，助跑、踏跳、跪撑、挺身下（12张小垫子叠放，有一定难度，具有挑战性）。

老师适时提问：动作中的注意点是什么？特点是什么（有探究了。合适的时机出现合适的内容、合适的方式，这才是自然的。但什么时机合适？因人而异，因内容而异）？

找学生出来尝试，老师做保护与帮助，并教同学们学会相互保护帮助（合作学习）。

同学们自主练习，协作配合，相互做保护与帮助（又是个合作的过程）。

在这个环节，笔者也发现了某些不自然的现象。建议：

①进行挺身落地的练习时，许多同学的动作并不协调，双手未充分伸展。老师可让同学们回忆奥运会体操比赛运动员落地时的挺身动作，增加感性认识。双手张开，既增加落地稳定性，又有一种"亮相"的美感，多好。

②同组的伙伴做完练习后，往往聚集在大垫子周围，协助固定大垫子，以便后面的同学练习，但是，太靠近垫子，却又有安全隐患，做挺身下练习的同学落地时有可能会伤到围聚在垫子周围的同学。老师应提醒学生适当散开，注意自我保护与相互保护。

（8）进行体操比赛。在真正的跳箱上做。老师先做完整的示范动作，包括短距离助跑、踏跳板上起跳、轻轻落在跳箱上跪撑、站起后挺身下、落在垫子上挺胸伸臂亮相。每个大组的同学通过练习、评比、讨论，推选出一名同学参加全班体操比赛。5个大组共推选出5名同学。5名选手按照老师示范的动作进行跳箱比赛，每位选手跳完后，5个大组的同学分别商量讨论，给出一个分数，并亮出分板。老师去掉一个最高分和一个最低分，将剩下的3个分数相加，得出该名选手的总分，记录在小黑板上。最后根据5名同学的总分，决出名次。对获得第一、二、三等奖的选手，老师拿出事先做好的金牌、银牌、铜牌（用贴纸做成，可粘贴），贴在其胸前。第一名一等奖，第二名二等奖，第三、四、五名获三等奖。大家都有奖励，皆大欢喜。全班同学热烈鼓掌，表示祝贺（有相互评价了。学生们都有成就感，皆大欢喜的结局并未使第一名感到自己的成功打折扣，因为全班同学有目共睹，众人的目光里肯定了第一名的价值）。

（9）整理放松。全班同学随着音乐，跟着老师做伸展与放松的动作（很少有学生不喜欢音乐，在准备活动或放松活动的音乐节奏中，许多乏味的练习也变得有趣了。体育老师应该多利用。小录音机，一般学校还是买得起的）。

2. 跳绳教学记录

水平一（T附小二年级，执教者：苏州某小学老师）

教学程序：

（1）整队报数，师生问好。

（2）边唱儿歌边做热身活动。录音机播放儿歌《小白兔》，老师唱"小白兔，真可爱……"边唱边模仿小白兔用双脚蹦跳，地板上事先贴好标记，要求同学边唱边蹦找到各自对应的位置。

（3）舞花球。每个同学拿着一根跳绳，跳绳两端各系着一个小花球。先做双手同时摇花球的动作；练习约2分钟后，再做摇一下、跳一下的动作；之后，手抓绳两端的花球，做正式的跳绳练习。

本节课的教学队形比较单一，始终是老师在队伍前，全体同学排成整齐的四列横队，类似吴康宁教授所描述的"秧苗型"（图2-2）。

图2-2　跳绳教学组织图

（4）行进间跳绳。各列同学依次向前跳，跳到场地边缘后，再回头练习，跳回原地。

（5）原地跳绳练习。

（6）跳绳接力赛。老师先讲解规则。在场地的远端，对着四路纵队，摆放四只塑料大企鹅玩具，四队同学做好准备，听老师口令后，排头同学先行进间跳绳，绕过企鹅后跑回，边跑边卷起跳绳，跑回队伍后，拍下一位同学的右肩，下一位同学依次进行。

（7）放松练习。老师在队伍前伴着跳绳的节奏做秧歌步伐动作，大部分同学跟着做，有三四个男生自己玩自己的。

体育中的竞赛，本来很容易激发同学们的学习兴趣，增强集体凝聚力，有利于课堂教学。然后这次的接力赛，并不成功。首先讲解规则时，有同学注意力不集中，规则没听到或没听懂，老师也没有强化，所以有的同学跳到企鹅处后，又跳着回来了，而不是规则所要求的跑回来；另外有的同学行进间跳绳根本不会做，还没有真正学会跳绳（没有跳绳的教学环节），所以比赛时就更跳不起来了。

3. 韵律操教学记录

这次观摩的韵律操，均为球操，笔者看了无锡和常州两位小学教师的教学，各有特色，现分别将课堂教学过程录在下面，进行比对。

韵律操一：
水平三（韵律活动，球操，执教者：无锡某小学教师）
教学过程：
（1）整队报数，师生问好。
（2）原地踏步，再向前踏步，向前踏3步，同时齐声喊"一，二，三！"执教的是位身材高挑的男老师，声音很洪亮，一下子就把全班同学的精神给振奋起来。
（3）随着音乐声做热身活动。老师事先替每位同学准备了一个小皮球，红黄蓝绿，很是好看。在老师带领下，全体同学跟着音乐节奏拍球。然后再双手抓球，做前后推、举等动作，双手抱球，原地踏步、原地跑步，再做抛球、接球，胯下传递球等动作。
（4）全体同学散开做自抛自接练习。老师巡回指导，发现普遍性问题，则集中讲解。要求：原地并拢双脚，踏步，双臂上扬，原地抛接。讲解结束后，再分散练习，并有节奏地呼喊："一，二，三，四！"
（5）游戏：找朋友。播放《找朋友》的儿歌，同学们找到各自的朋友，形成一个组合（2人），然后，一个抛球，另一个接球。
（6）相邻的两个组合，并成一个小组（4人），呈正方形站立，对角的两位同学，按逆时针顺序，同时向相邻的同学抛球，后者接球，然后，四个同学都拿起球，先弓步向正方形外侧托球，再向正方形的中心，上举球（这里的记录比较琐碎，但在现场观摩时，老师并没有做过多的讲解，只是指导4位同学演示一遍，然后其他同学模仿着练习，老师再巡回纠正。小组的4名同学，有协商，有合作，效果很好）。
（7）藏球接力。将全体同学分成6个小组，分布在场地四周，场地中央摆放6个呼拉圈，各小组的同学两两组合，将自己的体操球搬运到呼啦圈中，再双双跑回。
（8）随音乐放松。

追求自然的体育教学

老师事先准备了一个金灿灿的奖杯，说要奖给接力比赛的优胜队，但最后老师并没有兑现诺言，只是说，"你们表现的都很好，这个奖杯奖给大家！我替你们保管。"大概老师是为了保护未能获胜者的自尊心，不过这样做，获胜队的心里可能会有遗憾。

韵律操二：
水平三　球操（执教者：常州某小学老师）
（1）老师事先在场地上画了两个大同心圆，全体同学散开，站成两个圆，跟随老师一起做热身活动。左右手传递球，抛接球，胯下传递，左右扭腰（图2-3）。

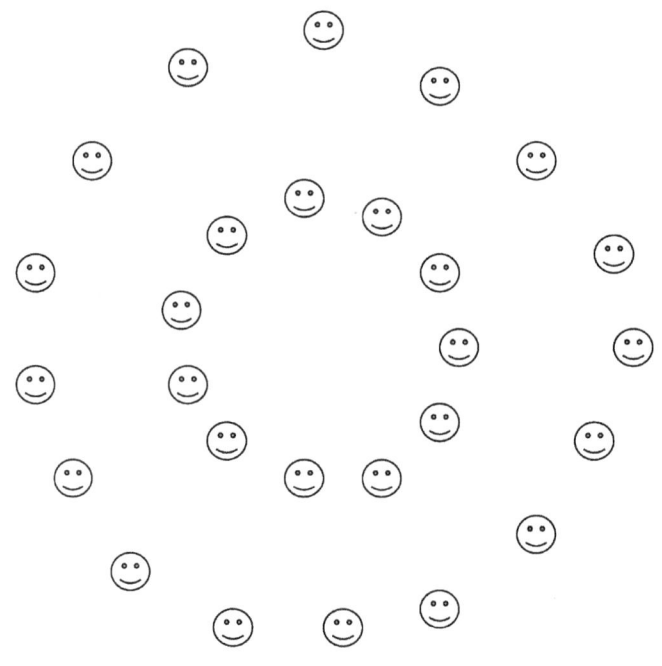

图2-3　韵律球操教学组织图

（2）内外圆对应的两位同学，互相抛球、接球。请两同学演示，再问他们抛接的方法要领，并要其大声告诉其他同学。
（3）互相抛接球之后，再弓箭步托球。
（4）四人一组围成正方形，对角的同学按逆时针方向同时向相邻的同学传球，之后，四人同时举球向正方形中心靠拢。

（5）完整的组合动作练习。双手左右传递球，向上抛球、击掌、接球，胯下传递球，左右扭腰，两人一组对抛接球，弓箭步托球，四人围成正方形，对角同学按逆时针方向同时向相邻同学传递球，然后四人托举球向正方形中心靠拢。

（6）即将下课，外面有许多老师陆续走进体育馆。老师叫内外圆的同学们一起向同心圆的圆心靠拢，同时将手中的体操球用力向空中抛去，再接球，并发出欢呼声。场面相当热烈。

这两节课的教学都比较注意韵律操教学的先后顺序，先结合器械做热身活动，舒展身体关节，再教一些基本动作，最后让学生将动作进行组合并展示。相比较而言，第一节课忽略了基本动作技能的教学，因而最后的展示不够好。

4. 广播操教学记录

这节课的教学内容是广播体操《雏鹰起飞》的第三节，教学场地是在体育馆看台后的一个狭小的长廊里，教学所用的器材也相当少，只是四幅拟人化的画图，一幅图画着一个大树墩，双手握拳，亮出大拇指，并列在胸前，另外三幅图各画了一棵绿油油的大树，伸展着四肢（图2-4）。

图2-4　广播体操教学拟人化挂图

水平一（T附小一年级，执教者：常州市某小学徐老师）

（1）准备活动

播放音乐《闪闪的红星》，老师带着孩子们一起原地踏步走。之后用富有启发性的声音对孩子们说："同学们，你们喜欢解放军吗？"孩子们都齐声回答："喜欢！"

老师说，"既然大家喜欢解放军，那老师就带你们到军营里去，为解放军表演节目，好不好？"孩子们齐声回答："好！"于是老师就说，"好，出发！"伴随着"红星闪闪放光芒……"的乐曲声，孩子们兴致勃勃、精神抖擞地跟着老师原地踏步走。

这个班的孩子上课特别配合老师，整个课堂教学中面对老师的提问，孩子们时不时地冒出一些儿童妙语，稚嫩的声音，却又有着成年人的一本正经，令人忍俊不禁。

（2）模仿树木

在踏步走的过程中，老师突然叫停，然而说，"咦，前面发现一片小树林，有好多奇形怪状的大树。大家快来看这些树都是什么形状呀？"于是引导孩子们看拟人化的教学挂图，并要求大家跟着模仿。此时孩子们还并不知道是学习广播体操，只是出于好奇跟着模仿，初步了解一些基本动作。

老师叫同学们先看最左边的图，"这是什么？"有同学回答，"这是大树墩。"于是叫大家一起模仿，双手握拳，伸出大拇指，并列在胸前，同时大声说"我棒！"。熟练之后再模仿右边的图，伸出双手，并竖起大拇指，大声说"你棒！"模仿下面的图，左边小手叉在腰间，右手臂弯曲放在头顶上方，"右弯弯。"再模仿上面的图，右边小手叉在腰间，左手臂弯曲放在头顶上方，"左弯弯。"老师适时地夸奖孩子们，"模仿得真像！""你棒、我棒、大家棒！""左弯弯，身体棒！""右弯弯，身体棒！"

（3）游戏：穿越小树林

老师要求大家一起踏步走，当叫"第一排，出发"时，其他排的同学有的双手抱肩，模仿小树墩，有的双臂平举，模仿小树杈；第一排的同学则向后穿插，沿"S"形路线，从后面三排的"小树林"中跑过去，再跑回到原位置。跑完之后，全体同学在一起原地踏步走，老师再喊"第三排，出发！"，其他排的小朋友立即变成小树林，第三排迅速穿越小树林，再回到原位置。这样，每一排同学都穿越了小树林。

老师说："穿越了小树林，大家累不累？"孩子们一齐回答："我们不累！"老师又说："前面还有好多艰难险阻，大家怕不怕？"孩子们七嘴八舌地说："我们不怕！"还有一个稚嫩的男孩声音说："我们排除万难！"

这些稚气的童语很明显不是事先排练的，而是在老师的启发下在课堂教学过程中生成的，令我们很是感动，也很觉有趣。

然后，老师说："穿越了小树林，我们继续出发！"老师的声音始终饱满而富有激情，而且处在那种带领同学去参观军营的情境中，所以使同学们始终兴趣盎然，保持着一种探奇的浓厚兴趣，不知道老师下面还会带他们到什么好玩的地方去。

（4）学练一段广播操

老师说："我们到军营里去，为解放军表演什么呢？"孩子们就又七嘴八舌地议论起来，有的能唱歌，有的要跳舞，最后老师说："我们排练一段集体的舞蹈表演给解放军看吧。"于是大家一迭连声地赞同。

老师要求大家再回到最初的那四幅大树挂图前，并跟着老师一起模仿。老师边做边说："我棒、你棒、大家棒！左弯弯，身体棒！右弯弯，身体棒！"

由于不熟练，做得不是很整齐，动作也不是很到位。做完了老师问："同学们做得好不好？"孩子们七零八落的声音"不好"。老师原以为同学们会习惯性地说"好——"，听到孩子们的大实话，老师有些意外，但可贵的是老师并未慌乱，她顺势说，"不好呀，那我们再强化一下"。再组织同学们练习一遍。

（5）比赛

排练一段时间之后，大家都做得比较熟练了，老师又引导说，"下面我们大家来比赛，看看是男生做得棒，还是女生做得棒。"男生女生都积极踊跃，比赛完了之后老师问，"是男生做得棒，还是女生做得棒呢？"大家纷纷喊"我们棒我们棒！"老师说，"你们大家都很棒！"

（6）跟着广播体操音乐学练

然后，老师播放第二套小学生广播体操《雏鹰起飞》的乐曲，老师先带领全体同学一起跟着音乐做，等到大家比较熟练后，再让同学们自己跟着广播体操乐曲做。《雏鹰起飞》的音乐节奏很快，同学们跟着音乐做得也很快。老师可能也感觉到乐曲较快，表演完了之后，老师就问，"音乐快不快呀？"有同学回答，"我觉得不快"。另外也有几个男生附和，"我也觉得不快"。老师表扬说，"好！说明你们表演很熟练了"。接着老师又教同学们基本的向左转、向右转，以备表演时使用。老师说，"大家跟我一起练。向右转时，右脚脚尖翘，左脚脚跟抬"。同样，将向左转也作了简要讲解与练习。

（7）成果展示

老师说："节目准备好了，我们可以去给解放军演出了。"全体同学跟着音乐，把今天学习的广播体操动作进行表演。

（8）结束部分：告别

一节课的学习快要结束了，老师说，"我们表演完了，要跟解放军叔叔说再见了。来，我们一起和解放军叔叔告别"。带领大家做挥手等伸展动作。同学们随着《映山红》的音乐，跟着老师一起做整理与放松动作。"若要盼哥哟红军来，岭上开遍哟映山红"，舒缓而动人的音乐，令人觉得依依不舍。

这节课是笔者在这次小学体育优质课观摩活动中看到的相对较成功的一节课，整个教学过程始终贯穿着去军营为解放军表演的主线，很好地实践了情境化教学的要求，符合小学儿童的年龄特征；再者，这个班的孩子太可爱了，积极踊跃，并不时地插入儿童稚嫩而"成熟"的话语，令在场听课的成年人忍俊不禁。上课的女体育教师很好地利用了孩子们的这个特点，适时地引导并鼓励，使整节课妙趣横生，也令观者击节赞叹。从这节课我们再一次看出教与学默契配合的重要性，没有孩子们积极投入的学，这节课的教学效果会大打折扣；没有老师适时巧妙的引导，这节课的课堂教学也不会那么成功。

客观地说，举办体育公开课的初衷是好的，因为体育公开课、示范课对宣传体育教学新观念、深入研究体育课堂教学、加强课堂教学管理、提高体育教师课堂教学水平具有非常重要的示范意义，然而随着公开课、观摩课越来越广泛深入地开展，体育公开课也逐渐产生了许多负面效应，体育课的某些不自然现象，也逐步凸显。

5. 跳跃教学记录

（水平二：通师二附小四年级，执教者：本校教师）

跳跃练习：跨越式跳高

场地器材：场地上画了4个大圆，圆中斜着摆放有5根木棍，相互间隔相等，作为学生单足跳跃的障碍，老师称之为"魔棒"。之所以称为魔棒，是因为它有多种功效：举在手中，可作跳起摸高的标志物，插在两个底座中，可作跳高架。在后面的教学进程中根据实际要求灵活发挥其作用（图2-5）。

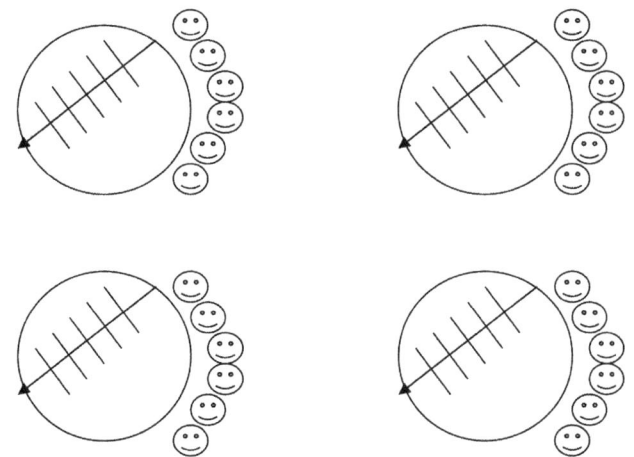

图2-5　跨越式跳高练习场地示意图

（1）准备活动

教师通过原地踏步，调整队伍。但通过队伍调整，很明显看出这个班事先已经过这种课的精心排练。教师要求各排同学报数之后，向右转跑向指定的场地，听课教师还在莫明其妙时，全班同学似乎已经心领神会，四列横队很迅速地而且很有秩序地跑向指定的圆。

（2）单足跳魔棒

56名同学分成4队，在指定的场地单足跳魔棒，练习中前进的路线如图2-5中箭头所示。

（3）合作学习

各队中的同伴自由组合，两人或三人一个组合，牵手或搭肩，单足跳魔棒。

（4）夹魔棒单足跳跃

两或三人一个组合，一条腿支撑，另一条腿共同夹住魔棒，进行单足跳跃。

（5）集中看单足跳起摸高的挂图，老师讲解动作概念并作示范。

（6）单足跳起摸高

教师指导同学用绒线圈将自己的有力腿扎起，每个队分成3组，每组安排一名同学手举魔棒，魔棒上挂着两个线圈作为标志物，一高一低，同学们可自己选择适合的标志物来摸高。缺点是魔棒上挂的线圈标志物并不明显，可以挂气球作标志物，更加显眼，更能调动同学们练习的兴趣。

（7）集中讲解

全体同学集中看跨越式跳高的挂图，教师讲解跨越式跳高的要领，并做示范。

（8）跨越式跳高的完整练习

老师指导4个小队的同学，将魔棒插到两个底座中，形成两个跳高架，再系上橡皮筋，让同学行进间跨越橡皮筋障碍，这样自然而然就形成了跨越式跳高的完整练习。同学们练习得兴致勃勃。

总体上看，这节课的设计还是颇费苦心的，但设计者过于追求完美，反而显现出许多排演的痕迹，比如在准备阶段学生的队形变换，在听课者还莫明其妙时学生已变换了几个复杂的队形，迅速而有秩序地到达指定的位置，这显然是经过课前的精心演练。体育教学中并非不需要表演，但这种表演必须是在教学的情境中自然而然"生成"，就如同前面的广播操教学那样，老师和学生都沉浸在去为解放军叔叔展示才艺的表演中，这种表演是真情流露，而不是事先的刻意排练，所以显得自然而动人。笔者认为任何表演都需要真情投入，才真切感人，没有情感的自然生成，那种人为的刻意演练，必然显得机械而不自然。

二、中学体育教学实践考察

（一）中学体育课堂教学实录

前面我们考察了小学生的体育教学实践状况，那么中学体育与健康课程又会有什么场景呢？我们先来看几篇中学体育课堂教学的实录。

场景1：起跑教学记录

水平五（高一年级，执教者：Y市J中学王老师）
教学过程：
（1）整队，报数，检查人数。
（2）绕场跑圈。
（3）准备活动：肩部绕环，压腿，关节活动。
（4）讲解蹲距式起跑的动作要领。
（5）纠正错误动作（有同学手拍在白线上，未及时纠正）。
（6）起跑练习，教师在旁辅导。

全体同学练习之时，有两个学生做完练习，擅自去篮球场打篮球，老师鸣哨将其召回，予以批评教育。

（7）全班进行起跑接力的比赛。

相比较小学体育教学而言，中学体育与健康课程的教学似乎不尽如人意。本节课的教学组织较为涣散，学生积极性不高。此外，老师运用了竞赛的手段，凡遇竞赛类的活动，总能提起同学们的兴趣。但本节课的起跑练习中运用接力竞赛的手段，显然无助于正确的起跑动作的形成。

场景2：素质练习记录

水平四（初一年级，执教者：Y市M中学陈老师）

教学内容：素质练习，跳长绳。

先挑选两名同学甩长绳，然后将全班其他同学分成多组，每组6~7人，各组依次进行跳长绳比赛。每组的同学同时跳入长绳，跳跃中如果有人碰到绳子，导致长绳不能正常甩动，则判该组失败，全组同学都退下，让下一组同学继续进行比赛。

跳长绳比赛进行到最热闹的时候，快下课了，陈老师组织同学们做整理运动。陈老师做了几个舒展的动作，要求同学模仿着做，有一女生喊，"老师，让我们做瑜伽呀。"陈老师回答说，"是的。"于是同学们兴致很高地跟着做，做了三组之后，便下课了。

初一的同学对男女关系还不是很敏感，男女同学混合在一组进行跳长绳比赛，并不觉得别扭。到了初三则不同了，初三的男女同学之间明显有了分界线，上体育课排队时都隔开好远，不愿站在一起。让男女同学混合在一起做游戏，初三的同学会大喊："老师，我们都长大了，还让我们玩游戏呀？"可见中学体育与健康课程教学的低龄化倾向容易引起学生反感。

场景3：途中跑教学记录

这是一个小班，仅有21人，在现在中小学各班级人数高度膨胀的现状下，看到这样一个小班，觉得很新奇。

水平四（初三，执教者：NJ市B附中李老师）

李老师的教学也做了充分准备。其教学程序如下：

（1）集合队伍，清点人数，然后组织同学们绕场慢跑一圈。

（2）做简单的准备活动，包括头部运动、肩关节绕环、体侧运动、体转运动等。

（3）途中跑的摆臂练习。先做原地摆臂，然后再做跑动中摆臂。

（4）做一组小游戏——反口令练习。名称是"高人、矮人"，老师说"高人"时，大家蹲下，老师说"矮人"时，大家便站起，一旦做错了，便罚做俯卧撑或高抬腿。

（5）接力竞赛。事先在跑道上距离起点线20米处画一终点标志线，标志线后有跳绳，体育班委站在标志线处监督，其余同学分成两组，每组10人，进行比赛。比赛时，先跑20米到达标志线处，跳绳5下，再跑回，与后一位同学击破掌接力，后一位同学继续进行比赛。比比看哪组先完成比赛。输了的一组同学做高抬腿。

（6）整理放松。

①放松的小游戏：同学们的身体左右摇，老师喊一声"变"，立即蹲下，老师喊"不"，同学们站在原地双手摇动。老师喊"悟空"，同学们立刻做出孙悟空手搭凉棚向远处看的动作，跟随以上口令做错动作的同学，罚其表演节目。

②放松活动。耸肩，呼吸，放松，叉手，伸展，左边，右边，下边。依次做放松动作。

通过对中学体育课的课堂教学考察，我们发现，中学生的体育学习目标既有与小学生相似的地方，又有其自身的特点。与小学生一样，中学生的体育学习首先着眼于学生的健康成长。为了实现健康目标，小学生的体育课侧重于游戏与活动，而中学生的体育课则有了变化，开始注重体育方法的掌握。但以上三个场景的教学中有游戏化、简单化、低龄化倾向，老师试图通过降低难度，来迎合学生，但没有难度的技能学习，并不能引起学生的兴趣。

（二）中学体育教学实践访谈

1. 对运动技能和知识教学的观点

《高中体育与健康课程标准》指出："运动技能体现了高中体育与健康课程以身体练习为主的基本特征，学习运动技能也是实现本课程其他目标的主要手段之一。在九年义务教育阶段学生已学习多种基本运动技能的基础上，学校应充分尊重高中学生的不同需要，引导他们根据自己的具体情况选择运动项目进行较系统的学习，促进学生形成自己的运动爱好和专长，发展运动能力，提高体育文化素养，为终身体育奠定基础。"为了有效地掌握终身体育的方法，中学生的体育学习首先应该关注运动技能及运动基础知识。通过实践访谈，可以看出专家学者以及基层中学体育老师对技能和知识教学的认识各有不同。

H师范大学J教授：掌握运动技能反映了体育与健康课程的一个本质功能，传统的体育教学也好，现在的体育教学也好，体育课始终要把运动技能作为一种基础，运动技能是实现其他教学目标的主要手段之一，在学生掌握多项运动技能的基础上，现在的高中应该根据学生的需要，选择适合的项目进行较系统的学习，促进学生运动爱好和专长的形成，这与过去的做法是有一些区别的，过去也提三基，基础知识、基本技术、基本技能，但是过去很多教师可能会将基本技术技能理解为全面的技术，田径、体操、球类、武术，都将其拿过来，显得多而杂，现在就不同了，根据学生的兴趣和爱好，注重他一到两项技能的提高，从这方面看，运动技能学习与过去相比还是有一些变化的。这也体现了按照学生自然天性以及体育技能自然规律进行教学的原则。

Y市M中学体育教研组长王老师：个别公开课、观摩课的参赛"选手"在课堂教法手段的运用上，往往为刻意体现某种"亮点"而放弃运动主线，最后弄巧成拙。例如在某省教育厅组织的一次中学体育教学能手比赛课上，一节教材内容为《途中跑》的课，教者在教学中，将自行车内胎作为教具，帮助学生改正摆臂、抬腿、后蹬，提高步频与加大步幅。公正地说，这种途中跑练习的辅助手段确实十分可取，而且练习的效果也十分理想。应该说，这些单个动作的改进都是为了掌握正确途中跑技术服务的。遗憾的是，教者在安排学生完成一系列辅助练习后，没有趁热打铁、安排完整的途中跑练习，却要求学生用车胎在地上连续排成一条直线，做"横渡大渡河"的游戏练习，导致一堂完全可以十分成功的《途中跑》教学变得支离破碎、极不完整。考察其深层原因，恐怕还是对新课程的理解不够全面，对一堂好课到底应该追求什么缺乏研究。

高中体育与健康课程的学习，对奠定学生终身体育的基础极其重要。实现终身体育目的的一个重要方面是掌握某项体育技能和方法。一些校长和体育教研人员的看法也反映了一线体育教师对运动技能教学的认识。

Y市M中学马校长（体育老师）：技能教学还是体育教师要抓住的基本环节，如果说学生在我们的教师教学以后，不能掌握某项运动技能和方法，那么他也就没有真正学到体育健身的本领。

Y市教科院体育教研员王老师：高中体育与健康课程确立了水平五和水平六的目标，让更多的学生在某一个项目上提高了技能水平。但学生能力的全面发展可能在一定程度上受到影响。

运动基础包括三基，那么通过高中体育与健康课程的学习，学生在基础知识方面将有哪些收获？关于基础知识的目标，课程标准的要求如下：

水平五：①认识多种运动项目的价值（认识多种运动项目对改善身体健康、心理健康，提高社会适应能力的价值）。②关注国内外的重大体育赛事（阅读报纸、杂志中有关重大的体育赛事的报道；对某些重大体育赛事做出简单评论）。

可见，针对运动基础知识，《体育与健康课程标准》是有明确要求的。

但在学校体育教学实践中，专家学者以及中学体育老师对体育知识与技能的认识程度与具体教学策略的见解也是见仁见智。

Y市J中学邵校长（体育老师）：国内外重大体育赛事这方面的知识怎样进行教学？可以有以下三点做法。

第一，在体育课上，采用一分钟体育新闻的形式进行教学，新闻从哪里来呢？上一节课下课时，教师可以布置同学回去收集在下一节体育课之前发生的体育赛事、重要新闻，到下一节体育课上课时，就由该同学讲述近些天以来发生的重大体育赛事，这是一种方法，让学生主动参与，学生登台演讲，对锻炼学生组织材料、收集知识的能力，同时了解体育赛事的知识，都有好处。

第二种方法，利用校园网体育知识互动平台，发布一些体育新闻，并且利用一些教师，组织学生进行互动交流、评价，谈谈对体育赛事的理解与观感。这种由教师组织、由热心学生参与的活动，也搞得有声有色。

第三种方法就是通过室内课把体育与健康知识穿插在课前课后。穿插体育赛事新闻，带进去讲一讲。通过这种方法，让学生了解近一阶段发生的重大体育赛事、体育新闻。通过这三种方法，可以较好地培养学生关注体育赛事与新闻。

体育与健康课程有一个特点，有别于过去的体育课，过去的体育课程也要求学生掌握运动的基础知识，但是那时候的做法过多地依靠体育的课本来获取体育的基础知识，而现在培养学生的体育素养，使学生获得更多的体育知识，仅仅通过体育课本是不够的，而应培养学生在课外通过阅读、通过观看、通过在网络查询一些体育信息，去充分了解国内外的重大体育赛事，以此来让学生获得更多的体育知识，提高自己的体育文化素养。

Y市M中学江老师：在过去的体育课堂上，文化传承这方面的知识强调得不是很明显，过去是围绕竞技运动项目来组织教学内容和教学方法，在具体操作上我们可以考虑给学生布置一定的作业，促进学生在课外去阅读报纸、观看电视、查阅体育新闻，使他逐渐形成关注国内外体育赛事、从而关注体育知识这样一种素养和习惯。

上面谈了体育运动的基础知识，另外一个方面，体育运动的基础还包括基本技术和基本技能。《课程标准》中对一名高中学生通过体育与健康课程的学习，最终在基本技能和基本方法方面会产生什么结果，有明确表述。

基本技术和基本技能：

水平五：①提高运动技能水平【提高田径类项目中某些项目（如长跑、跳高等）的运动技能水平（三年内至少必修1学分）；较好地掌握球类项目中某一或某些项目（如篮球、足球、乒乓球等）的技术与战术；较好地掌握成套的体操、健美操或舞蹈动作，或掌握健美运动的练习手段和方法；提高水上或冰雪类项目中某一或某些项目（如蛙泳、滑冰等）的运动技能水平；提高民族民间体育类项目中某一或某些项目（如有一定难度的武术套路或对练等）的运动技能水平；提高新兴运动类项目中某一或某些项目（如攀岩、轮滑等）的运动技能水平】。②增强运动技能的运用能力（参加班内体育比赛或组合、选编运动动作；自觉运用所掌握的运动技能参加课外体育活动）。

N师范大学G教授：很明显，在运动技能水平方面，高中体育与健康课程是提高了要求，过去样样学，所以体育技能提不到一定的层次，过去更明显的，学生是一种被动学习，在被动学习下，学习部分的技术技能，没法在实践中得到使用，也就没办法形成能力。所以说过去强调了知识技能，但没有强调能力。现在看，为什么高中选项课能大幅度提高学生能力呢？原因就是学得少、学得专，不仅如此，在教学方法和教学手段方面，它有较高的个性目标，适应学生的自然天性。现在最明显的就是一个高中体育与健康课程单元教学和模块教学的问题，这次课程改革很重要的一个特点在这里，学生取得的好处也在这里。这里有几个原则，首先就是，我们不能教给学生单个的技术，要教给学生一个系列的知识，有了系列的知识，他就可以在实践中使用，所以我们感到，单元教学就促成学生由技能向能力发展，由知识技能向掌握锻炼身体的方法发展，这方面有很重要的作用。不仅如此，还有一点需要我们考虑，即在选项教学中出现了大量的骨干，非常明显的，现在学生课外活动的人数多了，多在什么地方？集中在开选项课的几个项目上，特别是篮球，现在是到处找场地，到处挤场地，这种状况过去并不多，这是因为篮球教学过程中培养了一批篮球裁判员、篮球组织者，这样一种教学效果，有利于课内向课外拓展。另外，还有一点也值得我们考虑，民间传统体育运动项目对学校体育与健康课程的发展作用非常明显，我们对三基的理解也在拓展，过去只强调掌握技术技能，这是远远不够的，要向能力方面发展，向学会学习方面发展，向如何运用体育知识，使它在组织学生活动、参与体育活动方面发挥作用，这一点是最重要的结果。

体育与健康课程的一个很重要的进步体现在增强学生对体育运动技能的运用能力，比如组织体育比赛、编排体育活动，等等，这方面对学生能力的形成是很有好处，对其终身体育习惯的养成有很大帮助。

Y市J中学邵校长（体育老师）：提高学生对运动技能的运用水平，实际上强调的是新课程下，怎样提高运动技能教学的有效性问题。高中篮球选项课教学在沿用常规教学方法的同时，积极探究新的方法，做得比较成功的有两点，一是采用领会教学法，二是采用课题教学法，这就很好地拓展了学生的学习能力。从领会教学法的角度看，首先让学生领会篮球技术技能攻防的意图，然后理解技术动作的实用性和效应，在理解的基础上开展一些趣味性的比赛，或者合作性游戏，或者小组交流的方法，来进行学习，让学生领会学习意图的状况下再去进行学习，这样有利于学生掌握运动技能和应用运动技能。此外，篮球教学采用课题教学的方法，这个课题是与研究性学习联系在一起的，把18课时的模块教学设计成一到两个小的课题，渗透在篮球技术技能、战术教学的过程中，教学中采用教师指定命题，学生自主选择课题，学生确定小命题，比如说在教掩护配合时，掩护配合如何应用？在学习结束以后，要写出一个小专题报告来，这就对学生能力发展是很有好处的。实践证明,学生在18学时学完时,也能对小命题总结出一些东西,能够针对自己的学习过程谈出一些道理,这既使学生掌握了篮球的知识技能,又提高了他的学习能力。

这个问题牵涉到学习运动技能最终是为了什么的问题。我们要改变过去那种为学运动技能而学,为学运动技能而教的做法,学习运动技能的最终目的是为了运用运动技能,只有运用了,一是运动技能水平才会提高,二是才会形成习惯,三是促进学生身心健康发展。通过刚才的讨论,可以清楚明确的了解到,通过高中体育与健康课程的学习,学生在运动的基础知识、基本技能、基本方法将产生什么变化,新体育课程期望学生逐步养成运动习惯,我们期望学生不但在他接受教育的时期要坚持锻炼,而且我们要使他在走出校门以后,一辈子都坚持锻炼,成长为一个健康的人、和谐的人,这样才是最终目的。

2. 对养成运动习惯的认识

《体育与健康课程标准》对学生养成运动习惯有了较为明确的要求,但在中学体育教学实践中却依然存在不容乐观的现象。先看课程标准关于运动习惯方面的描述。

水平五:经常参与体育锻炼(描述有规律的体育锻炼对健康的益处;有规律地进行体育锻炼)。

水平六:在坚持参与体育锻炼的基础上带动同伴进行体育锻炼(将体育活动作为生活中不可缺少的组成部分;利用余暇时间带动同伴经常参与体育锻炼;收集同伴参与体育锻炼的反馈信息,并给予适当的指导)。

N师范大学G教授:这里面有个层次问题,首先是喜欢活动,然后会活动,这是两个不同层次,如果做不到这两个层次,学生的兴趣就会转移,今天喜欢篮球,明天喜欢足球,后天又去练武术,如果光停留在喜欢的层次,往往不能够形成习惯,形成习惯最关键的问题是会活动,会活动就提高了档次,不仅会玩,玩中间获得了乐趣,产生自己的信心,进一步提高的话,他要懂得锻炼的道理,这样一来,他就会从爱好上升到习惯。所以说习惯是比形成运动爱好和专长更加进一步的要求。否则爱好也好,兴趣也好,是不稳定的,不会形成习惯。习惯是爱好的进一步发展,从爱活动,向会活动进一步发展。教学上提出的要求是非常有针对性。

学生有了运动的兴趣,就容易养成习惯。最近在一些学校中看到一些比较好的做法，他们利用青少年俱乐部组织学生的兴趣锻炼，新课程的选项教学让学生产生了锻炼的倾向，在锻炼倾向的基础上，对某些项目形成爱好，教师在俱乐部里组织学生兴趣小组活动，体育教师又是青少年体育俱乐部的指导老师，选修篮球项目的学生，他往往又是这个兴趣小组的学生，这样老师和学生之间形成一种交流互动的默契，有利于培养学生的专长和爱好。这种做法是很好的。

这里有一个值得大家思考的问题，高中体育课堂上有选项体育教学，课外怎么活动呢？没有人组织活动，结果他就活动不起来了，学生会产生这样的要求，课外能否像课内学习一样，成立兴趣小组或俱乐部，据了解，不少学校已建立了兴趣小组或俱乐部，这样就把课内课外两者结合起来，在一些主要项目上，都搞了运动俱乐部。运动俱乐部与过去所说的代表队是不一样的，代表队是少数学生，运动俱乐部吸收了大量学生参与活动，这取得了很好的效果。

俱乐部形式下的兴趣小组，以健康锻炼为主，不是以竞赛为主。这一点与过去的运动项目代表队也是不同的。

L县DL中学教研组长胡老师：养成习惯的问题，一是教师要给予高度重视，二是教师要考虑运用什么方法促进学生经常参与体育锻炼。只有经常参加体育锻炼，学生才会体验到运动的乐趣，体验到运动乐趣之后，他才会对该运动项目产生持久的情感，产生情感之后，才容易形成习惯。所以这就提示教师，不但要关注体育课堂学习，而且要关注课外活动，课内教学是为课外活动进行服务的，为什么要对学生进行体育教育，目的是让学生在校外、课外、节假日去锻炼身体，这是我们要追求的东西。如果只满足于课堂上认真上课就可以了，而课外忽视学生活动的话，这样的体育教学要打折的。所以要课内外一体化，教师不仅仅要关注课堂教学，课堂教学的效果有没有，要体现在学生课外有没有坚持去参加体育锻炼。当然课外参加体育锻炼可能受多种因素影响，但我们教师要追求这样的效果。看多少学生在课外参加体育锻炼，多少学生一周参加多少次课外体育锻炼，课堂教学最大化的效果就是每个学生每天能有一小时的体育锻炼，这才能体现课堂教学的效果。否则，教学只满足于学生掌握了多少知识技能，学生课后又不去锻炼，最终技能没掌握好，更不可能形成习惯。所以体育教学中，重视运动知识和技能是必要的，课程标准首先要求学生打好运动基础，这一点不说，教师也会去做，没有教师说体育课不学知识技能的，但是过去教师忽视了对学生的养成教育，体育教育也是一种养成教育，从某种程度上说，这种养成教育更重要，促使学生养成运动习惯，比掌握知识技能更重要。

有一个疑惑，学生课外锻炼的习惯，是掌握了运动技能之后形成的，如果说养成运动习惯比掌握运动技能更重要的话，会不会产生疑义？

H师范大学J教授：对于这个问题可以这样来看，形成运动的习惯，比掌握运动技能的多少及程度更重要。没有说运动技能不重要，而是说养成习惯更重要。对于一个普通学生或人群来说，他不是去参加竞技比赛，如果去比赛的话，可能细节要求得高一些，因为细节决定成败，但对于普通学生来说，细节好一点差一点，这不是最重要，最重要的是，他能否坚持体育锻炼，对普通人群来说，动作做得好一点差一点，不会影响他锻炼，这可能也会引起人们误解，说我们不要运动细节，不要规范，而是说，不要过分去强调这个问题，我们过去过分强调这个问题了，而忽视一些更重要的东西，比如说习惯的养成。他们是一种辩证发展的关系，如果不掌握运动技能的话，他就不会找到一种成就感，比如花式篮球，技术技能表现得非常花哨，很容易获得一种成就感和满足感，就会强化他的习惯。所以首先要掌握运动技能，在此基础之上，才会逐步形成习惯。产生满足感之后，习惯会进一步得到强化。

因而在体育课上，在教运动知识和技能的同时，也要考虑其他方面，不能就技能教技能，而忽视其他更重要的东西。过去对技能教学应该是很重视的，强调以运动技术为中心，其结果是什么？由于忽视了其他更重要的东西，所以使更多的学生不喜欢体育课，也没有多少学生主动参与体育课。新课程注重以学生发展为中心，将知识与技能、过程与方法、情感与态度价值观有机的结合起来，导致今天更多的学生去参与体育活动，参与体育活动形成习惯之后，还担心他的运动技能水平不会提高吗？最担心的是学了运动技能又不去练，这个技能会每况愈下。从这个角度来说，形成习惯更重要。

N师范大学G教授：掌握技能是第一步，然后总要往深层次发展，一要将技能变成在实践中运用的能力，这是一个飞跃，课标中也有这样的规定，要了解体育运动的好处，学会制订体育活动的计划，要将学习内容变成自我锻炼的能力。二要提供给学生发生这种变化的机会，没有这种机会是不行的。比如刚才提到的花式篮球，如果没有给学生展现的机会，他练还是不练呢？课标上讲得很清楚，通过各种各样的比赛，做裁判员，做各种比赛的组织员，这些工作提供给学生发展的机会。很多学校搞两个一，文艺节和体育节，体育节中，各种各样的体育展演很丰富，是以学生为主组织起来的，这就为技能向能力的转化提供了机会了。许多学校已关注到这一点了。

因此，高中体育与健康教学，要在促进学生养成运动习惯方面，发生积极的变化。最理想的追求就是，通过三年的体育教学，绝大多数学生，甚至每个学生，都能形成运动习惯。不单单是体质增强，人的精神状态也会发生很大的变化，这是一个身心发展的问题。

3. 对健康意识与健康生活方式的看法

高中体育与健康课程的又一个目标，是期望通过三年的体育教育，使学生增进健康意识，形成健康的生活方式。课程标准对此也有明确的表述。

提高预防疾病的意识和能力：

水平五：①了解传染病疾病的传播途径和预防措施；②了解非传染病疾病的起因和预防措施。

水平六：提高对艾滋病和性病的认识。

理解营养、环境和生活方式对身体健康的影响：

水平五：①掌握和应用营养知识；②懂得环境对身体健康的影响；③逐步形成健康的生活方式。

水平六：在形成健康生活方式的基础上帮助同伴养成良好的生活习惯。

通过访谈发现，82.3%的学生开始关注与运动有关的营养和饮食问题，在这个方面，课程标准与过去的体育教学相比，是一个进步，也是一个挑战。比如说，课程标准中描述，提高预防疾病的意识和能力，提高对艾滋病和性病的认识，这些方面与过去相比的确是一个进步，但更多是一个挑战，这方面的目标如何达成，体育教师如何胜任向学生传递这方面的知识？都具有一定的挑战性。

Y市J中学邵校长（体育老师）：新课程专门提出了健康教育的模块教学，已经形成专题体系进行教学，这种教学有特定的强化作用，但是仅仅靠健康教育专题对学生进行健康素养的提升，还是不够的。许多学校有较好的做法，比如说，有的学校把健康教育与德育活动联系起来，有的学校把健康教育与卫生室结合，搞知识橱窗，有的学校在校园网上单辟一个健康知识栏目，把健康知识放在校园网上，把体育教师在健康教育课上进行健康专题讲座的讲稿也放在校园网供学生浏览，同时在网上进行健康知识竞赛，这种丰富的形式某种程度上辅助了体育教学，拓展了健康教育的丰富效果，这种做法是值得提倡的。

N师范大学G教授：对健康教育怎么理解，对体育与健康课上的健康教育又怎么理解，这是两回事。因为一所学校对学生进行的健康教育，涉及的面很广，像刚才提到的卫生保健工作，营养卫生工作，良好生活习惯，还有学生课业负担的问题，很多问题都直接影响到了学生的健康，从更加宏观的角度来讲，从社会发展、工作强度降低而造成的体力不足，或者说营养过剩所造成的肥胖，跟社会有很大的关系，单单从学校中开课恐怕还不能解决，所以健康教育问题是一个举国的大问题，也是学校整个教育的大问题，单单靠两节体育课，或者18课时的模块教学是不能解决问题的。所以通过各种各样的途径，都来关心学生的健康，都来关注健康教育，这个任务是可以完成的。我们要搞清楚的是，作为体育与健康课程中的健康教育模块，到底应当教什么？应该把高中段和初中段区分开来，初中段的健康教育比较明确地提出，健康教育是和体育运动有关的部分，而高中段健康教育的很多部分是超出了这个范围，不过它也有重点。这部分内容很重要，必须要讲。不仅作为课上的内容来讲，或者视频中出现，作为一种课程的组成部分来讲，利用有限的课时来实现这个目标。我们不得不承认，所有的体育课，都有健康教育的内容和义务。这里面可以通过各种方式，如锻炼身体的方法，合理的运动负荷，将健康教育融入进去。有一部分跟体育无关的健康教育内容，而且是当前社会上普遍关注的健康教育内容，就把它列入到健康教育专题中去。这是一个很重要的决策。否则不以课内的形式讲，也不以课外的形式讲，健康教育就得不到保证。所以健康教育的重要内容就以课时的形式得到保障。它的内容在课内讲完之后，可以要求学生在课外实践。否则没有课时保障，健康教育就不能落实。所以要肯定，健康教育不仅是和体育有关的，体育之外的一些健康内容也应包含其中。

设置健康教育的内容，是要强化健康意识的，因为仅仅通过体育教学，是不能解决学生的健康意识的，比如传染病的问题，营养的问题，艾滋病的问题，这一类的问题，体育是解决不了的，必须要通过健康教育来培养学生形成健康的意识，进而养成一种良好的生活方式，在具体的做法上，可以将课内和课外相结合，有些健康教育的知识，还是需要通过健康教育课来保证的。这样才能使学生在有限的课时中，结合体育健身的实践活动，获得更多的健康知识，形成健康的意识，促进良好的健康习惯。

4. 对提高身心健康水平的见解

中学体育与健康课程追求的最高目标，是关注学生身心全面发展，使学生的身心健康水平得到提高。然而中学体育教学实践中对身心健康的认识也存在不均衡状况。

Y市J中学邵老师：中学体育对学生健康的影响主要有两个，一是理解健康，知道健康的重要性，二是必须要养成健康的生活习惯。我们谈健康，有两个方面的考虑，或者说两类人群的不同考虑，一类是，没有病，没关系，有病就吃药，这是一类人，过去这类人比较多。另外一部分人，他考虑到我要没有病，养成良好的生活习惯之后，远离有病，进入到一种美好的生活状态。后一部分人积极，前一部分人消极，说他重视健康，其实他重视的是上医院，这两部分人，让今后的学生多成为第二类人，不是在有病的时候吃药，而是在没病的时候就健康。这不仅仅是体育锻炼的问题，而是一种良好的生活习惯和生活方式，这些问题现在已经变成非常重要的问题了。

访谈表明，对身心健康水平的认识主要体现在以下几个方面。

一是锻炼健美的体格、塑造强健的体魄。健康首先表现在体格上，体格健美，体魄强健。要达到这样的健康水平的话，就要增强体能。尤其要增强与健康有关的体能。目前国际上将体能分为两类，即与健康有关的体能和与运动技能有关的体能。与健康有关的体能：心肺耐力，柔韧性，肌肉力量，肌肉耐力，身体成分等与运动技能有关的体能：速度，力量，灵敏性，协调性，平衡，反应等。对这两类体能，课程标准也有明确要求。

水平五：①增强体能（通过多种练习提高心肺功能和有氧耐力；通过多种练习提高肌肉力量和肌肉耐力；通过多种练习增强灵敏性、协调性和柔韧性，提高速度和反应时；通过多种练习控制体重）。②在不断增强体能的基础上帮助同伴改善体能状况（进一步通过体育活动提高体能；分析同伴体能变化的原因；对改善同伴的体能状况提出建议）。

H师范大学J教授：增强体能对提高学生的健康水平是有直接的关系。对此如何看待呢？首先就是刚才所讲的，一要加强18课时的健康教育系列，另外通过体育实践类课程来实现。像体能部分，很明显的要通过体育实践类课程来实现，这是个大前提。

在学练运动技能的时候,同时进行体能练习,这样的过程,学生比较感兴趣,避免体能练习的枯燥性。这种体能练习,主要的应该是力量和心肺耐力,这在高中学生中一定要强化,重视他的体能训练,与运动技能相结合。在运动技能练习的时候,也要进行体能练习,促进学生体能水平的提高。

塑造强健的体魄,锻炼健美的体格,必须要有一定的身体练习的时间,所以身体练习的时间和空间,体育教师必须要给学生留出。

二是培养坚强的意志和乐观开朗的生活态度。关于这方面,体育与健康课程标准中也有描述。

水平五:①在体育活动中努力获得成功感;②表现出调控情绪的意愿与行为;③表现出坚强的意志品质。

水平六:①逐步形成积极进取的人生态度;②具有帮助同伴调控情绪的意愿和行为;③在具有挑战性的活动中表现出坚强的意志品质。

N师范大学G教授:这方面的内容可以称作对人的非智力因素的考虑,这几个内容都不是知识越多越好的问题。非智力因素包括的内容太多了,情感意志态度价值观,课程标准好就好在从中找出了高中学生发展的重点领域。比如说,成功感,情绪控制能力,坚强意志,非常具体。再比如说,刚才谈到的,意志品质领域,进一步提出,在挑战领域中表现出坚强的意志品质,这是对前面定位的补充。好就好在它的具体化和可操作性。

Y市J中学邵老师:在具体教学中,一要设计好具体教学的方法,二要组织好学生的练习形式,让学生在学习和活动当中来产生这种体验从而进行情感的培养,进行意志品质的锻炼。比如组织定向越野跑,这个项目,一体现耐力,二体现智力判断和分析能力,具体过程可以自己进行,也可以团队进行,主要看教师怎样组织。对学生情绪调控问题怎样培养?教师可让他一个人练习,沿着地图自己查找,在长距离过程中,他就有一个自己调控情绪的表现。如果想培养协作的行为,可以让团队同时分析,同时运作,最后达成目标。

体育活动对培养学生积极拼搏、勇敢顽强、勇攀高峰这样的精神,作用是非常大的。培养这种精神,有助于他迁移到日常学习生活中去,这实际上就发挥了体育的更大功能和价值。这反映了体能活动功能的不断拓展,以前人们参加体育活动是为了锻炼,现在的健康观念也在扩展,不仅仅是锻炼身体,很多学生为什么出来打球,他不一定是为了锻炼身体,而主要出来放松一下,减缓学习压力,缓解紧张情绪,这方面的调节非常重要,体育活动在这方面的功能是逐渐凸显。有一组数据，85.4%的学生认为体育学习对培养他的意志有较大的作用，使自己变得勇敢顽强，不怕困难，83.9%的学生认为体育活动对培养合作意识和行为有一定好处。这反映了人们对体育活动的功能认识不断扩展，不仅仅局限于锻炼身体，而对心理健康、意志品质、团队合作等方面的认识也逐渐提升。

三是形成善于合作和乐于助人品质。课程标准关于这方面的内容是这样规定的。

水平五：①具有和谐的人际关系和良好的合作精神；②表现出良好的体育道德；③认识个人参与体育与健康活动的权利和义务；④表现出有责任感的社会行为。

水平六：①表现出团队意识和行为；②关心社会的体育与健康问题。

N师范大学G教授：这些描述反映课程标准对团队意识和合作精神的高度重视。社会适应是什么？是人社会化的过程。人的社会化要适应各方面的要求，包括法制规范、道德规范、行为规范、人际规范，这些内容太多了，为什么课程标准集中在这几条上呢？同样是把这方面的规范，放在体育课上能实现的目标当中。这样的目标体系，如和谐的人际关系，良好的合作精神，是在体育课中非常容易得到体现的，学生也容易获得的，这也是我们在高中体育课中强调的重点。这是因为体育课有它的特征，有开发的空间，有多面的条件，还有角色的多样性。这都有利于培养学生的合作精神，培养学生乐于助人的品质。这也体现课程标准对个体健康和群体健康的关注，从关注个体健康向关注群体健康甚至社会健康不断发展，培养社会责任感。这才体现体育的社会教育功能。因为所有的课程都要为培养人教育人服务。

总之，中学生通过体育与健康课程的学习，应该在运动的基础知识、基本技术和基本技能，健康的意识和健康的生活方式，以及运动习惯、身心健康水平等方面都发生积极的变化。所以，每个体育教师在教学的时候，要有针对性朝着这些方面努力，只有这样，学生才能从体育课程教学中得到更大的益处，获得更好的发展。尽管《体育与健康课程标准》对上述方面都有较为细致的描述，但在中学体育与健康课程教学实践层面，人们的认识与见解都各有不同，反映到各个学校的课堂教学实践活动中，其教学现状与教学效果也就参差不齐。

第三章 逆反自然：体育教学中不自然现象的剖析

笔者首先声明，本章所讨论的体育教学中的非自然现象，并非完全否定当前的体育教学实践，而只是试图表明，当前体育教学的某些环节、某些场景甚至某些片断存在某些不自然的现象，我们应当努力扭转这些不自然，以便更好地理解并贯彻落实《体育与健康课程标准》的理念与精神，推进体育与健康课程教学改革，促进学生身心健康发展。

一、体育教学中不自然现象的表现

从体育教学的具体环节来看，体育教学中的不自然现象包括体育教学目标的工具化、体育教学内容的泛化、体育教学模式的僵化、体育教学方法的生硬化、体育教学组织形式的松散化、体育教学评价的复杂化等（图3-1）。

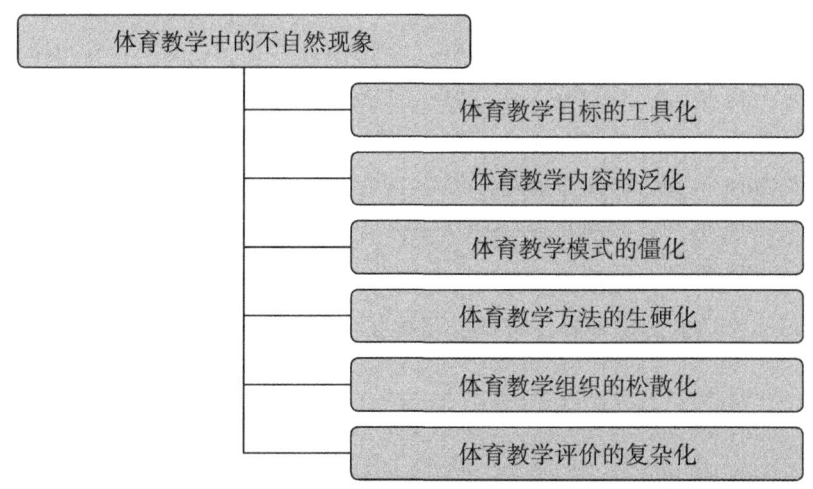

图3-1 体育教学中不自然现象的划分（基于教学具体环节）

（一）体育教学目标的工具化

体育本属教育，体育的最高目标，指向人的发展。自然主义体育教学思想关注人的健康与快乐，制度化及工具主义的体育教学观却使体育教学指向人之外的目标，导致体育教学目标的异化或工具化，将目标指向竞技技术，追求运动技术的标准与全面；或者将目标定位在国家层面的功利主义，为国家培养高水平竞技选手，为国家培养强壮的士兵等。再有就是将长远目标当作体育教学的当前目标，导致体育教学目标的泛化与扩大化。

体育教学是一种具体行为，因而体育教学目标应该是一种行为目标，必然是具体的、可见的、可测量的。不同的教学行为，或指向同样的目标，或指向不同的目标；同样的教学目标，可以由同样的教学行为来达到，也可由不同的教学行为来达成。然而在教学实践中，常有这样的不自然现象：①把学校体育的目标当作体育教学的目标；②把体育教学可能达成的长远目标，当作体育教学当下就能实现的目标来对待。比如，增进健康、增强体质是学校体育的目标（效果目标），而有些体育教师甚至体育专家却将其作为体育教学的目标（行为目标），对于一节体育课来说，这个目标可不是显而易见或容易测量的。比如，某节体育课教学生跳高，那就把掌握跳高方法技能、提高跳高成绩作为这节课的体育教学目标，至于能否增进健康、增强体质，就不劳体育教师在这节课的教学目标中费心了，因为体质健康取决于学生在课后的营养、睡眠、体育锻炼等多方面因素，而且健康也绝非一节课的体育教学所能达成。

在《学校体育学》或《体育教学论》中，体育教学有一个笼统的目标，或一揽子目标，如金钦昌先生主编的《学校体育学》中指出："我国高中阶段体育教学目标是，全面锻炼学生身体，掌握体育基本知识、基本技术和基本技能，发展运动能力，向学生进行思想品德教育。"[1]理论上的这种总体描述无可厚非，但到每一节体育课堂教学中，其体育教学目标必须是具体的。因为"全面锻炼学生身体"是一种长期坚持才能收到长远效果的活动，每一节体育课无法完成这样的目标。把增强体质的长远目标作为一节体育课的目标，是不自然的，也是不合适的。这是将一节课的目标扩大化的表现。

---

[1] 金钦昌.学校体育学[M].北京：高等教育出版社，1994.

（二）体育教学内容的宽泛

体育教学内容不自然，这源于对中小学教学内容学科划分的思考。在中小学教学内容中，划分了语文、数学、英语、物理、化学、体育等学科，这反映了教学内容设计者力争使祖国的年轻一代掌握各门学科基础知识技能的美好初衷。按照这样的划分，各门学科都各有其特定内容，各管一块，各司其职。语文是向学生传授语言基础知识基本技能、掌握运用母语进行写作会话等多方面能力，数学是向学生传授有关数的基础知识基本技能、掌握数学运算能力和逻辑思维能力，而体育是向学生传授体育基础知识基本技能、掌握体育锻炼的方法、养成体育锻炼的习惯和终身体育的意识，因而体育教学内容应该是体育锻炼的知识技能与方法，无论体育课是否改为体育与健康课，其教学内容其实并没有改变（将来是否改变有待讨论），对当前的中小学体育教学现实而言，健康只是体育与健康课想要达到的目标之一（是可能达成的效果目标，而非体育教学的行为目标），而不是内容。但在某些学校的《体育与健康》课本中，我们发现，爱护环境、预防传染病、艾滋病，甚至吃什么、如何吃，都成了体育教学的内容了[①]。健康涉及的因素非常广泛，包括卫生保健、睡眠、营养、遗传、环境等，体育课上的健康目标是通过体育锻炼来促进健康，任何老师都有责任在课堂教学过程中穿插介绍健康知识，以体现整个学校教育"健康第一"的指导思想，促进学生健康发展。体育教师可以利用阴雨天适时进行健康教育专题的教学，但绝不表明体育与健康课可以取代健康教育课，在室外体育课专门把健康知识拿来作为教学内容，就让人感到有点不自然，不象是体育课。如果过分看重某些非体育的内容，那就容易导致体育教学本体内容的泛化和虚化。

（三）体育教学模式的制约

自然的体育活动应该顺其自然、率性而为，但作为教学活动，在很大程度上又不能完全率性而为，应该施加人为的影响，这才是"教学的自然"。教者，上所施下所效也，否则就不能称之为教学活动了。所以体育教学应该遵循一定的规则，然而教学有法，但无定法，特别是体育教学活动，由于有体育活动的必然特点，所以对于全国不同地区、不同环境中的体育教学而言，应该是

---

①全国中小学教材审定委员会.体育与健康：水平五[M].上海：华东师范大学出版社，2004.

丰富多彩、各有区别的，如果非要搞一个大一统的教学模式，那这种体育教学模式难免会是不自然的，难免会走向僵化和束缚。本文的研究目的也仅在于，分析目前体育教学出现某些不自然现象的缘由，借鉴历史上曾有过的自然主义教育观念，探寻它与体育与健康新课程关注学生个性自然发展的契合点，提出体育教学回归自然的方法与建议，而不是妄想去构建什么"自然体育教学"的模式。

（四）体育教学方法的选择

自然主义体育教学思想认为，应该采取与不同年龄阶段教学对象相适切的教学方法与手段，"把孩子当作孩子"，才能收到较好的教学效果。通过对中小学体育教学实践的考察，笔者注意到中小学体育教学过程中，特别是在中学的体育教学中，教学手段的低龄化倾向较为明显，把大孩子当作小孩子，把青少年当作儿童，不顾教学对象年龄特征和心理特征，一味采用游戏或不适合教学内容的方法，常常使学习者与观摩者觉得幼稚和索然无味。

体育技能教学的方法手段应该具有多样性，如此才能调动学生的学习积极性，使学生不感到枯燥乏味。但是体育教学的方法手段，应该根据其教学内容的需要而定，与其教学内容相衔接、相适应。如果生硬搬运某些不适宜的方法手段到体育教学中来，那既不利于学生的技能学习，也无助于学生体育兴趣的培养和健康水平的提高。按照当前中小学教学内容的划分，体育课（或体育与健康课）的教学内容是体育知识与技能，那么体育教学就应该采用与其相适应的手段与方法，如游戏法、竞赛法、讲解法、练习法等，然而在某些诠释新课标的公开课上，我们看到扁担、南瓜、扫帚、抬筐等工具都成为体育教学的手段了。我们赞成对体育课程资源的积极开发与利用，也衷心拥护体育新课标所倡导的课程精神与理念，但反对脱离体育基本内容的体育教学，反对对新课标的误读与误解，体育教学有其自身的方法，劳动的方法与手段，完全可以交给劳动技术课来完成，体育老师不必扩大体育教学的功能，还是把劳动工具还给劳技课老师吧。

（五）体育教学组织的困扰

尊重学生的主体地位，提高学生的学习自主性，并非在组织教学时完全放任自流。没有组织的教学必然导致学习效率低下，况且，只有学生的自由活动，没有老师的组织教学行为，只有活动过程，没有教学过程，那也不能算是严格意义上的体育教学。老师为了迎合少数学生的"自由",而放弃了教学的责任,只能导致技能传递行为的湮灭,从而使大部分学生不能真正有效地掌握与提高体育健身的技能与方法。

体育课最本质的手段是身体练习,其最基本的组织形式是在室外,以身体实践的形式进行,而反观目前的某些体育课,有的上成了理论课,以凸显健康的内容,有的上成了放羊课,以突出所谓"学生主体",教师作为教的主体,其主导作用严重缺失,导致教师的主导地位也逐步丧失。体育教学组织形式的不自然,在不同学段还有不同表现。对于小学与高中而言,某些体育课成了活动课、放羊式,而学生对体育课的期望也变成活动;而对于初中特别是初三毕业班而言,某些体育课则成了典型的应试教育,为了应付中考体育加试,有些学校的体育课紧密围绕体育加试的内容而组织,因而成了典型的应试课、训练课,教学组织形式严谨刻板,过分强调组织性、纪律性,具有不同程度的"军事化"倾向。

(六)体育教学评价的复杂

体育教学评价的不自然,这属于体育教学实践中的不自然现象,也缘于对理论的误读、误解或曲解,或者说是实践对理论的一味迎合,但这种迎合往往是歪曲的迎合,曲意迎合。《体育与健康课程标准》明确规定,体育与健康课程学习评价的内容包括体能的评价、知识与技能的评价、学习态度的评价、情意表现与合作精神的评价、健康行为的评价[①]。作为学习评价,这些评价内容无可厚非,但如果体育教师硬要将其套用到体育教学评价中来,那势必会产生不自然现象。教学评价并非学习评价。体育教学评价,应该是对体育教学效果的检查与评定。前文分析过,体育教学的主要内容应该是体育基础知识与基本技能,因而体育知识与技能的评价必然成为体育教学评价的主要内容,教什么就评什么。王策三先生说,教学评价是"对教学的检验与促进"[②]。体能的评价、学习态度的评价或许可作为体育教学评价的参考,但如果将学生的健康行为(如吸烟、酗酒等)也纳入体育教学评价的范畴,那就显得不合适或不自然了。在具体教学环节中过分追求全面的评价也将使体育教师难以操作。

---

① 教育部.体育与健康课程标准[S].北京:高等教育出版社,2001.
② 王策三.教学论稿[M].北京:人民教育出版社,1985.

二、体育教学中不自然现象的缘由分析

当前体育教学中的不自然现象,有多种表现。从不同的维度来看,可以有不同的划分,其缘由也各有不同。

从理论与实践的相互关系说,有教学理论的不自然,也有教学实践的不自然,还有理论对实践解读的不自然。按照逻辑关系,还应有实践对理论解读的不自然,但笔者认为,实践解读理论,其实就是用实践来践行理论,仍然属于实践的不自然,因而本文只列举三类缘由加以分析。前文所划分的各种不自然现象,究其根源,大多可归入这三类缘由之中(图3-2)。

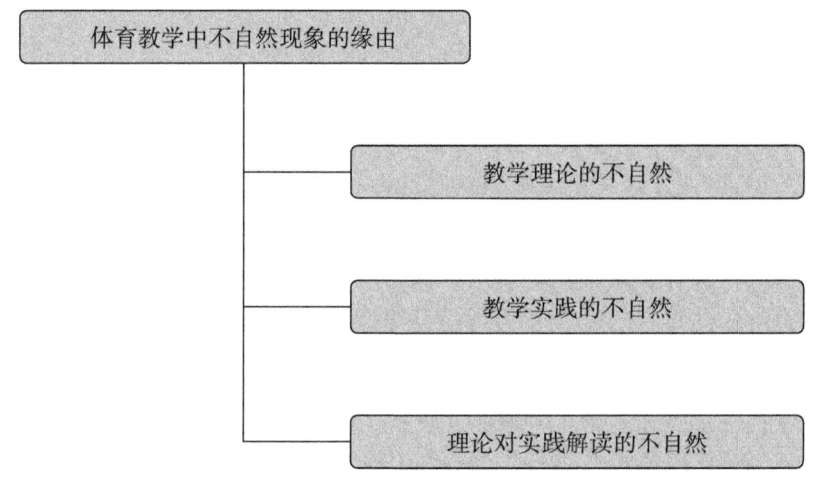

图3-2 体育教学中不自然现象的缘由分析(基于教学理论与实践的关系)

教学理论的不自然,指体育教学理论本身的不完善、不成熟,生硬套用大教学论中一些时尚的思想或观点,不顾场合、条件,硬要搬运到体育教学中来。这也带来了体育教学实践的不自然。翻看时下的一些体育教学论或学校体育理论书籍,大都照搬教学论中的目标、原则、规律、模式等,而缺乏对体育学科教学特色性、针对性的指导,广大体育教师往往很难从这些体育教学"宏大理论"中获得实践教学的有效方法与启迪。

教学实践的不自然,指体育教学实践中,由于受某些教学理论的误导,或对教学理论的误读,或对教学理论的片面迎合,而出现的体育教学实践过程中的不自然现象。比如说教学理论中有合作学习、探究学习,在体育教学实践过

程中，有的体育老师为了体现学生的合作学习或者探究学习，就刻意让学生停止正在进行的身体练习，分成小组去讨论、探究，把本来能体现体育教学特色的身体练习活动分割得支离破碎、面目全非，把体育实践教学变成了理论探讨的沙龙。

理论对实践解读的不自然，指体育教学理论本身是自然的、合理的，体育教学实践也是顺应自然规律的，然而理论在解释实践时，产生了误读、误解，要么夸大了体育教师的实践智慧，要么看低了体育教学实践行为。譬如在某节课的篮球教学中，老师让学生进行教学比赛，这对培养学生参与竞争、团结合作有一定帮助，但观摩者在理论总结时却将其过分拔高，称其为"有利于培养学生的社会适应能力"，让人感到有点不伦不类、夸大其词。

本节主要从体育教学目标、体育教学组织中的师生关系等方面来分析体育教学中的某些非自然现象，例如：把学校体育的目标作为体育教学的目标，导致体育教学目标的扩大化；把非体育的内容作为体育教学的内容，从而造成体育教学内容的庞杂与无序；把体育教学中的师生关系固定化、模式化，硬要区分出体育教学中教师是主体、或者学生是主体，殊不知体育教学中的师生关系并非固定不变的，视体育教学的不同情境而变化，在某些教学情境中我们可以说教师是教学中的主体，而在某些教学情境中则可以认为学生是主体，这根据不同的教学环节、不同的教学场景而发生变化，这才能体现体育教学中师生之间的自然关系。

（一）制度化与工具主义教学观的影响

1. 制度化与工具主义释义

体育教学本属一种教育，最终目的是培养全面发展的人，而由于工具主义教学观的影响，却造成了体育教学主体价值的失落。从体育公开课、观摩课的举办方来说，开展观摩或竞赛活动是为了促进青年教师教学业务能力的提高，加强学校体育工作，推动体育课程与教学改革的深入进行；从参赛学校来说，是为了展示本校的教育教学成果，提高学校的声望与影响；从体育老师方面来说，参加体育公开课或教学竞赛活动，其目的则主要是为了获取优良的等级，以便为职称评定增加砝码，有的学校就规定，在市级以上公开课或教学竞赛中获奖，是评定高一级职称的必要条件。于是，体育公开课或展示课的举办目的就逐步异化，公开课失去了原来的初衷，一步步蜕化为教师竞聘职称、争夺名次的激烈舞台，师生心照不宣、各自表演、弄虚作假等现象也就逐步泛滥。

对应于自然体育的五种含义，非自然体育也有多种表现形式。其中，制度化及工具主义都是对自然主义体育的反动。

德国社会学家马克斯·韦伯（Max Weber）曾提出"工具理性"的概念。韦伯将合理性（rationality）分为价值理性与工具理性，工具理性指行动只由追求功利的动机所驱使，行动借助理性达到自己需要的预期目的，行动者纯粹从效果最大化的角度考虑，而漠视人的情感和精神价值[1]。在工具主义思想影响下，教学目的与手段相分离，即专注于工作效率而不问主体价值[2]。工具理性虽然提高了效率但却贬低人的尊严，一味追求功利，忽视情感与精神价值，使人成为机器和金钱的奴隶，从而陷入异化的羁绊之中。

本文所指的工具主义与此类似。所谓工具主义体育是把体育目的定位在体育之外的社会目标、政治目标、经济目标，把体育作为一种手段，试图实现体育之外的目标。通过体育来训练作为工具的人，从而造成了体育教学中人的主体性的迷失。

初期的工具主义反映出一种手段论价值观，如近代德国、瑞典、捷克等国的体操，为了实现强国梦，把体操教学与操练作为培养强大军队后备兵源的重要手段，再如现代奥林匹克兴起之后，现代体育越来越强调以经济为目的，追求体育运动之外的利益目标，物质欲望和拜金主义盛行，淡忘了体育中的集体主义精神和社会责任感，抹杀了体育的自然本性，从而产生了竞技运动的异化。

工具主义体育的最初形态源于德国和瑞典的体操，表现为一种军国民体育。德国是继葡萄牙、西班牙、荷兰、英国、法国之后欧洲崛起的又一个世界大国。当英国、法国迅速崛起并开始其资本主义近代化历程的时候，德国还是四分五裂，没有完全统一。其实力落后于西班牙、英国、法国等老牌资本主义强国。为了抵御英法等国家的威胁，弱小的普鲁士王国迫切需要迅速增强国力，反映在学校教育中，对学生体力的训练就受到了格外重视，古兹穆茨、林德、F·L.杨等人的德国体操、瑞典体操便应运而生。德国的器械体操，瑞典、捷克的轻器械体操以及军事训练都被纳入了学校体育的范畴，因此，学校体育教学成为培养后备兵源强壮体能的重要工具，从而远离了体育的自然目标（表3-1）。

---

[1] 汪民安.文化研究关键词［M］.南京：江苏人民出版社，2007：89.
[2] 刘春燕.当代教育中的工具理性主义［J］.江西教育科研，2004（8）：6.

表3-1　工具主义体育观与近代自然体育观比较

	工具主义体育观	近代自然体育观
目标指向	政治、经济、军事等体育之外的目标	健身、娱乐
价值观	自卫卫国、强种强国	尊重个性、自由发展
社会背景	民族主义、国防战备	工业革命、民主思潮
活动方式	形式主义、呆板、锻炼式	活泼、愉快、教育式、启发式
活动内容	兵式体操、军事训练	游戏、田径、球类、舞蹈等

工具主义一方面由于惯性继续与国家层面的功利主义顽强地结合在一起，压迫人的自由意志；另一方面，又悄悄地与国家功利主义发生分离，改头换面地与个人层面的功利主义相结合，日益成为个人谋求自身利益的理性基础。无论何种结合，对体育教学都会产生消极影响，那就是，体育教学越来越背离了它的自然理想——娱乐和健身。

与工具主义教学目的观相似，体育教学中的制度化倾向也导致了体育教学目标的异化和扭曲。在前者那里，学生沦为国家功利主义和个人功利主义的工具，在后者那里，体育教学则滑入竞技化和唯技术论的泥沼。

制度化（institutionalization）指群体和组织的社会生活从特殊的、不固定的方式向被普遍认可的固定化模式的转化过程。制度化是群体与组织发展和成熟的过程，也是整个社会生活规范化、有序化的变迁过程。有些社会学家关注组织领域的制度化，有的则侧重制度体系的完备。体育制度化倾向表现为体育运动由非正式系统发展到正式系统、体育制度从不健全到健全的过程。体育制度化具有正功能与负功能，正功能表现为秩序功能、控制功能等，有助于体育的规范化发展，负功能则表现为僵化、保守等。在体育制度化倾向的影响下，学校体育教学逐渐趋向标准化、竞技化，过分追求竞技运动技术的系统化和标准性，容易导致唯技术论，同样会导致教学主体性的失落。

体育教学中的制度化对应于正规体育竞赛中的标准化、规则化，特别是指在现代奥运会等正规运动竞赛出现后在学校体育领域产生的一种体育教学倾向。由于世界杯、奥运会及一系列竞技体育比赛的广泛影响，竞技体育的观念深入人心，人们对体育的理解只局限于竞技体育项目，于是在学校体育教学中竞技体育的教学观盛行。它在体育教学中过分注重体育运动技术的传授，把正规体育竞技比赛的运动项目作为体育的唯一技能标准指导学生学习，是对学生身体认知的极大歪曲，忽略了教学中的非智力因素，只强调技能学习，只关注以技能学习为主体的身体认知体系，强化了规则与制度化，而忽略人的情感、意志、态度、价值观等非智力因素的培养。

随着现代奥运会的诞生，现代竞技体育迅速发展，制度化、规则化的体育也显出端倪。近代工具主义体育与自然体育都向竞技运动发展，走向了制度化体育。体操与田径运动都进入了竞技体育的行列。制度化体育强调比赛的严格规则与量化标准，比赛结果用数量或物理量来显示，比如丈量田径比赛的高度、远度，球类比赛的得分，体操的分数、难度系数等。

对运动场地器械的标准化实际上使体育远离了自然和生态，学校体育中以人造的体育器材和场地代替了丰富多彩的自然环境。如竞技体操只有6个竞赛项目，就抹杀了其他器材的功用，肋木、浪桥等器械都逐渐消失，只剩下单杠、双杠、吊环、平衡木等，而这些项目在学校体育教学中的地位也岌岌可危。

在体育制度化倾向以及"工具主义"理念为主宰的教育情境中，标准化和效率盛行，预测和控制泛滥，学生被那种确定性的、由成人依据自己经验制定的、可能与学生并不相干的目的所桎梏。"工具主义"教育目的论及其对体育的影响，使由西方传入的以功利主义为中心的竞技体育对学校体育产生了巨大的冲击，中国传统的以修身养性为主旨的自然主义体育观几乎荡然无存。"学校体育竞技化，课程教材项目化"已然成为某些学校体育的真实写照。

体育的工具化、制度化导致自然体育精神的失落。首先，体育的物化与制度化离开了自然体育原初的娱乐和健身目标；其次，产生了功利化倾向，体育与国家层面功利主义的结合，导致学校体育出现军事化、兵操化倾向。现代竞技运动以活动的商业化和从事运动的功利化为标志，把体育原初的自然精神异化。这是制度化、工具主义与个人功利主义结合起来的后果。

随着人的主体性的复苏以及对人文主义精神的弘扬，学校体育开始关注学生的主体地位，特别是体育与健康课程改革所倡导的以学生发展为中心，注重学生的学习兴趣、爱好和个性发展，促使学生自觉积极地进行体育锻炼，以全面发展体能，提高运动技能水平，培养积极的自我价值，为终身体育奠定基础，这些观点在某种意义上是自然主义体育的复兴，但其内容更为丰富，因为不仅关注生态的自然，还关注学生发展的自然、社会的自然、体育技能学习的自然，促成了体育自然精神的回归。鉴于此，当代的自然体育精神并不是近代自然主义体育思想的再现，而是在我国文化传统中本根本土的自然体育观基础上、借鉴近代自然体育思想、顺应自然社会与人发展规律的一种复兴。

2.体育教学目标的偏移现象分析

在体育教学实践中，存在着较多的教学目标异化与泛化的现象。就目标的内容而言，学校体育目标与体育教学目标是有区别的。学校体育目标是整个学校体育工作的预期结果，它包含的范畴较为广泛，包括学生体质健康状况、学校课外体育活动、课余运动训练、体育竞赛工作等等。而体育教学目标是针对具体的体育教学工作或体育课而设定的，相对于学校体育目标而言，它涉及的范围较为狭窄而具体。但在目前中小学体育教学的理论与实践中，常会看到把学校体育目标作为体育教学目标来追求的现象，这就超越了体育教学目标的域限，出现了体育教学目标的扩大化。

教育目的是教育、教学活动的出发点和归宿，它指导和制约着学校的一切教育、教学活动。教育目的和培养目标是通过一系列具体的教学目标落实到教学活动中去的。也可以说，教学目标就是进一步具体化了的教育目的和培养目标。

《教育大辞典》中，教学目标被定义为"教学中师生预期达到的学习结果和标准"。教学目标是教学活动的出发点和最终归宿，要保证教学工作取得预期的成功，首先就必须提出明确而切实的教学目标，并紧紧围绕既定的目标开展教学活动。

教学目标总是以一定的课程内容为媒介的，因此，教学目标的确定与课程内容的选择和组织紧密联系着，并跟具体的课程内容一起呈现给教师和学生。布卢姆等人认为，教学目标可分为三类，即认知领域、情感领域、技能领域。认知目标又包括知识、理解、运用、分析、综合、评价。情感目标包括接受、反应、形成价值观念、组织价值体系、形成价值情绪。技能目标包括观察、模仿、练习、适应。体育的内容主要是体育方法与技能，因而体育教学的目标主要应该是技能目标，让学生通过观察、模仿、练习以达到身体的适应，从而掌握体育方法与技能，进而实现体育的认知目标与情感目标。

关于体育教学的目的，李秉德在《教学论》中也有过明确的界定：体育目的是引导学生掌握体育运动和卫生保健的基础知识和基本技能，养成健康的体魄，培养坚持锻炼和保持卫生的良好习惯[1]。可见教学论专家对体育目的之认识首先是着眼于掌握体育运动的知识与技能。

相对于体育教学目的而言，学校体育的目的显然范围更为广泛。周登嵩指出，我国学校体育的目标是：开发学生的身心潜能，增强学生体质，增进学生健康，促进学生身心的和谐发展，培养学生从事体育运动的态度、兴趣、习惯和能力，为终身体育奠定良好的基础；促进学生个体社会化，培养学生良好的思想品质，使其成为具有创新精神和创新能力、德智体美全面发展的社会主义建设

---

[1] 李秉德.教学论［M］.北京：人民教育出版社，1991：49.

的合格人才[①]。周登嵩对学校体育目的之论述显然超越了体育教学目标的范畴。

翻看各种版本的《学校体育学》《体育教学论》或许多体育教师的教案，经常可以看到有关体育教学目标的表述，令人吃惊的是，尽管在《体育教学论》《学校体育学》中对体育教学目标有着非常明确的界定，然而在多数体育教师的教案中，都出现了体育教学目标的扩大化，即便是在很多教科书中，也经常把学校体育的目标作为体育教学的目标。

例如在1999年版的《学校体育学》中，明确指出，"我国学校体育的目标，是增强学生体质，促进学生身心协调发展，培养学生的体育运动能力和良好的思想品质，使其成为德、智、体全面发展的社会主义建设者和接班人"[②49]。同样，在该书中对体育教学目标是这样描述的："我国的体育教学目标是，通过体育教学向学生进行体育、卫生保健知识教育，增强学生体质，促进身心发展，培养德、智、体全面发展的社会主义建设者。"[②75]如果说前半部分叙述的"进行体育卫生保健知识教育"可以作为体育教学目标的话，后半部分的"增强学生体质，促进身心发展，培养德、智、体全面发展的社会主义建设者"，显然都是学校体育的目标，或整个体育课程的宏观目标，而非单纯的体育教学所能完成的目标。

学校体育目标是指学校体育工作所要达到的预期结果，它的时间跨度长、工作范围广。人们都知道"德智体全面发展"的教育方针，有人据此认为体育在三育中占有一席之地，其不言之意是，体育课在学校教育系统中排位第一，其内隐逻辑是，没有其他哪一门课程能在教育方针中独占一个字[③]。按此逻辑，体育课的地位理应比语文、数学等科目高。然而，德智体分别指德育、智育和体育，这里的"体育"是指整个学校体育工作及其目标，而并非单指体育课。学校体育工作包含的方面非常广泛，包括体育课、体育卫生保健、健康检查、课外体育活动、课余体育竞赛等多方面，智育工作包括语文课、数学课、物理课等，在具体的课或科目这个层面，体育课与语文课、数学课是同等的（图3-3）。在德智体这个层面，"体"绝不是指体育课，而是指整个学校体育，如果试图借此说明体育课的地位与作用比其他科目高，那是偷换概念。其实抱定一个平常心，能把体育课与其他科目平等看待就很不错了，别再奢望拔高体育的地位，否则，在现实体育教学中容易导致体育教学目标的泛化与扩大化。

---

① 周登嵩.学校体育学［M］.北京：人民体育出版社，2004：76.
② 金钦昌.学校体育学［M］.北京：高等教育出版社，1995：49；75.
③ 张洪潭.体育教学的知识类属与理想课形［J］.体育与科学，2007，28（2）：19.

第三章 逆反自然：体育教学中不自然现象的剖析

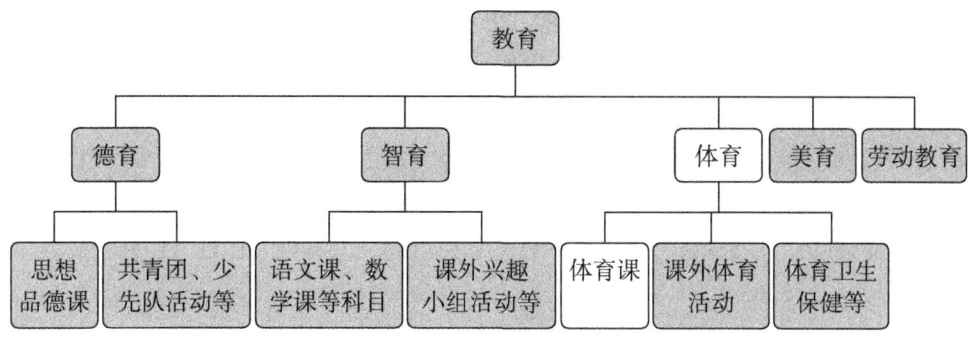

图3-3 体育课在德智体全面发展教育中的地位

体育教学目标是一节体育课或某一阶段体育教学活动所要达到的预期结果。然而，在广大体育教师心目中，重视的是体育教学中所采用的方法手段是否独特，课堂教学气氛是否融洽活跃等，教案中对体育教学目标的描写常被忽视而产生某些随意性。

例如，在Y市教研室组织的中学体育教师教学竞赛中，有一位老师上羽毛球课，她的教案中教学目标一栏是这样写的：①以学懂为目标，学会为目的，通过看图、练习、交流与讨论了解羽毛球的击球方法，在探索中学习，在创新中体验，让学生通过思考、创新、动手参与来取得成功，实现自我价值；②营造一个民主、和谐、轻松、愉快的课堂气氛，突出实践能力和创新能力的培养，发展学生的个性，促进综合素质的全面提高。

对于这两个教学目标，粗看并无明显缺陷，但仔细斟酌，却存在一些问题。

首先来看"以学懂为目标，学会为目的"。一般来说，这样的表述并无不妥。但是作为教学的目标，它仍然显得不够明确具体。学懂什么，学会什么？懂到什么程度，会到什么程度？在教学目标中应该有明确的描述，才能作为"师生教与学的出发点和归宿"而存在。

其次，"在探索中学习，在创新中体验"也不像是教学目标，而更多类似一种体育教学方法，如探究法、创新法等。

再者，对于学生而言，学会某项技能或方法应该是首要的、近期的目标，至于能否懂其原理，倒在其次。前文例子中关于教学目标的叙写应表述为"以学会为目标，以学懂为目的"。有很多学生，并不懂得足球运动的原理，比如香蕉球技术原理是空气动力学中的伯努利定律和马格纳斯效应，学生无须理解或懂得，但他仍然能踢出弧线球来。"目的"和"目标"含义比较接近，在古汉语中，"标"和"的"都指某种靶子。人们对这两个词使用起来往往不加区分，常把两者混用，"标"和"的"也经常出现在同一场合，如"标的物""有的放矢"。但细究起来，目标侧重于近期、具体，目的侧重于远期、宏观。教学的目的（goal）这个词经常与教育者的主观愿望相联系，通常指某一社会或国家为实现教育目的，在教学领域给老师提出的一种概括性的、总体的要求，时间跨度比较长，因此它是一种应然状态的理想，隐含着有可能无法实现的意思[1]。正如goal这个词本身的含意一样，它原指球门、进球，设立了goal，应该是供射门的一种目的所在，但有可能整场比赛一球也没射进。目标（objective）英文原义是"流水线生产出的产品"，将其引入教育领域，体现了一种用预期达到的教育结果来支配教育行为的思想。所以对于体育学习者而言，最重要的首先是学会，其次才是学懂。于是，"学会"成为可预期的、"能达到的"教学目标，而"学懂"则退居为"有可能达到的"目的。或者说在体育教学这个领域，学会技能是最为主要的、直接的，在此基础上能学"懂"则更好，因为它能进一步促进"会"，而"会"也必将有利于"懂"，两者是相辅相成的。

另外，这个体育教学目标叙写中，也不应该出现"实现自我价值""发展学生个性"等词语，因为这都不是这节体育课所能实现的目标，这些目的只能是学校体育或体育课程整体才能实现的目标。

所以说，教学目的规定了教学行为的努力方向，教学目标则具体阐明了教学行为所要完成的具体结果。课堂教学要围绕教学目的所规定的方向努力，能否实现教学目标是评定课堂教学是否优良的必要条件，如果一节体育课未能实现教学目标，那么至少这节课不能算是一节成功的体育教学课。

因此，体育教学目标的叙写，存在一个域限的问题，并不是所有的内容都可以放在体育教学目标里面的。而在教学实践中，许多教师（甚至许多教科书）都把学校体育目标或体育课程目标套用来作为体育教学的目标。

3. 学校体育目标、体育课程目标与教学目标的层次关系

学校体育目标、体育课程目标、体育教学目标之间也存在一个层次关系。

体育教学目标是指体育教学中师生预期达到的学习结果和标准。而体育教学是有时限的，它有可能是一节课，也有可能是一个单元，或一个模块，还有

---

[1] 施良方，崔允漷. 教学理论：课堂教学的原理、策略与研究 [M]. 上海：华东师范大学出版社，1999：139.

可能是一个学段。比如在金钦昌教授和周登嵩教授的《学校体育学》中都按照学段划分了小学阶段、初中阶段和高中阶段的体育教学目标。但这样的教学目标其实类似于体育课程的目标，所谓小学阶段的体育教学目标其实是小学阶段体育课程目标，同样，初中和高中阶段的体育教学目标其实分别对应于初中与高中的体育与健康课程目标。这样的"体育教学目标"较为宏观，称之为"体育课程目标"更为合适。

本文中的体育教学目标更倾向于针对微观而具体的体育教学行为设定，比如一节课的体育教学目标，一个单元的体育教学目标。这样的目标直接与教学行为相衔接，称之为"体育教学目标"显得更自然更合理。季浏教授也认为体育教学目标应该具体化，他说，"体育教学目标是体育课程目标的进一步具体化"，因而体育教学目标应该在"单元或课的教学计划（方案）中按照课程的水平目标分别陈述"[①]。

然而在实践中，人们常常把体育教学目标与学校体育目标或体育课程目标相混淆，周登嵩教授曾指出，"长期以来我们对体育教学目标的认识一直存在争执，如体育教学指导思想、体育教学目的、体育教学目标等"[②]。其实，三者之间既有联系，又有区别。

学校体育目标与体育课程目标、体育教学目标的关系可用图3-4来表示。

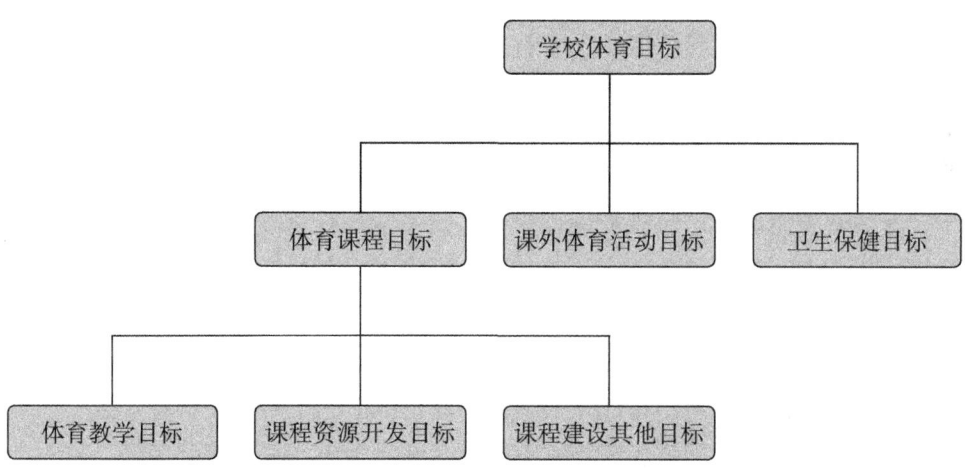

图3-4 学校体育目标、体育课程目标、体育教学目标关系示意图

---

① 季浏.体育课程与教学论［M］.桂林：广西师范大学出版社，2005：59.
② 周登嵩.学校体育学［M］.北京：人民体育出版社，2004：121.

学校体育目标（或学校体育目的）是预期的通过学校体育各种途径与活动而使学生发生变化的结果。这里的学校体育各种途径，包括体育课教学、课外体育训练、课余体育竞赛等。体育课程专家清楚地指出，学校体育目的是体育课程目标、体育教学目标、课外体育目标的上位概念[①]。

在20世纪90年代金钦昌教授主编的《学校体育学》[②45]和2004年周登嵩教授主编的《学校体育学》[③]中，都对学校体育目标有过同样的表述。学校体育目标是指在一定的时期内，学校体育实践所要达到的预期结果。它是学校体育指导思想的具体体现，是我们开展学校体育工作的出发点，也是我们评价学校体育工作效果的重要依据。可见，学校体育目标是针对整个学校体育工作而设定的，这一点勿须多言，然而在体育教学实践环节，还是有许多人将学校体育目标硬扣在体育教学的头上，试图仅靠体育教学来实现学校体育的目标，笔者称之为"体育教学不能承受之重"。

这里面是有缘由的。过去人们一直认为，"体育课是实现学校体育目标的基本组织形式"，"是实现学校体育目标的基本途径"[②52]，这一观点已经深入人心，许多人（特别是学校体育的领导者与组织者）进而将其理解为"体育教学是实现学校体育目标的主要组织形式"，但仔细推敲一下，我们发现，这种观点或理解是存在问题的。按《学校体育工作条例》的规定，学校体育工作是指体育课教学、课外体育活动、课余体育训练和课余体育竞赛。这四个方面，是实现我国学校体育目标的基本途径。人们将其归结为体育课和课外体育活动两大方面。在实际工作中，体育课与课外体育活动缺一不可，密切配合，互相促进，互为补充，共同实现学校体育的目标。然而学校体育的某些领导者或组织者，为了工作的方便，把主要精力放在了体育课堂教学上（在应试教育状况下，对体育课堂教学的重视程度也受到了其他学科教学的排挤，这种"重视"也大打折扣），而对课外体育活动，则表现出了很大的弹性（体育课都打折扣了，更何况课外体育活动）。

其实，体育课与课外体育活动，两者谁对学生体质健康促进和学校体育目标的实现更有效果，我们可以从身体练习活动的时间上来作一比较。正常状况下，对于每一个学生而言，每周体育课的时间是两节，每节课45分钟，除去老师的讲解示范与组织教学，其实每周体育课身体练习的时间不足1.5小时，我们

---

①季浏.体育课程与教学论［M］.桂林：广西师范大学出版社，2005：45.
②金钦昌.学校体育学［M］.北京：高等教育出版社，1995：45；52.
③周登嵩.学校体育学［M］.北京：人民体育出版社，2004：72.

姑且就按1.5小时来计算，而按照《学校体育工作条例》与《中共中央国务院关于加强青少年体育增强青少年体质的意见》，每一个学生每天参与体育活动的时间应该是1小时，这样看来，每一个学生每周体育活动的时间应该是7小时，去掉双休日，也应该有5小时，如此算来，体育课与课外体育活动的时间，孰多孰少，就一目了然了。而体育课与课外体育活动对学生身体健康的作用以及学校体育目标的实现，其作用孰轻孰重，也就十分明了。所以实现学校体育目标的主要途径，恐怕还是要靠体育课堂教学与课外体育活动的协调配合。这正解释了为什么现在青少年体质比过去下降，因为过去的学校课程，上午安排4节课，下午安排2节课，下午2节课后是青少年身体活动的黄金时间，课后学生们可以自由活动，身体练习有了充分的时间保证，而现在的学校课程安排，上午4节课，下午同样是4节课，课后学生们赶着去吃饭，然后再上晚自习、完成作业，参与体育活动的时间得不到保障，身体练习比过去大大减少，其体质下降也就不奇怪了。

根据《普通高中体育与健康课程标准》，普通高中体育与健康课程的目标是：通过本课程的学习，学生将提高体能和运动技能水平，加深对体育与健康知识和技能的理解；形成运动爱好和专长，培养终身体育的意识和习惯；发展良好的心理品质，增强人际交往技能和团队意识；具有健康素养，塑健康体魄，提高对个人健康和群体健康的社会责任感，逐步形成健康的生活方式和积极进取、充满活力的人生态度[①]。

体育与健康课程的目标，可以说是对整个体育与健康课程进行教学之后所要达到的一种"体育教学目标"，也就是宏观意义上的体育教学目标，但是，我们关注的是具体的体育教学目标。在很多场合，体育教学目标更多是指通过一节体育课的教学所要达到的预期结果，或者叫"课的目标"。这里就出现了一个问题：一节课的体育教学，能达到什么目标呢？

有什么样的条件办什么样的事，有什么样的内容决定能达成什么样的目标。由于一节体育课的内容各有不同，因而一节体育课所能达到的教学目标也就千差万别了。对于篮球课而言，可能让学生了解一些篮球运动的知识，也可能让学生掌握并提高传球运球的技能。对于田径课而言，一节课有可能让学生掌握跳高或跳远的某种方法（比如背越式跳高或蹲踞式跳远），也有可能磨炼学生吃苦耐劳的意志品质。所以，在体育课程目标层面，是目标统领内容，但在体育教学目标层面，则应该是根据教学内容来确定教学目标了，不同的体育

[①]中华人民共和国教育部.普通高中体育与健康课程标准［S］.北京：人民教育出版社，2003.

教学内容，决定着体育教学有可能达到的效果或目标。

知识与技能是一节体育课能完成的直接目标。体育课堂教学是师生的双边活动，无论是师傅带徒弟式的授受也好，还是学生的自主探究也好，它所能完成的直接目标应该是知识或技能的掌握。健康是体育教学与学生参与体育活动后有可能产生的一种综合效应，而不应该成为体育教学的首要目标或直接目标，它不是一节体育课所能完成的任务。另外，体育知识绝非单纯指一大堆的生理卫生保健常识或者体育花边新闻以及赛事报道，而是运动技术本身，是一种独特的知识形态，它是体育学科的认识对象，在心理学上称之为操作性知识[1]。这类知识与认知性知识相对应，直接表现为身体运动系统反复操作之后所形成的固定程序。

体育课有助于激发和培养学生的兴趣，也有可能培养学生的意志品质以及相互协作、团结友爱的精神，但要说一节课的体育教学能发展学生的创造能力、完善学生的人格个性，就似乎显得大而空，不切实际。

对学校体育目标与体育教学目标，许多学者都曾做过比较。学校体育目标涉及范围较为广泛，体育教学目标只反映某一局部。作为学校体育的目标，应以增强体质为主，它在时间空间上更具备达到这一目标的条件[2]。作为学科体育教学的目标，则以传授三基为主，通过学生对三基获得为现在及将来的身体锻炼服务。周登嵩认为体育课程目标与体育教学目标在目标的制定者、制定依据、呈现文件、目标使用范围等方面均存在不同[3]。

传授体育知识技能、为终身体育奠定基础、培养体育的兴趣和习惯。这些是体育教学应该更多关注的目标。体育教学的直接目标其实不是去增强体质，而是掌握知识技能、开发兴趣习惯，同时尽可能地同步发展学生的体质。所以增强体质已经是次要目标了[4]。

体育课程目标与体育教学目标之间也存在一些差异。首先，目标适用范围不同。体育课程目标适用于全体体育课程管理者和具体实施者（体育教师），它明确体育课程编制者的意图，为体育教学指明方向。体育教学目标是每一位体育教师自己制定的具体目标，为具体的体育教与学的活动提供依据。由此可见，体育课程目标与体育教学目标的制定者也不同，前者是由国家教育行政部

---

[1] 张洪潭. 技术健身教学论 [M]. 上海：华东师范大学出版社，2000：31.
[2] 毛振明. 体育教学科学化探索 [M]. 北京：高等教育出版社，1999：16.
[3] 周登嵩. 学校体育热点50问 [M]. 北京：高等教育出版社，2007：37.
[4] 曲宗湖，杨文轩. 学校体育教学探索 [M]. 北京：人民体育出版社，1999：35.

门与体育课程专家制定，具有鲜明的方向性、指导性。体育教学目标是由体育老师制定的，具有较强的灵活性和实用性。其次，两者的功能也不同。体育课程目标主要是针对整个体育课程内容框架与体育课程实施进行定向、评价。体育教学目标是对具体的教学内容、过程与活动进行定向。不管采用什么样的表述，最终都用于指导学校体育或体育课程标准或方案的研制、实施与评价[①]。而体育课程目标与体育教学目标都是学校体育目的的具体化。

4. 自然主义体育教学的副产品

近代欧洲和美国的自然体育学派曾认为田径、球类等竞技运动项目顺应人的走跑跳投自然天性，因而属于自然体育，其教学目标指向运动技能，而将增强体质视为自然体育教学的"副产品"。

按一些自然体育教学研究者的观点，自然体育的基本特点是顺应孩子们的爱好去运动，只讲究运动教育（主要是运动教学），把运动如何增强体质的事情完全信托给了自然[②]。

这种观点受到了许多体育理论家的批评，因为在他们眼里，体育教学的目的就是要增强体质，怎么能说是副产品呢？在20世纪80年代，我国学校体育界曾有过"学校体育是以增强体质为主，还是以提高运动技术水平为主"的争论，当时的国家教委主要领导同志明确指出学校体育要坚持三个为主：以增强学生体质为主，以普及为主，以经常锻炼为主。有些学者据此认为学校体育教学应该"以增强体质为主"，据此对体育教学中运动教学占主位的问题提出了质疑[③]。这种观点其实是把体育教学等同于学校体育，进而将学校体育的目标直接放在体育教学的身上，或者说把体育教学的目标扩大化了。

严格来说，学者们的争论其实并无实质性的矛盾，双方争论的其实并非同一事物，或者说双方争论的同一概念，其内涵在无意间发生了偏移。体质论者坚持的是"学校体育以增强体质为主"，技能论者主张的是"体育教学是传授技能为主"，两者本无矛盾，也各有其合理性，好事者硬将其糅合到一起，就成了"学校体育是以增强体质为主还是以传授技能为主"，或者"体育教学是以增强体质为主还是以传授技能为主"，于是矛盾便人为地产生了，双方各执一词，唇枪舌剑，你来我往，打得不可开交，正如皮影戏的演出，观众们在台

---

① 季浏.体育课程与教学论[M].桂林：广西师范大学出版社，2005：46.
② 林笑峰.自然体育和现代体育科学化[J].武汉体育学院学报，1983（1）：54-60.
③ 林笑峰.我对以"增强体质为主"的认证与探究[J].体育学刊，1996（2）：32.

前看双方打得难解难分，其实演员在幕后是你出你的招，我出我的招，根本就没打在一处，双方的招法都有道理，都没错，不能说我的对了，你的就错了，也没有你死我活的所谓矛盾。

增强体质、增进健康是体育教学的副产品，按近代自然体育观看来，这种说法有一定合理性成分，因为增强体质主要是学校体育的宏观指向，有限学时的体育教学很难有效地实现增强体质，其主要任务是传授健身方法与技能，体育教学的主要目的应该是"教学体育"，增强体质、增进健康只是在教学体育的过程中生发的副产品。体育教学的主要工作，或者说有形的工作，是传授体育知识技能，增进健康、增强体质，是长远的效益、无形的效应，只能贯穿在知识技能的教学过程中，贯穿在学生技能练习的过程中，没有了运动技术的传习，体育教学也就不复存在，没有了体育技能活动作为载体，增进健康、增强体质也只能是空谈。

现在看来，这种观点有制度化体育观的倾向，过分追求体育运动技术，会使体育教学丧失主体性，导致体育教学目标的唯技术论和竞技体育观。

（二）概念化、模式化思维的影响

1. 主导与主体的矛盾

人们看待某些问题，往往习惯于用固定的模式来套用。比如说人是教育的目的，工具主义的价值观把人作为工具，造成了体育教学中主体性的失落。将概念化、模式化思维套用在体育教学中的师生关系，就有了教师是主导、学生是主体等概念性认识，而教学中的师生关系，就成为所谓的主导与主体的模式。

对于体育教学中的师生关系，向来就有很多的描述。有人说，体育教学中的师生关系，是主导与主体的关系。仔细分析一下，觉得这种说法在逻辑上并不合适。因为主导与主体并不构成一对逻辑关系。如果说教师是主导，那么学生应该是"被导"，如果说学生是主体，那么教师或课本（知识技能等学习内容）就是"客体"，教师在课堂教学中居然成为客体，这在一定程度上导致了教师主体性与主导地位的失落。

在认识论中，主体是认识活动的有目的的承担者，客体是认识活动和实践活动所指向的对象。主体与客体是一对关系范畴，是就具体的认识活动而言的，离开具体的、现实的活动，也就无所谓主体与客体。

第三章　逆反自然：体育教学中不自然现象的剖析

严格来说，教学中的所谓主体与客体，是在不同的教学场景中出现的。在教的场景中，教师是主体，学生是客体；在学的场景中，学生是主体，课本或知识技能的呈现形式是客体。所以说体育教学中教师与学生的主体客体关系是相对的、变化的，而不是绝对的、固定不变的。不能说整个体育教学过程中教师一定是主体，也不能说学生一定是主体，而应该根据具体的教学情境进行具体的分析。主导与被导是一对关系，主体与客体是一对关系，把两个场景中的两对关系纠缠在一起，就人为制造了所谓主导与主体这一对逻辑上并不成立的关系。

主体与客体是一对关系范畴，是就特定的活动、场景而言的，而教学过程中的活动与场景是具体的、变化的，因而教学过程中的主客体关系是具体的、变化的，不能一味地说教师是主体，也不能一味地认为学生是主体。就学生的学而言，学生是认识主体，除了学生主体之外，不允许有一种超主体的"教师主导"力量存在，否则，就失去认识论意义了。因此可以说，"教师主导、学生主体"只是一句教育口号，而不是教育中的一个理性问题[①]。

从卢梭开始的自然教育，较多地关注了儿童的自然天性，后世的裴斯泰洛齐、福禄倍尔、蒙台梭利和杜威等人都强调遵循儿童身心发展规律进行教育。随着以人为本教育理念的深入人心，人们在实施素质教育的过程中，较多地关注了学生的主体性问题，但教师的主体性问题却陷入了无人问津的盲区[②]。当我们为教师设计出严格的规定与规范，实施着量化检查与评估的时候，却同时也在制造着教师的被动性、工具性，甚至压抑着教师向高层次发展的主体性。一种职业越是具有与其他职业比较的高规格与高难度特征，就越会受到人们的敬重与仰慕，而职业主体也越能充分地展示自我、完善自我、实现自我。正是在呕心沥血的追求过程中才培植起教师高尚的事业精神，正是在艰苦卓绝的尽职尽责的过程中才产生了教师自觉的责任意识，正是在以主体参与、示范人格影响学生的过程中才成长起教师模范的主体精神。真正优秀的教师决非只是在被动的约束中成长起来的，他们只能是在自觉能动的创新过程中成长的。因此我们在关注学生在体育学习中的主体性、主动性的同时，绝不能取消体育教师的主体性与主导作用，否则有可能陷入放羊式教学的误区。如果没有体育教师的教，那就违背了体育教学作为一种教学活动的"自然"了。

---

① 施良方，崔允漷.教学理论：课堂教学的原理策略与研究［M］.上海：华东师范大学出版社，1999：79.
② 杨启亮.论主体性教师素质的培养［J］.教育研究，2006（2）：36.

2. 强调"教"是否就忽视"学"

用概念化、模式化的思维去想问题有时容易走极端。儿童中心论者认为，课堂教学中要充分发挥学生的自主性，在教与学的关系中，过分强调教师的作用，必然削弱学生学习的积极性与主动性。然而事实未必如此。

卢梭、杜威等人把学生的发展视为一种自然的过程，认为教师不能主宰这一过程而只是自然的"仆人"。因此，在他们看来教育过程不应由老师直接进行，而应放手让学生自己经验或体验，从而，在教学中教师只应充任"看守者"（Watcher）[①]，他不应站在学生面前，而应站在学生背后。这种观点较多强调学习过程中学生内因的作用，贬低甚至否定外因的作用，主张教学应尽力排除包括教师在内的各种外部条件，创造一种能最大限度允许学生做出个人选择并主动活动的教学环境。

现在看来，这种所谓的"自然教学"只是一种教育理想，在教学中充分发挥教师的作用，才是"教学的自然"。对学生来说，老师的作用犹如舵手，学生的心智成长全仰仗于教师的正确引导，教师完全可以按预期的目标并通过由他组织的活动来观察学生的反应并矫正学生的错误动作与行为。

在教学过程中，学生的学与教师的教不可分割，二者相互作用并在这种相互作用中使学生接受教育的影响，从而向教学目标逐步逼近。没有教师的教，便不存在教学活动，没有学生的学，同样也不存在富有成效的教学活动。因此，尽管说学生是学习的主体，具有主观能动性，但教育对象的性质决定了他们的学习仍然受制于教师的教。

师者，所以传道、授业、解惑也。教师最根本的职责是教书育人，这是社会赋予教师这一职业的基本要求。在教学过程中的具体表现就是要求教师按照社会的要求，并按照反映社会需要的教育目标来设计、组织、实施教学活动，指导并帮助学生通过积极主动的学习掌握体育知识、技能与方法，发展各种身体活动能力，并养成终身体育锻炼的习惯。体育教学的现实也表明，成功的体育教学活动必须由教师来设计、组织和实施，而不能仅仅靠学生的自主活动或者所谓的放羊式教学。

---

① 李秉德.教学论 [M].北京：人民教育出版社，1998：108.

3. 体育教学中的自然关系

（1）体育教学中最基本的关系是相互依存的技能授受关系

学生在体育课上的主要目的是获得体育锻炼的知识与技能，并参与身体练习活动，以获得身心的愉悦与健康。而这种知识或技能的获得离不开体育老师的指导和帮助以及学生自己积极主动的学习。所以说，老师的教和学生的学构成了相互依存、不可分割的技能授受关系。如果体育教师的教不能发挥传递技能方法并指导帮助学生的作用，或者学生的学习缺乏主动性和探究精神，体育教学就难以取得预期的效果。因而体育教学中最基本的关系是师生间相互依存的技能传递与自主吸收内化的关系。

（2）教师的组织与引导是体育教学关系成立的前提

中小学生正处在长身体长知识的关键期，智力、体能还不成熟，知识、经验还不丰富，因而非常需要体育教师的引导和帮助。教学过程中体育教师的教恰如向导一般，起着引导学生前进和把握方向的作用。

在体育教学中，必须要凸现体育教师的教，没有教师手把手的教，体育教学也就不复存在，那就演变成为"放羊"了，有人说自然体育就是"放羊式"体育课，完全由着学生的性子来，学生想玩什么就玩什么，那真的是完全彰显学生自然天性，但没有教师教的活动，也就不能称为严格意义上的课堂教学了。

学生的体育学习动机、学习行为、学习方式方法，以及学习结果所获得的体育知识、技能和方法等，都不可能是主观、自发、先验的东西，必须而且应该在正常情况下接受、吸收来自外部环境和教育的影响，主要是来自教师的影响[1]。经验表明，如果忽视或放弃教师的教，就很难提高体育教学的成效。

（3）学生积极主动的学练是保证体育教学成效的关键

在体育教学中，教师的教是为学生的学与练服务的，教师的教最终落实在学生的学上。在体育教学中，教师起组织与引导的作用，为学生的学练提供条件、环境与机会，但没有学生的能动活动，任何环境因素和教育影响都难以产生实效，因而体育教学追求的目标与结果一定要由学生的学体现出来。所以说体育教学的成效，关键要靠学生积极主动的学练来保证与体现。这是自然主义

---

[1] 王策三. 教学论稿 [M]. 北京：人民教育出版社，1985：379.

体育教学特别关注学生兴趣与学习主动性的理由所在，也是新课标所倡导的一种重要理念。

（三）非体育成分进入体育教学内容场域

1. 健康的不可教性

人的健康状态是通过长期的身体练习来逐渐养成获得的，而不是仅仅靠知识传授与记诵就能达成的。

体育教学内容是一个重要范畴。新课标提出要"目标引领内容"，这是一个响亮的口号，也是一个卓有成效的口号。如果一名体育教师能按照这个口号的指引，认真备课，选择适宜的教学内容，并抓好教学环节，那么体育课对促进学生健身及掌握体育技能是不无帮助的。问题是有的教师，特别是少数责任心不是很强的教师，往往会认为，目标引领内容，就是围绕健康目标，上什么内容都可以。按照他们的逻辑，什么都可以，那么不上具体内容，让学生自由活动，同样能起到健身的效果。于是，"放羊课"就有了所谓理论上的依据了。

但是，如果仅有学生的自由活动，没有教师的教学行为，那么体育教学也就不能称之为"教学"了，因此，教师的教是构成体育教学活动必不可少的基本要素。然而，体育教学能教什么呢？面对那些遥远的目标，特别是体育教学能"增进健康、增强体质"的目标，我们要问，"健康是可教的吗？"

对于"健康是可教的吗"这样的提问，有一位专家这样给我解答，"健康当然是不可教的，身体健康是一种状态，它是逐步养成的，而不是教出来的。体育教学的内容只能是运动方法与技术的教学。通过运动技术教学，通过学生的练习，学生才有可能获得健康。"

健康状态是不可教的，但健康知识却是可教的，这是健康教育所承担的使命。而且健康的任务，绝非体育教学所能承担。学生的体质健康，与遗传、营养、体育活动有密切的联系，体育教学中必然有身体练习活动，所以有可能对人的健康产生良好的促进作用，但体育教学绝不承诺一定会带来健康。这正如前面的分析，健康是体育教学的"副产品"，通过技能教学与身体练习活动，学生会无形中收获健康。

健康教育是通过信息传播和行为干预，帮助个人和群体掌握卫生保健知识，树立健康观念，自愿采纳有利于健康行为和生活方式的教育活动与过程。健康教育的目的是：消除或降低影响健康的危险因素，预防疾病，促进健康和提高生活质量。其理论依据和专业技术，主要来源于医学、社会学、教育学、心理学、行为科学、传播学、科普学、统计学和美学等学科。

健康教育是以健康知识为教学内容的，告诉人们日常生活起居、饮食、睡眠等卫生与健康常识。《中国健康教育协会章程》指出，健康教育的宗旨是，团结全国各界健康教育工作者，发展我国健康教育与健康促进事业，为提高中华民族卫生科学知识水平，建立健康的行为和生活方式，增强健康素质。健康教育的业务范围是，向广大人民群众宣传普及卫生保健知识，广泛开展健康教育与健康促进活动。

以下属于健康教育工作的实例：制作有关预防艾滋病的宣传画；开办"健康大课堂"，向社会人群传授医学科普知识；制定提高预防接种率的大众传播计划；一群糖尿病人在辅导员协助下每周花几小时讨论学习食物、烹调、就医等方面知识，等等，都属于健康教育的范畴。

学校健康教育是指通过校长、教师、家长和所在社区领导的广泛合作，提供完整的积极的经验和知识结构，包括设置健康教育课程，创造安全的学校环境，提供合适的健康服务及开展学校健康教育规划，让家庭和社区更广泛地参与，以促进学生健康。

学校健康教育的实施范围，不仅仅局限于健康教育课程，还可通过多种健康教育活动，向儿童、青少年的学习和生活渗透。从学校政策、安全、营养、环境、控烟、个人卫生习惯、心理健康、卫生设施和社区参与等进行全方位的健康教育活动。此外，学校体育当然也可以贯穿健康教育的内容，体育教学应该坚持"健康第一"的指导思想，但健康教育并不能成为体育教学的主要任务。

全国健康教育与健康促进工作规划纲要（2005—2010年）指出，按照《学校卫生工作条例》要求及相关规定，城乡各类学校开设健康教育课，开展多种形式的健康教育活动，加强健康行为养成教育，重点做好心理健康、控制吸烟、环境保护、远离毒品、预防艾滋病、意外伤害等健康教育工作。至2010年，城市、农村中小学生健康知识知晓率分别达到90%、80%；城市、农村中小学生健康行为形成率分别达到70%、60%。

设置健康教育课程的目的是让学生知晓有关健康知识信息，掌握自我保健的技能。儿童青少年卫生习惯的训练可在幼儿时期或更早年龄阶段就开始，但系统医学科学知识及保健知识的获得主要是通过学校教育的方式得以实现。学校健康教育课程应是他们获得此类知识的主要途径。

因而健康教育有别于体育教学，不能用体育教育来取代健康教育，也不能用健康教育来取代体育教育。这并不是说体育教学中就不能穿插健康教育的内容，因为两者间是有关联的。学校体育教学是以健康为目标指向，通过传授健身技能方法以及学生的身体练习来促进学生健康发展，如果把健康的知识内容完全照搬来作为体育教学的内容，那就冲淡了体育教学的本质内容。

2. 目标统领内容

《体育与健康课程标准》鲜明地指出，要用目标来统领内容，然而一些学者却把目标当成了体育教学的内容，比如说为了实现健康目标，就刻意设置大量健康教育的内容，这显然是对课程标准的误解与曲意迎合。体育教学的内容仍然是球类、体操、武术、田径等运动技能，通过技能练习以求实现技能目标与健康目标、社会适应目标，但不能把健康知识或"社会适应知识"刻意放在体育教学内容中，那是健康知识课、品德与社会课，而不是体育课。

与"健康是可教的吗"相类似的问题还有诸如"社会适应能力是可教的吗"等。社会适应能力当然也不是可教的内容，它只能在生活场景中，或者说在体育的情境教学中，得到体现与强化。宣传只通过体育教学就能达到学生体质增强或者实现学生社会适应能力目标的说法，都是在盲目地扩大体育教学的功能。

人的社会适应能力只能在社会活动中获得，就像野兽要学会捕猎，只能在捕猎活动中学习，狮子的妈妈不会坐在家里教小狮子捕食，而是带它到大自然中去，在血腥的追逐场面中学会伏击、猎杀，或者逃避危险，从而获取猎物或得以生存。

但是我们有时候会过分夸大教育的作用，把教育与国家兴衰、民族强盛联系起来。的确，人的成长离不开教育，教育对人的成长有巨大的作用。但教育绝非万能，特别是学校教育。一个商界巨子取得巨大成功，与其说是学校教育了他，不如说是商场教育了他。巴菲特是股神，与其说是学校教育把他培养成为股神，不如说是股市风云造就了他。仅仅通过学校教育就能培养出老板、精英的想法，是对教育的期望值过高所致。

对于体育，我们对它寄予的期望就更多了。

首先是期望通过它获得健康，这可能是人们设立体育课的最初目的。当初提倡全面教育的人，譬如亚里士多德，他设置体育的目的主要是为了身体健康。譬如培根，他在提倡智慧、德行之外，还强调身体健康的重要性，并特别指出，健全之精神寓于健全之身体。健康作为体育教学的目标确实表达了人们的美好愿望，然而作为体育教学的内容却显得虚泛而空洞，体育课去教所谓的健康知识、医学知识或解剖知识，显得不伦不类。笔者不反对利用雨雪天气或某些室内课的时间穿插介绍体育与健康知识，但那不应成为体育教学的主项。

其次是期望通过它获得体育知识技能，这一点倒还切实可行，然而在现实状况下体育教学却也未能很好地完成这个使命，许多学者批评说，我们教了十多年的体育，连前滚翻和推铅球都没能教会学生。

再次是期望通过体育教学来培养学生的思想道德品质和社会适应能力。任何教育或教学活动都有助于培养人的优良品德和社会适应能力，而且特别是体育活动，对培养人的顽强意志品质以及团队协作精神具有特殊的意义。然而体育教学并非简单等同于体育活动，把培养学生良好的思想品德与团结协作能力或者是社会适应能力作为体育教学的内容并不合适。这恐怕还是对体育课的期望过高、把体育教学的功能过分扩大而导致的结果。

3.体育教学与生活实际

杜威曾说"教育即生活"[①]。体育课应贴近学生的日常生活，锻炼学生的技能，体育教学也应贴近教学生活的实际，反映体育教学的常态。体育公开课的最大价值，在于其对体育教学日常课的借鉴与启示作用。它应该能够推广普及，具有易操作性和较强的实效性，能够在体育教学的常态下被借鉴使用。然而，由于参赛教师及学校出于荣誉或展示教学水平的需要，各参赛学校和教师都从获奖和争夺名次的角度来重视体育公开课，精心设计、集体备课、重点准备，使公开课越来越可望不可及，远离体育教学的自然状态，从而脱离了体育教学生活的实际。

（四）教学评价模式化与教学方法个性化

出于提高教育教学质量的初衷，上级教育主管部门经常开展一些评比教师教学质量高低的教学评价活动。为了在评比中获取好名次，各学校的老师往往严格按照评课的统一规格标准来上课，这往往逐渐导致体育教学方法本真化、个性化的缺失。

1.体育教学中的表演成分

体育教学并非不需要表演，但那种"表演"是在体育教学过程中自然生成的，需要教师和学生的真情投入，而不是课前刻意的排练。在绝大部分情况下，公开课的"表演"教师，首先考虑的不是如何让学生学到知识和技能，而

[①]约翰·杜威.民主主义与教育[M].王承绪，译.北京：人民教育出版社，1990：14.

是考虑如何让听课评课者和观摩的领导满意，以便使自己取得好的等级。因而，"参演"教师从选择课题、制定教案、确定教法到场地器材的布置，都会做精心策划和预演，以求万无一失，这样上课时，重复演示一遍早已讲授和演习过的内容，老师和学生都心照不宣、心领神会，如行云流水般流畅而热闹。这种体育教学事实上早已蜕变为一种演出，而远离了自然本色的体育教学。

2. 体育教师的教学个性

体育教学是实践性很强的活动，因而丰富多彩、形式各异，体育教学又是具体的、个性的，不同的教师，应该有不同教学个性与特色。但我们知道，在公开课与展示课竞赛中，为了便于评比，举办者往往给体育公开课、展示课规定了统一的评分标准，参赛教师为了在体育教学竞赛中取得良好的成绩，自然严格按照标准上课，不敢越雷池半步，因而很容易导致千人一面，万课一模，从而失却了体育教师鲜活的教学个性。其实任何一个杰出的教学专家或优秀教师，其教育模式、教学风格乃至具体的教学方法技巧，都深深地打着他的个性烙印。不同的生活阅历、知识结构、性格气质、兴趣爱好以及所处的文化环境，决定了任何一个教学专家都是唯一的、不可重复的，他所上的课也是唯一的、不可重复的，正因为有了教学个性，所以他们才成为专家。但体育公开课、竞赛课的统一"标准"，规定了老师们只能"这样"上而不能"那样"上，正由于这一次次的不断"锤炼"，体育教师逐步失去了自己的教学个性和自然风格，从而也失去了体育教学中的创造性。

（五）社会期望与体育地位

本文中所指的体育教学主要是面向中小学生开展的。有研究者认为，大学的体育课程主要应以活动为主，而不是以教学为主[1]。这种观点有一定道理，体育技能与方法的教与学主要应通过中小学的体育课堂进行，到了大学阶段，学生都已成年，且有中小学体育学习的基础，因此在高校的体育课堂应该通过体育活动来展示、巩固、提高其已有的方法技能，并借以锻炼身体，以达到增进健康之目的。尽管仍有新的体育项目可以学习，但那不是大学体育课堂的主要任务。因此我们研究体育教学，还是以中小学的体育教学为主。

---

[1] 吴国清.大学体育课程改革发展趋势及对策研究［D］.南京：南京师范大学，2005.

1. 安全第一与健康第一

我们的家庭与社会期望中小学生在学校里通过体育教学获得什么呢？是健康的体魄还是体育技能方法？根据《体育与健康课程标准》，学校体育应该贯彻健康第一的指导思想，由此可以看出社会对体育课的期望恐怕仍脱不了"健康"两个字。但在学生的生命安全问题日益受到关注的状况下，体育课上安全与健康的关系问题，再次凸显。健康与安全，哪一个更重要呢？正如有一首歌中所唱的"我不知道，哪个更高，哪个更大……"

2008年11月14日，正当笔者埋头写作毕业论文之时，从上海传来了不幸的消息，上海某高校4名女大学生因宿舍火灾，慌乱之下，跳楼逃生，不幸身亡，在全国掀起了轩然大波。对学生安全的重视再一次成为全社会关注的话题。

下面是一篇摘自《新民晚报》2008年11月14日的报道。

> 根据新民晚报记者徐轶汝、潘高峰、特约通讯员忻文轲的报道，今天早晨6时12分，中山西路2271号上海某高校徐汇校区宿舍楼起火，602寝室的4名女生因房内烟火过大，为了逃生，从阳台一跃而下，经现场120急救人员鉴别，4人均当场死亡。火灾过火面积20平方米左右，未殃及周边寝室。火灾原因目前正在调查中。

看了这则报道，人们在叹息之余做了许多的假设。首先是假设学生宿舍里有逃生的工具。如果当时寝室有救生的绳子，那学生们就可以用救生的绳子逃生，如果寝室旁边就有灭火器，她们可以用灭火器灭火，如果水源就在她们的寝室，他们就可以用水源灭火……可是这一切假设的条件都不存在，只有寝室那些助燃的物品。记得以前我们念书住寝室的时候，宿舍管理科老师对宿舍防火抓的很严格，经常到寝室来抽查我们有没有用蜡烛，有没有用"热的快"，有没有在寝室里烧东西吃。如果抓到了就要处罚，在当时看来好像宿管科老师做得严格了些，现在看来老师那么做，也是对学生的生命负责。可是即便管理如此严格，还是有不少学生会偷偷摸摸的违规用电。以前学校晚上也拉电，早上才有电，那个时候还有学生抱怨上不了网，没有人身自由。现在看来，学校那么做，也是为了学生的安全负责。

有一位网友在博客里写道：学校有学校的难处，学生有学生的顾虑，平时老师更应该加强学生的安全教育。或者让学生至少准备一些可以保护自己安全的物品，比如逃生的绳子、手电筒、水、小刀，好像日本的小学生的安全教育也比我们做得好。中国的学校对学习知识抓得很严，听老师天天反复地讲，而安全教育却很少说。等到事故发生了，灾难发生了，才重视起来。那为什么不能把工作做到平时呢？当灾难发生的时候，学生们也许能够更好地处理这些灾难，不会在灾难面前那么无助和迷茫。总之，安全教育很重要。

太多的假设，太多的也许。一场火灾吞噬了4个年轻美丽的生命，一场火灾毁灭了4个家庭。在肆虐的火灾面前，成年人都无能为力，更何况4个年轻的学生。而中国的学生，似乎自立都很迟。高校里二十来岁的大学生，都被称为孩子，家庭和社会呵护有加，大学生们的心理年龄，也显然滞后于生理年龄。

如果说上面所述的仅仅反映了社会对学生安全的重视，还看不出与体育健康的关系，那么下面这条事例则直接与体育锻炼相关。

同样是在11月14日，也有一幕悲剧发生，而且跟体育活动还有一定的联系。那是在2005年11月14日，山西省某中学附近的公路上发生一起重大恶性交通事故，造成21名正在公路上晨练的师生死亡，另有18名学生重伤住院，死亡学生年龄最小的15岁，最大的17岁[1]。这起事故在社会上同样引起了巨大反响。

安全第一，还是健康第一？一个现实的问题摆在了体育教学的面前。相比于健康而言，学生的生命安全显然更为重要，没有安全哪来的健康？所以无论是家长还是社会，始终把安全看作是第一位的。于是反映在体育课上，为了安全就取消了很多"危险性"的项目，比如单杠、双杠，比如标枪、铁饼。笔者在苏北跑了许多学校，在所考察的学校之中没有一所学校的体育课开设这些项目，向体育老师作调查，他们都说，现在没有人敢开这种项目，不出问题还好，一旦出了问题，体育教师负不了这个责任。2007年暑假笔者在苏北的一所百年名镇调查，发现镇上的高级中学，好端端的足球场，绿草如茵，周围是漂亮的塑胶跑道，但足球场上却没有足球门，向体育教师询问原因，教师们告诉我，几年前一次课外活动时，学生踢足球，足球门倒了，恰好砸中一名学生，致其不幸身亡。于是从那以后，学校的足球场一直没有足球门，学校也不允许学生在足球场上踢足球。一起意外事故，导致学校失去了一名好学生，而广大同学也失去了一个平时喜爱的体育项目，真是悲剧。

毫无疑问，安全问题是重要的。教育源于生命发展的需要[2]，学校有责任保障学生在校期间的安全，但其做法应该加强学生在校期间的安全管理，而不是一劳永逸地取消某些体育项目。其实不注意监督与管理，任何体育项目都有

---

[1] 周登嵩.学校体育热点50问［M］.北京：高等教育出版社，2007：186.
[2] 冯建军.生命与教育［M］.北京：教育科学出版社，2004：8.

可能发生危险，摔跟头、跌破皮的现象经常发生。如果以安全的名义取消所谓"危险性"体育项目，那是因噎废食，也是对学生不负责任的一种表现。带有"危险性"的体育项目，往往都具有挑战性，体育教师应根据学生的身体状况及技能水平，决定取舍，或者适时地加以保护与帮助，让部分学生体会挑战自我、战胜自我的成功感，培养其勇敢顽强精神，而不是一视同仁，统统取消有难度的所谓"危险"项目。维果茨基的最近发展区理论正揭示了体育教学的自然规律：要适度超越学生现有发展水平，对学生身体施加量与强度的刺激，学生才能在更高一级水平上逐步达到适应，其体育技能水平才会不断进步。《体育与健康课程标准》设置了6个水平的目标，每一个高一级的水平目标都可以作为下一级的水平目标的发展性目标，以满足体育成绩优异的学生进一步发展的需要。这恰与维果茨基最近发展区理论所揭示的教学自然规律相吻合。

2. 重智轻体与全面发展

在当今社会，智育的地位大概要好过体育。有一句振聋发聩的口号叫作"知识改变命运"，知识越来越成为累积财富的重要手段，许多年轻的大学生在毕业后的短短几年内运用自己的智慧缔造了一个又一个财富传奇，成就了一个接一个的财富英雄，这方面的事例举不胜举。在知识中心论的影响下，学习的主要内容就是数理化之类的"科学"课程，体育在一定程度上成为一种附庸，或者说是为主科服务的副科。对体育的认识，是"在紧张的学习之余，一种良好的调节与放松手段"[1]，以便下一节课更好地学习知识。学生们沿袭着"十年寒窗无人问，一举成名天下知"的古训，学校和家长也都是这般心态。学生在这种大众心态驱使下沉迷于寒窗苦读，埋头于语数外、理化生等知识科目，以期待金榜题名，在这种追逐切身利益的过程中付出点身体劳累的代价也是值得的。中国自古就有头悬梁、锥刺股的励志故事，大多数中国人都了解这些故事情节。据说西汉信都人孙敬，从小好学，天天读书到深夜，即使十分疲倦，也不肯停下来休息，为了避免打瞌睡，他找来一根绳子，一头系在房梁上，一头绑在自己的发髻上，每当昏昏欲睡身体要倒下时，悬在梁上的绳子立刻会拉住发髻，好象被人狠狠扯了一把，疼痛感立刻赶走了睡意。而锥刺股的故事则与战国时期著名的外交家苏秦有关。苏秦年轻时读书相当勤奋，甚至有点野蛮，有时候实在太累了，心里想读，可是眼皮老往一起粘，怎么也睁不

---

[1] 新华网广东频道. 学生渴望度过课间快乐"十分钟"[EB/OL]. http://www.gd.xinhuanet.com/edu/2008-02/19/

开，他竟然抓起一把锥子朝自己的大腿上猛刺，随着一阵阵钻心的疼痛，苏秦立刻惊醒，睡意全无，又捧起书聚精会神地读下去。够蛮的吧。

中国的家长或学校的老师喜欢拿这些故事来教育儿童，主要是让孩子们认识到苏秦等寒门学子的学习毅力是多么顽强，但从另一角度来看，却又可以嗅出这样一种味道：为了成就功名，适当付出身体上的牺牲是值得的。

学校及社会上存在的重智轻体的现象，也引起了国家最高领导层的重视。2007年5月7日中共中央召开政治局会议，专门就青少年体质下降等问题进行讨论并通过了《中共中央国务院关于加强青少年体育增强青少年体质的意见》，该文件明确指出：必须清醒地看到，一方面由于片面追求升学率的影响，社会和学校存在重智育、轻体育的倾向，学生课业负担过重，休息和锻炼时间严重不足；另一方面由于体育设施和条件不足，学生体育课和体育活动难以保证[1]。可见，重智轻体的现象也惊动了国家高层，但在追逐切身利益的前提下，无论是家长还是学校，都在应试的道路上快马加鞭，不敢有半点松懈，这也是家长和学校的无奈之举，因为高考确实能改变命运，你不努力别人却在努力，一旦在激烈的竞争中落后，将来的命运不容乐观。

成人社会的种种行为势必潜移默化地影响儿童世界，熬更打点、挑灯夜战的事情屡见不鲜，"三更灯火五更鸡，正是男儿读书时"。埋头苦读，是社会所弘扬的主旋律，但过犹不及，凡事都有个度，勤奋是值得提倡的，但刻苦到伤害身体的程度，就不适宜了。读书应该是快乐的事，怎么会苦呢？所以有儿童厌学，我从来不勉强他们，既然没有乐趣，就不要再折磨他们。前不久我亲历了一件事，我的同事的侄女，想学美术，她的父母却不同意，逼着她复习功课考大学，相持不下，她竟然从自家的五楼阳台上跳了下去，当着她父母的面，撒手人寰[2]。父母亲眼睁睁看着她跳下去，呼之不及，此后多天精神恍惚，拒绝相信这个事实。所以放松一点吧，父母千万不要把自己未竟的心愿寄托在孩子身上，更别对孩子说，"爹妈这辈子就这样了，下面全看你的了"。让孩子做他们力所能及的，做他们愿意做的，要把孩子看成孩子，这恰是卢梭的自然教育所倡导的精神。2008年12月初清华北大等高校邀请多名诺贝尔奖金获得者演讲，他们归纳诺贝尔获奖者的成功经验是：一是有兴趣；二是做自己愿意做的；三是持之以恒。简单而有效，大实话，谁都懂，真正做到的人便取得了

---

[1] 中共中央国务院关于加强青少年体育增强青少年体质的意见[N].人民日报，2007-5-25-001.
[2] 搜狐社区.建湖高三学生不堪压力跳楼自杀[EB/OL].http://club.learning.sohu.com/r-szhengzhi-178521-0.html

成功，而大多数没有能够做到的人便成为芸芸众生。

在知识日益成为中心的情形下，对"科学课程""知识课程"的重视达到了无以复加的地步，知识决定命运，高考改变命运，青少年时期一切都为学习知识服务，包括身体，也是为储存知识、更有效率地学习知识服务的，身体成为知识的工具。高考期间各地政府纷纷出台政策，禁止夜间施工，其主要原因是"怕影响考生休息"。既然锻炼身体的目的是"更有效率地学习其他学科的知识"，那么体育课显然也是为知识课服务的，上体育课只不过是在紧张的学习之余，为学生提供了难得的放松机会，以便学生精力充沛地投入下一轮的学习。

身体是从事一切活动的基础，没有身体、没有生命，其他一切皆是虚妄，但长期以来对科学与知识的追逐使身体逐渐沦落为精神与理性的工具。事实上，数千年来，正是意识的编造和理性的独裁，才导致身体的沦落、虚假主体的形成和外在人格的盛行。从古希腊时代起，以巴门尼德为代表的理性主义就开始拒斥普罗塔哥拉的感性论，尊崇贵族精神，导致精神异化，超越"卑贱"的身体，使其成为一种被否定、排斥和统治的对象。即便是在相对关注人性与生命的文艺复兴和启蒙时代，身体也并没有得到哲学和科学的持久关照，因为当时哲学的主要目标是摧毁神学，科学的基本任务是追求知识真理，致使身体仍然没有获得激情洋溢的自我解放。相反，由于人类在追求知识真理的过程中，主要依赖的是心灵的思考、理性的推算、智能的创建，而非盲目的身体、无力的感性，所以从笛卡尔的唯理论一直到黑格尔的辩证思维和绝对精神都仍是将身体置之度外[1]。

所以体育活动的目的应该直指身体，而不能把身体降格为追逐知识与理性的工具。要让人们普遍认识"对身体的信仰应该始终胜于对精神的信仰"[2]，力求使长期隐蔽、羞涩、怯懦的身体一反常态朝着光明正大的方向勇敢前进，使活生生的肉体日益变得更美妙、更动人、更真实和更加天真烂漫，而不仅仅是"从教室里出来放松一下"。

3. 体育能否纳入高考

鉴于应试教育甚嚣尘上，也痛感学校与社会对体育的不重视，近年来有一种声音渐渐响亮起来，尤其是在学校体育工作者内部及某些痛感学校体育有名无实的学者那里，这种声音显得尤其响亮，那就是将体育纳入高考的范畴。

---

[1] 张之沧. 后现代身体论[J]. 江海学刊，2006，(2)：26.
[2] 尼采. 权力意志[M]. 北京：商务印书馆，1991.

当对知识的重视超出了身体的承受能力，身体无法有效地摄取知识，更无法作为承载知识的容器，那要知识还有何用？因而有识之士不断地呼吁对体育的重视。但在怎样重视体育的问题上，有人寄希望于国家行政的力量。如教育部为有效改善学生体质健康状况，要求全国的大中小学生开展迎接国庆60周年长跑活动，这显然是由于体育课不受重视、学生的阳光体育活动不能得到保证而采取的无奈之举。此外由于高考对目前中国社会与家庭的强力导向作用，因此把体育纳入高考就成为许多人的一种向往。

（1）考大学也要看体育成绩

将体育纳入高考，首先是缘于学生的体质健康状况逐年下降，支持者认为通过这种措施能促进各中小学开展体育健身活动。自20世纪80年代以来，历次的学生体质健康状况调查都显示出不容乐观的数据。2005年7月20日，教育部公布了2004年学生体质健康状况监测结果，其中大学生视力不良检出率为80%，60%左右的年龄组超重及肥胖检出率有所上升，部分体能指标继续下降，而学生身高、体重、胸围继续呈现增长趋势，学生体质则继续朝着令人忧虑的方向发展[1]。

据《人民日报》2006年12月26日报道，针对由于片面追求升学率而导致的学生体质下降问题，我国将把"健康"摆在学校教育的首要位置，着力扭转"重智轻体"的局面。其中的一个重要措施，就是将学生身体素质与高校招生相挂钩，体育成绩将成为高校录取新生的重要依据[2]。学生体质连年下降的省份，其招生指标将减少。教育部体育卫生与艺术教育司明确表示，全国的高中毕业考试要增加体育考试，作为高校录取的重要依据。对连续两年学生体质健康下降的省份，要调减其重点高校的招生指标。据介绍，由于受片面追求升学率的影响，近年来一些地方和学校对体育工作不够重视。教育部推出这一举措，就是想通过考试这个杠杆，推动高中学生全面参加锻炼。

同样是在2006年12月26日，《中国教育报》也在头版发表了教育部体卫艺司负责人的观点，称"体育考试促进学生锻炼身体"，体育考试必须坚持，因为体育考试"确实促进了学生锻炼身体"[3]。教育部和国家体育总局联合下发的《关于进一步加强学校体育工作，切实提高学生健康素质的意见》中也提出了

---

[1] 记者.教育部公布体质健康监测结果[N]，人民日报，2005-7-29（11）.
[2] 董洪亮.考大学也要看体育成绩[N].人民日报，2006-12-26（11）.
[3] 翟帆.体育考试促进学生锻炼身体[N].中国教育报，2006-12-26（1）.

新举措，"积极推进在高中毕业学业考试中增加体育考试，将体育考试成绩作为高校录取新生的重要参考依据"。

将体育纳入高考，显然是钟情于这种全国性考试的权威地位以及它对学校与社会的引领作用。有人认为，将体育纳入高考，一可以增强学生体质，进而提高民族素质；二可以改革高考，使其更具全面性，逐渐走出科举阴影，成为一种现代考试[1]。我国在初中生毕业考试中设立体育项目并将其计入中考总分的做法，已延续了十余年。教育部早在20世纪90年代末就曾下发过文件，要求各地初中毕业生都要进行体育考试。通过这些年的实践，尽管对考试内容和方法大家还有一些不同意见，但初中毕业生体育考试成绩与升学挂钩这一做法，确实对学校体育工作起到了促进作用。教育部在无锡和沈阳进行的调查表明，在基础教育阶段，初三和高一两个年级学生的身体素质最好。这说明初中升学体育考试的确拉动了体育工作，促进了孩子锻炼身体。

基于中考体育加试的经验，如果高考根据考生年龄分组设定项目和标准，对学生进行测试记分，则学生必然会像对待其他科目一样重视体育，像勤于复习其他科目一样勤于锻炼身体，至少不会以暂时牺牲身体健康为代价来拼其他科目。学生体质下滑的势头，"必然会在两三年内遏止住"。这大概也是高考体育倡导者的愿望所在，但笔者觉得高考的情况远非中考能比，将体育纳入高考，至少在目前来说并不合适。

（2）体育不能纳入高考的理由

与赞成体育高考者相对应，对体育纳入高考，也有许多反对的声音。比如有人举了英国著名物理学家霍金的例子。霍金是继爱因斯坦之后人类最伟大的科学家，21岁就罹患卢伽雷氏症，全身肌肉萎缩，除了自己的思想之外，他只能支配三根手指，必须依靠机器才能与人交流。如果当年英国高校选拔人才时也把体育成绩看成是衡量录取与否的一个重要指标，那么，当年年轻的霍金，在患上运动神经元疾病后，又怎能从牛津到剑桥、从硕士到博士，攻读完他的大学课程，又怎能有后来传世的《时间简史》？因此，将体育科目纳入高考，可能会阻碍部分具有较高智商但体育能力一般或身有残疾的学生获得进一步深造的机会，另一方面，将体育纳入高考，在操作层面也存在许多困难。

第一，高考是全国性的考试，统一性很强，加试体育的可行性与中考相比要低许多。中考是地方性的考试，其体育加试项目，不同的省可以有不同的规

---

[1] 姚清江.将体育纳入高考如何？[EB/OL].联合早报网，http://www.zaobao.com/special/forum/pages1.

定，甚至不同的市也可以有不同的考试项目，这就极大地增强了中考体育加试内容的灵活性，便于各地区根据自己的情况灵活把握，实施操作。而高考是全国各高校的选拔考试，为了保证公平，要求考试项目尽量统一，以便在同一平台上测试考生的优劣，便于招生部门选拔人才。而对于体育学科而言，其最大的特色是灵活多样，不同的学生有不同的兴趣爱好及体育技能水平，而且同一年龄阶段的学生，其身体发育水平也有快慢之分，有的发育早一些，有的可能慢一些，对他们进行统一测试，可能并不公平。此外，不同的地区也有不同的体育项目传统，设置高度统一的体育测试项目，对全国的广大学生而言，也不能保证完全公平。

第二，高考加试体育，究竟考什么？是考理论知识还是考体育实践行为？据了解，山东省已将体育内容纳入了高考，笔者的一位校友2008年参加了山东省体育高考的命题工作，据他介绍，该省的做法是考核学生的体育理论知识，出几道体育知识题让学生回答，其成绩纳入高考总分。这就让人产生了疑问，考体育知识能促进学生的体育锻炼活动吗？为了取得良好的成绩，学生只需突击背诵与体育相关知识即可，而不必参加身体锻炼。许多记忆力好的学生完全不需参加体育活动，把参加体育活动的时间用来记诵，照样可以考出好成绩。我们知道，体育能力主要是一种身体活动能力而绝非记诵能力，通过考体育知识恐怕并不能达到测试学生身体活动能力的目的。如果说试图通过将体育纳入高考来提高体育的地位，促使学校与家长重视体育，那么笔试体育知识题的做法可能只能使学校及家长愈加关注知识记诵，而非身体活动。这其实是在语数外等考试科目之外又增加了体育记诵的内容，进一步加重了学生的学业负担，对学生的体质健康可能并无益处，想在两三年内遏止住学生体质下滑的趋势更是无从谈起。

第三，如果体育高考不采取笔试的形式而测试学生的体育行为，那么这种行为测试该如何组织？其难度恐怕是惊人的。我们知道理论笔试可以在同一时间进行，全国几十万考生，2个小时可以考完一个科目，而体育行为测试只能一组组依次进行，即使一个考点一千考生，恐怕半天也不能测完一个项目，那么整个体育科目考试，要花几天时间？再有，体育考试应该设置哪些项目才能尽量显现公平合理？考短跑、跳远还是考排球、健美操？这些都有待于研究论证。所以体育纳入高考，至少在目前来说条件还不成熟。

中国的高考制度和教育体制本来就有很多积弊，其他姑且不论，单就学生在教育中所处的尴尬位置，就是一种让人头疼又心疼的事情。当外国孩子在自己兴趣的天地里自由驰骋发展天性的时候，中国的孩子却只能埋头死板的课本书本，他们学到的所谓"知识"，可能将来对自己对社会都百无一用，只是在白白浪费青春时光的同时，消磨掉所有的创造性。而今，如果再考体育理论知识，中国孩子又将多一座压在头上的大山。

客观地说，在社会公众及各级学校与家庭高度重视高考的情况下，将体育纳入高考，确实可以在一定程度上提升体育教师的地位以及体育学科的受重视程度。但将体育纳入高考不是又给孩子规定知识指标，增加其学业负担，那样做不仅无益于学生的体质健康，反而会使情况更加恶化。

因此，即使要将体育纳入高考，也不应考核所谓的体育知识或理论，而应考核学生的体育实践能力以及体质健康状况，这才是体育高考的真正价值所在。建议在具体操作过程中由省、直辖市为单位组织高考体育加试，各省市自定适合本地区的体育考核项目，确定体质健康测试的指标，折算加入高考成绩，将其作为高校录取的依据。

此外应逐步改革高校招生模式和培养模式，从严进宽出改为宽进严出，逐步改变高等教育只重招生资格不重毕业资格的现状，在培养和严把毕业关上下工夫，把中学生承担的升学压力向后推移到大学生的毕业压力上。大学生身心发育已近成熟，应该承担起学习的压力和刻苦钻研的责任，而不是像过去那样，经过中小学的刻苦努力，到了大学却自由而放松，这种情况应该颠倒一下，让大学生刻苦努力，而给中小学生更多的时间从事包括体育运动在内的各种活动，使他们在自由放松的情境中健康成长，培养其自然天性与创造力。这样才能有效改变中小学生"一心只读圣贤书"，只为挤过"独木桥"的状况，才能给他们广阔的空间和充裕的时间，让他们自愿地走向操场、走向自然。

第四章 取法自然：
体育教学自然观的方略举要

一、关注学生兴趣

（一）基于兴趣的自主练习更有效率

兴趣是学生进行学习活动的第一动力所在，所有的动作技能学习，其起始阶段大都是基于兴趣或好奇心。没有兴趣为基础，学习效率必然打折扣。美国电影《胜利大逃亡》中，选拔足球队员的军官问贝利，怎么学会这么扎实的足球技术的？贝利回答，"小时候学的"。至于为什么学呢？"当时只是觉得好玩"。有趣或好玩，是青少年参与体育活动的主要原因（而不局限于增进健康）。在兴趣基础上的自主练习，是掌握运动技能并能熟练运用的第一步。而在我们传统观念上，往往认为玩物丧志，父母经常指责子女，"你就知道玩"。殊不知玩恰恰是一种最有效率的学习。在玩中，孩子们培养了兴趣，锻炼了身体，演示了社会交往行为，为成年后知识技能的进一步提高奠定了基础。并不一定"头悬梁、锥刺股"才算是学习，玩作为一种基于兴趣的学习，其效率往往比所谓的埋头苦读更高。洛克说，"学习知识要像游戏娱乐一样，因为对孩子们来说，游戏即是学习。两者均要费力，但他们都不在乎，因为他们喜欢忙忙碌碌。唯一不同之处是，在我们称之为游戏的活动中，他们能有自由，并且自由地使用精力。但是学习却是被迫的，他们不得不被驱使着去学习。"[1]

在兴趣基础上的自主体验与练习，能有效促进体育学习的高效率。教师采取多样的教学方式，不断变换学练手段，能适时地激发和引导学生学习兴趣，收到教学相长的良好效果。体育教学方法是在体育教学过程中，教师与学生为

---

[1]杨启亮.困惑与抉择［M］.济南：山东教育出版社，1995：21.

实现体育教学目标和完成体育教学任务而有计划地采用的、可以产生教与学相互作用的、具有技术性的教学活动[1]。体育教学方法是人们长期对体育教学规律认识的基础上不断地总结和归纳出来的，体育教学方法的背后有其必然性。但无论方法千变万化，有一点不会改变，那就是学生的自主体验及实践。许多格言诸如"实践出真知""师父领进门，修行在个人"，都是在强调学习者的自主体验对掌握知识技能的重要性。尤其是体育学科，其基本特性便在于其具有很强的实践性，它是一门以身体练习为主手段的课程[2]。体育学习过程中学生的自主体验与实践显得尤为重要。因此基于兴趣的自主练习往往会使体育学习达到很高的效率，既有兴趣作为动力，又有学生的自主体验保障学习的效果，这样的体育学习，既有利于动作技能的掌握，又有利于促进学生的身心健康。

（二）学生兴趣需要引导

学生的练习源于学生的兴趣。但对于中小学生而言，有时候兴趣需要引导，或者说，体育教学中不能一切都听从学生自发的兴趣，因为学生的兴趣较为广泛，全班学生的兴趣不可能完全一样，按谁的兴趣来上课呢？于是学生的兴趣有时候需要"强迫"与引导。

体育教学中学生体验的是何种兴趣呢？让学生各自选择自己喜欢的项目，教师只负责提供场地、器材，学生自由活动，是否就能体味体育教学的乐趣呢？显然不是。所谓尊重学生个性发展及兴趣爱好的"放羊式"教学，只能让少数具备体育运动技能的学生享受自由参与体育活动的乐趣，而不能让大多数试图通过体育课堂教学获得体育方法技能的同学体验体育教学的乐趣。

体育具有别的学科和别的事物所不具有的独特乐趣。为什么人类如痴如醉地从事体育运动、欣赏体育运动而欲罢不能？其原因正在于此。体育教学中学生体验的乐趣主要有如下特征。

1. 运动技能得以提高，从而产生成就感

尽管体育课程的设置其深层目的是为了学生的健康，但学生在体育课上进行体育学习，其主要目的是为了掌握体育运动的知识与技能，体育运动的全部知识，最终归结为技能与方法，技能就是体育知识的外在表现形式，体育知识

---

[1] 毛振明. 体育教学论 [M]. 北京：高等教育出版社，2005：130.
[2] 教育部. 体育与健康课程标准（实验）[M]. 北京：人民教育出版社，2007：2.

如果只以理论形态存在于学生的大脑中，而不能通过技能的形式表现出来，那只能反映学生的记忆能力强，而丝毫不能说明体育能力的高与低。学生通过体育学习，掌握某种方法与技巧，并得以表现与展示，他就会获得一种难以言传的成就感与满足感，这是体育学习的乐趣所在。如果在体育课上学生的体育能力长期得不到提高，学生的体育学习兴趣与热情当然会逐年下降，所以有调查表明，学生对体育课的喜爱程度，从小学生到高中生，呈现逐级递减的趋势[1]。这其中原因很多，但主要是缘于学生在体育学习中未能真正获得体育知识与技能的提高，使其逐渐产生倦怠心理，学习热情得不到正向强化，因而学习积极性逐年下降。

2. 在体育教学中身体进行适度运动后体验到的快感

我们都知道，在长期的脑力劳动之后从事适度的身体活动会使身心获得一定程度的休息与放松。据说体育运动能刺激大脑的松果体，从而使人获得快感[2]，但这只是运动生理学家的理论推断，而缺少科学的实验来佐证。松果体是人体的第三只眼睛，道家称之为天眼。松果体分泌的激素——褪黑激素能够影响和干预人类的许多神经活动，如睡眠与觉醒、情绪、智力等。很显然，松果体在激素信号与神经信号之间扮演着"中介人"的角色。为了调节人的情绪，医生与心理学家给我们提供了许多措施，措施之一是延长光照时间。冬季光照时间短是情绪抑郁的重要原因。研究发现，当黑夜来临时，人体大脑松果体的褪黑激素分泌增强，它能影响人的情绪，而光照可抑制此激素分泌。其二是进行适度的体育锻炼。通过体育锻炼能调节机体的植物神经功能，使过度兴奋的交感神经得以抑制，减轻因植物神经功能失调而引起的紧张、激怒、焦虑、抑郁等状态，有可能使人获得愉快、放松等情绪体验。

尽管体育运动与人的身心愉快之间的联系还缺少生理学与心理学的严谨证明，但无数经验事实早就肯定了这一点。所以在现代社会快节奏的生活方式之下，从事体育运动、回归人的自然状态成为越来越多的白领阶层与普通百姓业余时间的最佳选择。各类球馆、游泳馆、健身房充斥城市生活的各个角落，各种拓展训练营也如雨后春笋，方兴未艾，人们在紧张的工作之余到球馆或健身房挥汗如雨，到野外自然环境中去进行拓展训练，表面看都是在"玩"，其深层原因，恐怕还是追求紧张工作之后的快感与放松。

---

[1]李建春.学生缺乏体育课热情的主要原因分析及对策[J].江苏大学学报，2002（4）：101.
[2]邓树勋，王健.运动生理学[M].北京：高等教育出版社，2005：132.

众所周知，由于人口众多、优质的教学资源缺乏、就业机会相对较少等原因，当前我国学生的升学与就业压力巨大，学业负担很重，学生在教室内学习的时间远远高于室外运动的时间，因而在体育课进行适度的身体活动会使学生获得难得的放松与愉悦。体育课上适宜的运动负荷与合理的运动组合是体验体育乐趣的重要因素[1]。体育课上没有适度的运动负荷，一味听从少数学生的所谓兴趣，教师放弃了教的责任而只给学生玩的自由，少数学生满头大汗而多数学生却冷冷清清，这既不利于学生体育能力的提高，也无益于学生体育兴趣的培养。

3. 体育教学比赛中相互协作配合的满足感

学生在体育课堂上的人际交往比起其他学科更开放而自由，同伴间的协作配合更容易获得老师的认可与赞许。特别是球类项目及一些集体项目，学生在从事这种类型的体育运动时友伴间的默契配合常会使学生有一种心意相通、心有灵犀的美妙感觉。比如在足球项目中有球队员组织进攻，而无球队员有意识地向空位跑动，牵扯对方的注意，进而突破对方的防守，获得有效的进攻，即使是没有进球得分，这种简单的攻防演练也常会使同伴产生配合成功后的愉快感和成就感，进而能增进同学间的友谊和情感交流。学生时代的这种协作配合是未来社会交往的重要基础。

4. 课堂教学空间上的释放感

相对于其他文化课主要是在封闭的教室、实验室内，集中安静地听课学习而言，体育课的教学，多在操场和室外空旷环境中进行，学生从拥挤的教室和堆积的书本中解脱出来，来到和煦的阳光下，呼吸着新鲜的空气，看着绿茵茵的操场，常会有一种心胸开阔、如释重负的兴奋感，进而有奔跑和运动的冲动。所以从课堂教学社会学的角度看，体育教学的空间更容易让学生产生释放感，更易使学生产生运动的兴趣。

体育教学中学生体验到的乐趣多种多样，许多乐趣难以用语言表达，因为运动本身就是一种乐趣。三毛曾说过，你做不做运动？散不散步？睡眠是好还是不好？以上的几点，决定百分之五十的你快不快乐[2]。毫无疑问，运动会带来快乐，当然，当比赛结束时，失败的一方也会有失落感与沮丧感，但只要教师正确引导，使学生的注意力不只是关注比赛的胜负，而是着眼于运动本身，那

---

[1] 毛振明. 体育教学科学化探索 [M]. 北京：高等教育出版社，1999：110.
[2] 三毛. 谈心 [J]. 读者，2007（23）：7.

么学生的情感就会提升到一个新的境界，真正享受"我运动所以我快乐"的积极情绪体验。

二、倡导自主体验

（一）动作技能的掌握需要学生的自主体验

体育教学特有的方法是与身体练习分不开的。在体育教学过程中，学生除了遵循认识规律，通过视觉、听觉来领会和感知动作的形象、过程、要领和方法外，更主要的是通过各种身体练习来进行学习，通过自主体验来建立运动本体感受，最终达到掌握体育动作与方法，并能熟练运用。

设置体育课的最初目的是为了使学生身心全面发展，促进学生健康，但在具体的体育教学过程中，培养学生掌握牢固的动作技能是体育教学无可争议的基本任务。动作技能的形成规律告诉我们，人的动作技能的形成必须要经过学习者自身的练习与体验，才能达到熟练与自动化阶段。因此，学生的自主体验是体育教学方法的基础。

生活经验表明，在一般的书本知识或认知性知识之外，确实还有另一大类认识活动的成果，它们不是以单纯的认知形式来做表现，而是直接表现为身体运动系统反复操作之后所形成的数量庞大的多种多样且实有功效的固定程序。这类知识可称之为"操作性知识"，比如人们的生产劳动技术。中学时我们学过一篇关于景泰蓝制作的课文，大家都知道景泰蓝的制作流程与工艺，制胎、掐丝、点蓝等，但只有熟练的老工人才能制作出精巧的景泰蓝工艺品，这反映了劳动者多年的悉心浸润与自主体验。再比如书法艺术，人们都知道字的间架结构，点、横、撇、捺，而且大都知道运笔方法及原则，起笔回锋，收笔藏锋，等等，但只有经过长期练习的书法爱好者才能写出端正流畅的书法作品，这也是基于长期练习的基础上所形成的个人体验与风格。正如欧阳修《卖油翁》中所描述的那样：无他，唯手熟尔。只有经常自主体验与练习，达到熟练的程度，形成本体感受，进而才能更好地掌握某种动作技能并能灵活运用。

对于体育动作技能的学习而言，同样如此。没有学生自主模仿与练习，老师教得再精彩，学生仍然不会真正掌握体育的技能与方法，更谈不上形成终身体育的习惯。所以说学生上了十多年体育课，前滚翻从小学一直翻到大学，学生仍然不得要领，没有掌握有效的体育锻炼手段，课后缺少有效的自主练习是一个重要的原因。

（二）体育教学的独特性在于身体的本体感受

学生的身体练习与本体感受是体育学习中自主体验的主要手段。身体练习与本体感受体现了体育教学的独特性质，也是学生真正掌握体育知识技能的有效途径与必要途径。在某种意义上，体育动作技能不是教师教出来的，而是学生"练"出来的。但学生的练必须在教师有效的指导之下进行，那种没有组织、没有目的的自由练习，决不是自然的体育教学。恰当的身体练习组织方法，不仅能使学生学会必要的动作技能，还能使他们的身体承受适宜的负荷，有助于使其体能得到一定程度的提高。

《体育与健康课程标准》指出，体育课是一门以身体练习为主要手段，以体育与健康知识、技能和方法为主要学习内容、以增进中小学生健康为主要目的的必修课程，它具有鲜明的实践性。如果不以身体练习为主要手段，就背离了体育与健康课程的根本性质，也就称不上是体育课了。

通过对中小学体育课堂教学实践的考察，看到一些曲解课程标准的做法，其中一个最突出的问题是，有些体育课不以身体练习为主要教学手段，不以运动技能为主要教学内容。有的把围棋、象棋、吹肥皂泡等引入教材，有的用硬纸板制成预构件，让学生在体育课上去组装房子、汽车，有的把尿素袋开发成"时装"，让学生在体育课上学走时装步[①]。这些做法既学不到什么体育的知识、技能，也达不到锻炼身体的目的，疏离了体育课程的自然性质，应该予以纠正。

三、重视直观教学

直观性方法反映了学生体育学习中的认识规律，它给学生以感性、形象而具体的体育知识，有助于提高学生学习的兴趣和积极性，减少学习抽象概念的困难。夸美纽斯曾指出："凡是需要知道的事物，都要通过事物本身来进行教学；那就是说，应该尽可能地把事物本身或代替它的图像放在面前，让学生去

---

①宋尽贤.明确课程性质，把握教学规律，提高教学质量［J］.中国学校体育，2007（1）：22.

看看、摸摸、听听、闻闻。"这说明对事物的学习要借助视觉、触觉、听觉等多种感觉,特别是体育动作方法的学习,更要借助于学生的本体感觉,通过学生的模仿达到掌握并能熟练运用的程度。体育知识的学习效果也通过体育技能的操作与运用外在地表现出来,而绝非记住了某些体育理论或名词,那只反映了学生的记诵能力而不是体育能力。

直观模仿的对象是教师的动作呈现行为,在教学论中也可称之为教师的动作呈示行为。

动作呈示行为是教师通过示范特定动作,提供给学生模仿,使学生学会相应的动作技能[1]。人们常说"言传身教",表明言教与身教在教学活动中的重要性。而在体育学习中,很多时候表现为身教重于言教,有些用语言难以描述或说明的技巧,老师用一个简单的动作就可能会让学生恍然大悟。

动作技能仅靠教师讲述是无法学会的,必须要有教师的示范和学生自己的大量练习。教育心理学的研究表明,在动作技能学习的第一阶段,学习者头脑中必须要有一个动作表象,以此作为实际操作时的参照标准,而这一表象的形成主要来源于对示范动作的观察[2]。教师在体育教学过程中的示范或动作呈示行为恰恰有助于学生大脑中动作表象的初步形成,因此,教师示范、指导练习和学生独立练习是有效体育教学的核心组成部分。

教学方法是教学的基本要素之一,它直接关系着教学效率的高低。对教学方法的研究,始终没有停止过。教学论专家指出,教学方法是在教学过程中,教师和学生为实现教学目的、完成教学任务而采取的教与学相互作用的活动方式的总称[3]。体育学习是一个非常复杂的过程,它是学生在教师的指导下进行各种身体活动练习,并在练习中通过身体活动与思维活动、情感活动和意志活动的紧密结合,从而掌握运动知识和技能的过程[4]。因此,要提高教学的成效,必须促进学生进行自主有效的学习。而有效的学习,必须注意方法的选择。

体育课堂教学中身体练习的组织方法取决于该节课的教学任务、教学内容、学生人数、场地器材条件等因素,采用不同的组织形式,可以使课堂教学形式多样化,激发学生体育学习的兴趣,从而使学生乐于参与身体练习活动。

---

[1] 施良方,崔永漷.教学理论:课堂教学的原理策略与研究[M].上海:华东师范大学出版社,1999:199.

[2] 邵瑞珍.教育心理学[M].上海:上海教育出版社,1997:163-164.

[3] 李秉德.教学论[M].北京:人民教育出版社,1998:193.

[4] 季浏.体育与健康课程与教学论[M].杭州:浙江教育出版社,2003:72.

直观示范是体育教学中教师最常用的教学方法之一,也是最易于令学生接受的方法,在体育教学中占据重要地位,它与学生的自主练习紧密结合,有助于学生体育技能的有效学习与掌握。在体育教学中,特别是低年级的体育教学中更应经常使用直观示范的方法,以增加学生的直观感受,促使其模仿练习。

四、提倡合作交流

体育教学中的合作交流不仅仅依靠语言,更多是动作技能的对话与交流。罗杰斯曾说过,"要琢磨出如何去教学就在于弄清什么时候应该闭上自己的嘴——绝大部分时间"[1]。体育教学尤应如此。动作技能的学习不能"纸上谈兵",身体练习是体育课程的基本特性及运动技能学习的主要手段,在适当的讲解之后,最终要靠学生的自主练习与亲身体验才能真正掌握体育技能与动作要领。

在体育教学的情境中,教师与学生为传递体育知识技能而发生相互影响、相互作用,这是一种对话形式,这种对话不一定依靠口头语言,肢体语言同样重要。有时候一招一式胜过千言万语。老师与学生之间、学生与学生之间动作技能的切磋交流,是一种无声的语言,通过动作技能的模仿与练习,学生才能做到心领神会,把动作要领真正内化为自身的体育技能。

由于一节体育课的时间只有短短的45分钟,因此,要保证绝大多数时间用于学生的身体练习,尽量多给学生运动技能的练习时间,减少讲解时间,教师的指导可以穿插在学生的自主练习或合作学习过程中进行。

没有对话交流,就没有动作技能水平的提高。少林武术之所以成为中华武术的重要代表,就在于它的兼收并蓄、融汇天下武术之长。人们都知道少林寺有一句格言"天下武术出少林",殊不知它还有下半句"少林武术出天下",这才是少林武术博采众长、引领中国武术不断发展的关键所在,说明了少林武术注意学习天下各家各派之所长,融会贯通各门派武术的优点,为己所用,终成天下之大。据资料记载,唐朝和明朝是少林寺历史上最繁荣的两个时期,其时少林寺每年都邀请各门派的优秀代表到少林寺切磋交流,以博采众长,互相提高。难怪金庸小说中有"少林武术大会"的描写,其实是有历史事实依据的。

---

[1] 季浏.普通高中体育与健康课程标准(实验)解读[M].武汉:湖北教育出版社,2004:108.

体育教学过程中的合作学习具有一些特征，诸如异质分组、分工协作、积极互助、资源共享等。首先是异质分组，其目的是建立学习小组内部的"多元世界"，力求使小组成员在性别、成绩、能力、背景等方面具有一定的差异，使之具有一定的互补性。这样才能够共同发展、接纳他人，使学业困难者获得更好的发展的目标。其次是学习过程中的积极互助，要求小组成员在体育学习过程中必须人人参与，才能达到合作互助的效果。再次是分工合作。要求建立小组成员的行为规则与任务，强调个人责任感，以及团队成员各自的义务，对其他成员的鼓励和支持。体育合作学习过程中还有一个特征是资源共享，要求小组成员能够互相帮助和交流，与团队成员分享自己的经验体会，交流心得，资源共享，以达到共赢的效果。

体育学习中的交流是在掌握了一定的运动技能基础上进行的。运动技能是体育与健康课程的主干学习内容，具有很强的实践性，学生只有掌握了一定的运动技能，才能增强体育学习和参与体育活动的自信心，才可能与其他同学进行愉快而融洽的体育交流。而这种体育交流恰恰为学生提供了应用体育动作技能与方法的机会，有利于体育技能的熟练与提高。

五、注重游戏比赛

（一）游戏是体育教学的自然手段

游戏是人的一种天性。无论是成年人还是儿童，都热衷于游戏，乐此不疲，即使是老掉牙的一些游戏，比如丢手绢、开火车等，孩子们照样玩得兴致勃勃。这说明孩子们在游戏中找到了自己的角色与地位，通过游戏情境，游戏者能在一定范围内体会到实现自我价值的乐趣与成就感。

在体育教学实践中运用游戏手段时，应注意游戏方法的适切性，即"用儿童的方法来教育儿童"，同样，对于少年或青年学生也应采取相适应的方法，避免体育教学的低龄化倾向。

自福禄倍尔之后，历代的教育家们都注意采用游戏的方法来教育儿童，特别是到了20世纪，蒙台梭利等人重视对幼儿教育科学方法的研究，学者们以及教育实践者对游戏的重视程度也日益加强。根据美国学者约翰逊的研究，经典的游戏理论产生于19世纪末20世纪初[1]。关于人们为何要游戏，主要有这样四种理论解释：①精力过剩说。这种理论认为游戏是人和动物用来消耗多余能量的方式。②松弛消遣说。与精力过剩说相反，这种理论认为游戏的目的是为了恢复工作所消耗的能量，游戏是与睡眠不同的恢复能量的另一种方式。③复演说。这种理论认为儿童通过游戏复演了人类发展初级阶段的某些本能，从而消除那些不应在现代生活中出现的原始本能与攻击性行为。④预演说。这种理论与复演说不同，认为游戏不是消除原始本能，而是提供给儿童一种安全的方法，帮助他们练习和完善未来成人生活所需要的本能。

不管人们对游戏进行何种解释，但有一点是勿庸置疑的，即游戏是儿童教育的重要手段，这一点历来是人们的共识。而小学新生的体育教学，尤其要借助游戏的方法。在小学生的体育教学过程中，教师应因地制宜，充分利用场地器材条件以及儿童日常生活中的器具，设置儿童游戏的情境与氛围，使他们在愉快欢乐的气氛中进行体育学习与锻炼。对于教师而言，游戏并不是教学的目的，但通过游戏的方法与手段，可以使儿童在潜移默化、不知不觉中掌握简单的体育技能，学会一些初级的锻炼方法，并在游戏玩乐之间，承受一定的运动负荷，从而对儿童的身体与心理都产生良好的影响。

许多学校开展的体育节设置了许多游戏项目，为展现学生自然天性搭建了重要平台。小学生的体育节是改革小学生田径运动会的方法之一。这种做法一改以往田径运动会的安排，减少或改造了传统竞技项目的竞赛办法，设置了许多趣味性的竞赛项目，以集体项目、游戏项目为主，重在培养学生的参与意识和团队精神。由于体育节的趣味性项目往往参与人数众多、气氛热烈、场地设施相对安全，因而得到了许多家长与学校领导老师的认同，将运动会改变为体育节的学校也越来越多。

但是，凡事有利则也有弊。体育节关注集体意识与协作精神的培养，可能会削弱体育竞技的某些魅力。参与竞争并在竞争中获胜是体育竞技的魅力所在。张洪潭曾批评有些人对奥运会格言的误解，重在参与并非是一团和气，假球也是参与，消极比赛也是参与，但这种参与就失去了体育竞赛的魅力了。竞技运动的异化并不是竞技运动本身的追求，而是人的因素使然，异化与人的欲望、不良竞争直接相关，而并非奥林匹克的主流。对奥运会格言正确的理解应该是"重在参与竞争"，多了竞争两个字，这句话的意味就有了明显不同。我

---

[1] 约翰逊.游戏与儿童早期发展［M］.华爱华，郭力平，译.上海：华东师范大学出版社，2006：6.

们承认体育节的竞赛活动也有竞争，比如接力赛、拔河等，但这更多是一种趣味游戏、集体性游戏，体现了一种典型的东方式思维：湮灭个性，突出共性和团队精神。而源自西方的体育竞技更多是要展现个人奋斗的力量与不断超越自我的精神。我们承认，集体精神和团队协作也是对学生的一种教育，但让学生蹲跪在50米或100米跑道的起跑线后，在等待发令枪声的煎熬中紧张得发抖，这何尝不是一种教育与磨砺呢？这何尝不是一种心灵的锻炼与洗涤呢？笔者并不想鼓吹在学校大肆开展竞技运动，但适度模拟竞技比赛的环境让学生参与，大概也算是一种挫折教育与人生体验，让学生多一些人生体验，更有利于其心智的成熟。

所以笔者认为，体育节改造了许多竞技体育项目，设置大量集体性、游戏性项目，这对培养集体观念与团队合作精神，培养学生的参与意识，其好处不言而喻，但在另一方面，却也削弱了体育竞技的某些初衷，不鼓励学生个性的自我展示，注意保护学生脆弱的自尊心，却也使学生丧失了挑战自我、战胜自我的机会，果敢顽强、拼搏竞争等内在特性的不足，对学生创造性和创新精神的培养都会有负面影响。合作与竞争在某种情境下是一对矛盾，作为教师应该能在这对矛盾中把握一个度，培养学生合作意识，也适度培养学生的竞争意识。

在笔者看来，体育节的集体观念培养是很有必要的，但传统竞技项目对学生个性的培养同样是一种有益的锻炼和尝试。所以在设置体育节集体性、游戏性项目的同时，同样要保留适当的竞技项目，比如短距离跑、跳高跳远等项目，兼顾部分学生冲击自己身心压力的机会，使他们学会在众目睽睽之下如何迎接胜利或应付失败。

（二）警惕学生在游戏竞赛时的违规现象

在学生参与体育竞赛时，为了获取优胜，许多学生会忽视规则，造成不公平竞争。比如说让学生在线后起跑，有的学生会千方百计向前挪一点，以便使自己在竞赛开始阶段占据优势。这种现象尽管不是很普遍，但的确存在，这说明小学生的规则意识还未真正确立，在竞赛的时候，还不能严格遵守规则，眼睛只盯着胜利，却忘了规则。这种做法的后果往往影响较坏，因为大多数孩子尽管还未确立规则意识，但却有很强的公平观念，一旦因为别人的不公平导致自己的失败，往往令孩子们非常气愤。更严重的是因占便宜而获胜者并不觉得耻辱，而是陶醉在自己的胜利中沾沾自喜。体育教师必须要及时在体育教学及学生体育竞赛时宣扬规则意识和公平竞争的意识，让孩子们从小树立正确的荣辱观，确立良好的体育道德，使他们懂得公平竞赛的精神比竞赛的结果更为重要。

六、走进生态自然

体育运动本就是在自然生态环境中产生的，学校和教师应该积极创造条件，让学生走出教室、走向操场、走向大自然，让体育教学回归生态体育环境，使学生体会到在体育自然环境中运动健身的乐趣。

（一）自然体育课

人们对自然体育的最初理解，离不开体育的自然资源。所以在中小学体育课中，有一类就叫作"自然体育课"，这其中的典型个案是北京八中杜家良老师开设的自然体育课，它是带领学生走进自然、亲近自然、感受自然，利用自然资源，锻炼学生体能，培养学生意志品质与合作精神。北京八中于1985年开始少儿超常教育实验班（简称少年班），学生用4年的时间完成小学五年级到高中三年级共计8年的学业，各科目的教学时间都压缩进行，唯独体育课不仅没有缩短时间，反而超出了教育部规定的课时。据杜家良老师介绍，自然体育课并没有取代正常的体育课，类似于一种综合教育课（在我看来有点像现在的综合实践活动），它是在国家规定的两节体育课之外，专门安排半天时间，带领学生到阳光下，感受自然，了解自然，以体能的锻炼为锁链，串联起各种知识的学习，包括学会应对各种突发事件，培养顽强的意志品质和团结友爱的品质。自然体育课贯穿了少年班学生4年的学习生活，即使在高考前夕，体育课的课时也没有减少。二十多年来，在一项"对少年班学习各门课程满意程度"的调查中，历届学生对自然体育课几乎百分百给予了肯定[1]。自然体育课就是要学生到大自然中去，到阳光下进行锻炼，要让学生们感到一些劳累，感到一些饥饿，锻炼他们的意志，强健他们的体魄。远足、爬山、游泳、骑车、轮滑、划船，甚至集体骑自行车往返750公里从北京到山海关、5小时登泰山，这些都是值得少年班学生自豪的壮举。

杜家良老师对1985年至1999年少年班学生进行了体质及体育各项成绩的跟踪调查，他说，刚入学时七成以上的孩子体育不达标，学生体质体能8项指标大

---

[1] 记者. 自然体育课仍然不动 [N]. 中国体育报, 2007-3-21.

部分低于同龄组平均值。但是经过4年自然体育课的磨炼，毕业的时候，学生的体质和体能平均指标均高于同龄人。这14年中的177个学生，在入学第一年体育达标优秀的5人，不及格的78人，第四年体育达标优秀生93人，不及格的仅1人[①]。杜老师的自然体育实践表明，在常规体育课之外，适时开展自然体育课活动，使学生在自然环境中接受体能与意志的磨砺，有利于学生健康成长。

自然体育课并不仅仅是体育教师带着同学们到大自然中简单地活动一下，而是体育教师带领同学们真正融入到大自然中去，培养他们野外生存的能力，体验在大自然中锻炼的乐趣，以及对体育运动和大自然的热爱[②]。每次上自然体育课之前，杜家良老师并不会告诉学生要去哪、做些什么，只是叫学生们穿着运动服跟着他走，每一次活动都会使学生体验到疲劳与饥渴的磨炼，这正应了孟子的话，"苦其心志，劳其筋骨，饿其体肤，空乏其身，行拂乱其所为，所以动心忍性，曾益其所不能"。

自然体育课让大多数少年班的同学在工作和生活中建立了一种积极向上的态度。"自然体育课是对我们在精神上的激励，培养了我们克服困难的毅力，这才是自然体育课带给我们的最大收获"。自然体育课让学生热爱大自然、享受大自然，帮助学生形成了坚忍不拔的意志品质，这是最重要的。"宝剑锋从磨砺出，梅花香自苦寒来"，学校体育是通过育体来达到育人的目的，卢梭也曾说要通过自然来教育儿童。自然体育课正是给青少年学生创设了磨砺的机会，使学生不仅锻炼了强健的体魄，更磨炼了意志，教他们从学生时代起就直面大自然，遭遇各种困难与挑战，学会从容面对。

（二）体育自然资源的多样性及其开发利用

提到自然资源，人们往往会想到山川、森林、河海湖泊以及阳光空气等生态性资源，本文认为体育教学中可资利用的体育自然资源在此基础上有所扩展，它包括生态性体育资源、体育人力资源、体育设施资源、体育竞技资源、民间传统体育资源等。对上述资源的利用符合体育教学的自然特性，顺应了体育教学的自然规律，因而本文把这些资源统称为体育自然资源，可以看出体育自然资源具有丰富的多样性。

在体育发展过程中，许多运动项目的产生，开始就是在自然生态环境中

---

① 杜家良.野外体育的实践［J］.体育教学，1996（2）：34-35.
② 蒋楠.自然体育课决定了我的人生态度［N］.中国体育报，2007-3-28.

产生的，但是随着运动项目的发展与完善，由于强调了规范的场地、规范的器材，特别是规范的规则，运动技能的教学滑向了制度化、标准化的陷阱。笔者并不反对运动项目的制度与规则，因为这有利于竞技运动的完善，有利于体现公平竞争精神，但反对技能教学中的制度化倾向，制度化的体育教学使教学目标远离了自然，指向了运动项目本身，而不是人的发展。

许多新兴运动项目，力图从这样一种制度化、非生态化的体育环境中回归到自然生态环境，这是自然主义体育思想的一种体现。如野外生存、定向运动、拓展训练等，篮球走向了街球、花式篮球，排球也走向了沙滩排球，而不是体育馆里的制度化场地和环境。更多的体育专家力图挖掘民间传统体育项目，如跳竹竿、刁羊、摔跤、秋千等，都是体育回归生态自然的重要途径。

上述开发都是以离开体育制度化为特征、改变规范场地器材的一种自然回归，是体育发展过程中不可忽略的新趋势。

在人类社会的发展进程中，随着人类认识程度的不断提高，人们由对自然的崇拜逐渐转向对人自身的关怀。随着对自然资源征服与开发程度的加剧，人们逐渐认识到对自然的掠夺性开发与触目惊心的自然灾难之间的联系。恩格斯警告说，我们不要满足于对大自然的胜利，对于每一次这样的胜利，大自然都报复了我们。于是人与自然的关系被提高到一个新的境界，由对自然的掠夺与征服走向人与自然和谐相处。对体育自然资源的利用正应本着这样的原则，既要关注人的发展，又要关注自然资源的发展，使体育自然资源成为中小学体育教学可持续利用与开发的不竭源泉。

第五章 回归自然：
新课程场域中的体育教学观念流变

自然的体育教学并非一种教学范式，任何模式都有其固定僵化的地方，因而任何试图构建一种"自然体育教学模式"的做法就必然呈现出某种不自然；自然的体育教学，也并非是一种教学的现成实体（即使我们访谈的L县DL中学，号称自然教学的典范，但也并非自然体育教学的实体存在），而只是我们追求的一种理想。现实生活中的体育教学，有其自然的一面，也有其不自然的地方，笔者只是想借用自然主义体育教学的思想，来分析体育教学实践中某些不自然的表现，并力图克服这些不自然，使体育教学更加顺应学生成长的规律性。新课程标准中有许多内容与自然主义体育思想相一致，体现出一种当代自然体育精神，然而在贯彻实施新课程的实践中，仍然存在许多不自然现象。我们期待新课程场域中的体育教学实践，能体现课程标准的当代自然体育精神，真正顺应体育教学的自然。因为自然体育思想不单是一种理念，它还应实现由理念到操作层面的转移与流变。

一、当代自然体育精神是近代自然体育观的一种复兴

当前体育与健康课程所倡导的"以学生发展为中心"，体现了一种当代的自然体育精神，这种精神并不是近代自然主义体育思想的恢复，而是在我国文化传统中本根本土的自然体育观基础上、借鉴近代自然主义体育思想、顺应自然社会与人发展规律的一种复兴。

传统的自然体育观，在东方表现为老子的自然体育观，在西方则有两个支流，其一是卢梭的自然主义体育思想，其二是夸美纽斯、古兹穆茨等为代表

的自然主义体育思想。东西方各流派的自然主义体育思想之所以都被称为"自然",因为在原初都强调"遵循自然",顺应自然规律。随着时间的流变,老子、卢梭坚持其初衷不改,而夸美纽斯、古兹穆茨等人的自然体育思想则逐渐脱胎换骨,走向制度化与工具主义的价值取向。

如前文所述,工具主义与自然主义体育在初期都有其表现的形态,经历曲折的发展,特别是现代意义上的竞技运动赛会制度出现之后,它们都走向了制度化体育的层面。各个运动项目的规则越来越完善,由运动技术所构成的体系也越来越庞杂并趋向系统化、标准化,这对于竞技运动本身而言,有利于竞技体育的法制化、规范化,从而保证公平竞争,促使人类不断战胜自我,向更高、更快、更强的方向发展。但对于借用竞技运动手段进行健身娱乐的学校体育而言,过分追求运动技术的细节完善、体系完整,则会使学校体育教学陷入制度化、唯技术化的误区,失却人的主体价值,正所谓"样样都学,样样都学不会、学不精",学生不仅没有掌握体育技能,也未能从体育教学中获得健身和娱乐的自然功效。因此说我们并不反对体育的制度和规则,而只是反对体育教学的制度化倾向和工具主义倾向。

随着人的主体性的复苏以及对人文主义精神的弘扬,学校体育开始关注学生的主体地位,更加重视对体育自然资源的开发与利用;特别是体育与健康课程改革所倡导的以学生发展为中心,注重学生的学习兴趣、爱好和个性发展,促使学生自觉积极地进行体育锻炼,以全面发展体能,提高运动技能水平,培养积极的自我价值,为终身体育奠定基础,这些观点在某种意义上是自然主义体育的复兴,但其内容更为丰富,因为不仅关注生态的自然,还关注学生身心发展的自然、社会化的自然、体育技能学习的自然,新课程对体育教学场域中人的主体地位的重视,促成了体育自然精神的回归(图5-1)。

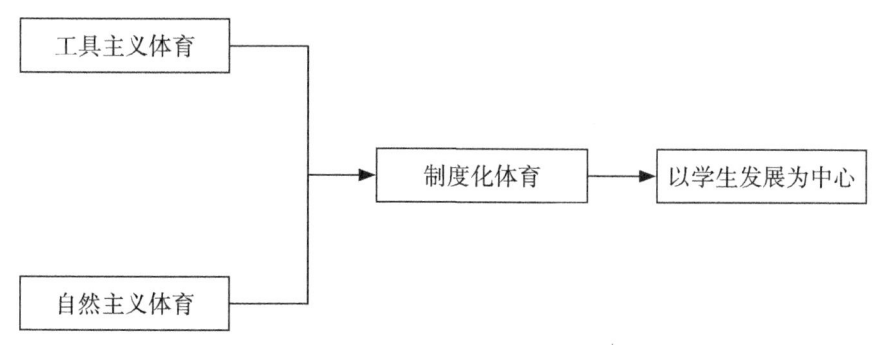

图5-1 自然体育从原初形态走向新课程的复兴

二、享受乐趣、增强体质是体育教学的自然目标

习近平总书记2018年在全国教育大会上明确指出，"学校体育要帮助学生在体育锻炼中享受乐趣，增强体质，健全人格，锤炼意志"。这个观点精辟地反映了新时代学校体育教学的自然目标。

体育本质上是一种健身娱乐，所以首先要让学生通过体育获得乐趣。但是体育的乐趣并不是肤浅的乐趣，可能要通过体力的付出、艰苦的奋斗、共同的拼搏、团队的合作才能获得。唯有经过拼搏奋斗得来的乐趣，才更显得弥足珍贵，也才能让学生回味持久。所以体育的乐趣，有别于学生生活中的其他乐趣，这种乐趣让学生记忆深刻，有些甚至伴随学生终生。体育乐趣使学生经受磨炼、收获友谊、形成终生爱好。这种乐趣构成了学生完整而多样的生活，使学生的人生更加丰富多彩。因此体育教学应当把享受体育乐趣、培养体育兴趣作为首要目标。

体育最基础的功能是强身健体，家长和社会公众对体育课的基本认识也是"锻炼身体"。所以增强体质是体育教学的重要目标。如果不能通过体育教学获得体质的增强，家长和学校就会质疑体育教学的作用：体育课是怎么上的？体育教师是怎么教的？当然我们知道体质增强有多方面的因素，比如遗传的因素、营养的因素、学生日常活动的因素、学生课业负担是否过重、学生课余锻炼时间是否有保障等因素，体育教师也会无奈地解释：增强体质不是我一个人能够做到的。但是不管如何解释，不能通过体育教学增强体质，体育教师和体育教学依然难辞其咎。因此体育教师必须利用每节体育课的时间进行课课练，体育课不能是滔滔不绝的说教，运动密度至少要达到60%以上，学生才能有足够的时间锻炼身体，消化本课所学内容。体育教师不能因为各种体质影响因素而推卸责任，而要将增强体质落实到每一节体育课中，才能为实现体质健康目标做出有益的贡献。

健全人格也是人们对体育教学的殷切期望。人格包括人的性格、品格等方面。人的性格、品格是多方面的，但对于同一个体又相对稳定。在日常生活环境里学生会隐藏自己的性格或品格的缺陷，而不利于学生的向善和健康成长。但在体育教学和体育竞赛游戏的场合，学生会激情迸发，投入到游戏竞赛场景中去，因此自我的性格和品格会展露在众人面前。周围的学生和老师会对这个"自我"有更加全面的认识。通过体育教学和游戏竞赛活动，老师和学生会构

成一个"集体",通过"集体"对"自我"进行及时的反馈和校正。"自我"人格中的缺陷成分必须适时改正,否则就会遭到"集体"的抵制和抗议,这种抵制和抗议可能是有形的,也可能是无声的,但"自我"很快就会意识到这种抗议。如果想继续参与教学和游戏竞赛,继续享受体育活动的乐趣,就应当融入"集体",就应当接受"集体"的抗议,改正自我的不良行为。从这个意义上说,体育教学对学生健全人格起到了不可替代的积极作用。

人的意志是指克服困难达到目标的一种品质和能力。体育活动能够锻炼学生的意志品质,使人更加坚韧顽强,这已经得到公众认可,无需再花笔墨证明。我们关心的是如何通过体育教学来锤炼学生的意志,这就需要在体育教学中设置锻炼意志品质的情境和场景,这也是前文所说的,体育运动的乐趣不是肤浅的,而是要克服一定的困难。事非经过不知难,只有让学生经历适度的困难,学生才会知道生活的不易、道路的艰难。但在日常生活中家长把各种困难都预计和解决了,学生很少有经历困难磨炼的机会,因此在体育教学环境中设置适度的困难,对锤炼学生的意志就显得尤其宝贵。其实,体育教师也不必刻意去设置复杂的场景,只需要针对学生现实状况,给学生定一个略高于现实状况的目标,学生要追求这样的目标,他的意志品质就要面临适度的挑战和磨炼了。因此体育教学环境中,处处都有锤炼意志品质的场景。作为体育教师要适时抓住这样的机会,及时帮助学生锤炼意志、提高能力。

基于体育教学的自然功能,结合社会对体育教学的期待,可以看出体育教学首要的目标是着眼于学生的健康发展,这一点不能动摇。近20年的学生体质健康状况调查表明,学生的体质连年下降,其原因是多方面的,缺乏运动是重要原因之一。由于应试教育的压力,学生在校期间的运动时间明显不足,有调查表明,学生的体质健康状况是随着年级的增长而逐年下降,以男生的身高标准体重指标为例,小学一年级优秀率为40.39%,小学五年级优秀率为33.07%,初中一年级优秀率降为31.39%。可见,几乎每升高几个年级,优秀率、良好率等标准便出现明显滑坡。再以肺活量、体重指数为例,小学五年级男生的优秀率为25.15%,初中一年级的优秀率降为20.4%,而高中一年级男生的优秀率则降到18.97%[1]。究其原因,在于越是高年级,应试的压力越大,用于锻炼身体的时间就越少。按照教育部的统一要求,小学一二年级每周4节体育课,三至六年级和初中每周3节体育课,高中每周两节体育课。本来年级越高,体育课的课时就已经相应减少,再加上年级越高,升学压力越大,尤其是到了升学阶段,

---

[1] 傲腾,赵婀娜.学生体质滑坡该怨谁[N].人民日报,2005-10-12-011.

为了提高学校的升学率,"不那么重要"的体育课往往就被其他更为"重要"的科目占用,而体育课也就成了"说起来重要,忙起来不要"的课程。

因而对于在校学生而言,保证其正常的体育活动时间是促进其健康成长的重要条件。学生在校期间的体育活动时间有两大块,一是体育课堂教学的时间,二是课外活动时间,课外活动的时间有赖于学校减少理论课教学的课时,比如说下午只排两节课,这在20世纪80年代及以前的学校中是普遍现象,学生下午两节课后可以自由的活动,但现在这成了美好的回忆。如今大多数学校下午都是4节课,学生下课后匆忙回家吃饭,饭后再赶去上晚自习,根本没有时间开展什么课外体育活动,很自然地,近视率居高不下、体质逐年下降成为一种必然的结果。然而在当前升学及就业机会均不足的情况下,要各个学校减少课时,恐怕也不是体育教师所能决定的,体育教师所能做的就是把握住体育课堂教学的时间。

体育课着眼于学生的健康发展,就是要充分利用体育课堂教学的时间,传授给学生体育健身的方法、技能,并适时的组织学生开展身体练习活动。而并非坐而论道,把有限的体育课时用于所谓健康知识与理论的教学,向学生灌输诸如健康的重要性、营养对健康的作用等浅显的生活常识。体育课还是应以室外课为主,体育学习只有在身体练习活动过程中才能有效地掌握技能、方法,进而锻炼身体。当然,如果遇上阴雨天,不能在室外从事身体练习与体育学习活动,在室内适当讲些健康知识也未尝不可,但这绝非体育课的主业,体育课着眼于学生的健康,还是遵循"运动促进健康"的道路走,才是自然而适切的。

三、传递健身和娱乐方法是体育教学的自然价值

体育教学之所以成为一种教学活动,因为它包含有知识传递的因素。体育教学传递什么样的知识呢?当然是体育知识。什么样的知识才算是体育知识呢?体育知识集中表现为体育的技能与方法。体育的技能与方法,既是体育知识的载体,也是体育知识的表现形式。有的学生热衷于球星逸事、球队趣闻、赛事点滴,似乎体育知识很渊博。严格来说,这些知识并不能算是体育知识,而只是娱乐知识、花边新闻。真正的体育知识,只能是体育的技能与方法,也即所谓的"操作性知识"[1]。体育教学的主要任务,是围绕健康第一的指导思

---

[1] 张洪潭.体育基本理论研究[M].桂林:广西师范大学出版社,2004:190.

想,向学生传递体育健身的技能与方法,这是体育教学的应然,也是体育教学的实质性的内容。

这里有必要对技能与方法的概念作一辨析。《现代汉语词典》中解释,方法是解决问题的办法、程序等,技能是掌握和运用专门技术的能力。有研究者认为,运动技能只反映了运动技术的掌握程度,因而技能并不是可以学习或接受的东西[②]。本文中的运动技能沿用《体育与健康课程标准》的定义:运动技能是指在体育运动中有效完成专门动作的能力。因此可以通过教学活动来培养、提高、发展运动技能,运动技能可以成为学习与掌握的对象。从方法的定义看,方法的外延要大于技能,运动技能是某种意义上的一种体育方法,体育方法集中表现为运动技能,但体育方法不仅包含运动技能、健身方法,还包括体育休闲娱乐的方法,健身与娱乐从来就是体育的两大自然功能,只不过在人们体质羸弱的年代,过分强调体育的健身功能而忽视了它的娱乐功能,现在随着社会的发展、生活水平的提高、医疗技术的进步以及体质健康状况的改善,体育的娱乐功能也越来越凸显。不管是运动技能、体育健身方法还是体育娱乐方法,都有其统一性,运动技能可以作为健身的方法,也可以作为体育娱乐的方法,因此,我们均将其称为体育方法。

《体育与健康课程标准》明确要求学生要通过体育与健康课程的学习,获得和应用运动知识和技能,形成一定的运动爱好与专长,为终身体育奠定良好的基础。课程标准专门设立了运动技能学习领域,学习运动技能是实现其他领域学习目标的主要手段之一。可以说《课程标准》所确立的五个学习领域,都是通过运动技能的学习与掌握来实现的。没有运动技能的学习,也就谈不上运动参与,没有运动技能的学习过程及参与身体练习的过程,也就无法实现身体健康、心理健康及社会适应的目标。

什么样的体育方法是适当的?是不是球类项目就一定适合学生练习?在这个问题上新的体育与健康课程体现出了高度的灵活性,体育学习内容呈现出越来越强的多样性和选择性。《体育与健康课程标准》规定,根据学生的需求和爱好加大运动技能学习的自主选择性。高中学生可以根据自己的条件和爱好在学校确定的范围内选择运动项目作为学习内容,以形成运动爱好和专长,满足学生个性化学习和发展的需要。现在人们越来越认识到,每一个人都有其自身的潜能,虽然在某一个领域是个白痴,但很有可能是另外一个领域的天才,比如某人数学考试成绩为0分。但语文是满分,最终被某名牌高校录取(如吴晗被

---

①张洪潭.技术健身教学论[M].上海:华东师范大学出版社,2000:36.

北京大学录取，钱锺书被清华大学录取）。上帝是公平的，他给了某人一个缺憾，一定会在另外一个方面给予补偿，比如说盲人的听觉极其敏锐。同样的道理，学生的运动潜能也是各不相同的，有的学生具有田径天赋，有的学生球感特别好，有的学生协调性好，适合练习体操或舞蹈，面对多种多样的体育技能与方法，究竟哪一种是适当的体育方法呢？可以用一句话概括：适合自己的就是最恰当的。所以现在有些学校开展体育"三自主"的改革措施（自主选择体育老师、自主选择体育项目、自主选择上课时间）[①]，正是顺应了学生天性自然发展的规律。

20世纪初在杜威教育理论影响下形成的美国"新体育"课程运动以及奥地利高尔霍费尔的自然体育课程，就是一种以学生作为课程主要依据，同时兼顾学科内容体系和社会需要的课程体系[②]。这种课程目标体系的优点主要有：学生的学习是建立在学生的需要、兴趣、能力和经验的基础上，因而能够促进学生个性化地学习和发展；学生具有比较强烈的内在学习动机；学习的重点是发展个人的潜力、兴趣和运用知识的实际技能。

体育课要贯彻健康第一的指导思想，而学生的体育锻炼行为又是极具个性化的，不同的学生可能钟情于不同的体育方法手段，而体育方法手段又是多样化的，因此，教师向学生传递什么样的体育方法，最好要让学生自己来选择。所以新的体育与健康课程在高中阶段开设基于学生兴趣的选项课，让学生自己选择学习内容，是体育课程改革的一大进步。兴趣是最好的老师，基于兴趣的学习才会有动力。对于小学生而言，还缺乏自主选择的能力，因此，应以培养学生的体育兴趣为主，着重让学生体验参加体育活动的乐趣。初高中阶段，就应该逐步加大体育学习内容的可选择性，教师应该根据学校和学生的实际情况，选择有关的运动技能进行教学，从而避免不管学校有无条件、学生有无学习兴趣而机械地执行统一教学大纲的做法[③]。同时围绕学生健康及非智力因素发展的相关内容，结合学校自身条件所能开设的相关项目，逐步引导学生的体育兴趣，组织中学生进行身体活动与练习。

[①] 赵媛媛.教育部要求高校体育课三自主［EB/OL］.［2005-05-13］.http://www.china.com.cn/
[②] 季浏.普通高中体育与健康课程标准（实验）解读［M］.武汉：湖北教育出版社，2004：68.
[③] 季浏.体育与健康课程标准（实验）解读［M］.武汉：湖北教育出版社，2004：13.

四、建立课堂常规是学生体育社会化的自然起点

人接受教育的过程，其实也是人的社会化的过程。人从自然界中走出来，形成了社会与群体，必然形成各种各样的社会关系。人在顺应自身生长发育的规律的前提下，还必须适应社会发展的规律，所以教育不能完全顺应人的"天性"自然，或者说不仅仅要顺应"天性的自然"，还应该有"人为"的因素来调节，从而顺应"社会发展的自然"。造就适应社会发展的自然的人的过程，应该既追求天性的自由发展，又追求人性的约束教化，而教育的自然目标是促使这两者的和谐与统一。

工具主义体育观所遗留下来的队列队形操练，并非不可以应用到小学生体育社会化的自然过程中。没有规矩不成方圆。小学新生初入校门，最重要的一课就是学会适应新的生活环境、遵守纪律，以便更好地融入集体，融入社会性的环境。这是他走向人生社会化的第一步，将为他一生的学习与适应社会，奠定良好的基础。而小学体育课是在开放的环境里进行的，对学生的组织纪律性要求更高，更有利于培养学生遵守集体规范、学会集体协作精神，因而小学新生体育课，最初的教学内容应该是熟悉体育课堂秩序以及自己在集体中的位置，进行基本的队列队形练习，在此基础上，再进行游戏及简单的动作技能学习，从而渐渐适应与同伴和环境的交流，开始其逐步社会化的历程。

五、体教融合是体育教学回归自然的有效途径

2020年4月，中央全面深化改革委员会审议通过了《关于深化体教融合促进青少年健康发展的意见》。2020年10月，中共中央办公厅、国务院办公厅印发了《关于全面加强和改进新时代学校体育工作的意见》。学校体育教学改革的新一轮浪潮已经来临，"体教融合"是学校体育领域新的理念革新，对推动学校体育改革、促进青少年健康成长具有重要作用。

《关于深化体教融合促进青少年健康发展的意见》，从八个方面采取措施，把体育锻炼更好地融入教育环节。在加强学校体育工作方面，强调树立健康第一的教育理念，开齐开足体育课，丰富课余训练、竞赛活动，通过政府购买服务等形式支持社会力量进入学校，加强青少年学生军训。支持大中小学校

建设学校代表队，参加区域内乃至全国联赛。支持成立青少年体育俱乐部。教育部、国家体育总局共同制定学校体育标准，将体育科目纳入初、高中学业水平考试范围，纳入中考计分科目，科学确定并逐步提高分值。加快体育高等院校建设，在体育高等院校建立足球、篮球、排球学院，丰富完善体育教育体系建设。

在完善青少年体育赛事体系方面，提出义务教育、高中和大学阶段学生体育赛事由教育、体育部门共同组织。职业化的青少年体育赛事由各单项协会主办、教育部学生体协配合。教育、体育部门整合各类青少年体育赛事，建立分学段、跨区域的赛事体系。合并全国青年运动会和全国学生运动会，改称全国学生（青年）运动会。教育、体育部门为在校学生的运动水平等级认证制定统一标准并共同评定。对参加世界大学生运动会等项目运动员的成绩纳入体育、教育部门双方奖励评估机制。

在大力培养体育教师和教练员队伍方面，制定体育系统教师、教练员到中小学校任教制度和中小学校文化课教师到体校任教制度。畅通优秀退役运动员、教练员进入学校兼任、担任体育教师的渠道。选派优秀体育教师参加各种体育运动项目技能培训等。

在加强组织实施方面，成立青少年体育工作部际联席会议制度。由国务院办公厅、教育部、国家体育总局牵头，中央宣传部等多部门参与，建立联合督导机制，对体教融合执行情况定期检查评估。

以上举措都有力表明，深化体教融合，推动青少年健康发展，是新一轮学校体育教学改革的主要路径，它对于整合全社会力量，调动各方面积极因素，培养具有健康体质、健全人格、坚韧意志的社会主义新时代建设者和接班人，具有重要的现实意义。

我国传统文化的厚重为当代自然体育精神奠定了扎实的根基，如老子的自然体育思想，养生贵柔，抱朴自然；西方的自然体育思想则为当代自然体育精神提供了丰富的养分，强调运动健身，注重适应自然的体育运动，通过运动获得健康和快乐。本文所述的当代自然体育精神，在继承老子自然体育观的基础上，借鉴西方运动竞技的方法，帮助学生养生、健身，尊重学生主体地位与天性发展，试图达到促进学生身心健康发展的目的。

当代的自然体育精神，在体育与健康新课程中有诸多体现，如关注体育自然资源的开发与利用，重视学生的学习兴趣、爱好和个性发展，培养积极的自我价值感，等等。正是在这个意义上，我们说体育与健康新课程是对传统自然主义体育思想的一种回归；但当代的体育与健康新课程，并不是旧思想的恢复,而是在继承优良传统的基础上,又体现出了课程的时代性,拓展并丰富了自然体育的内容,是在旧思想基础上形成新精神的一种蜕变。尽管在实践操作层面仍有许多道路要走,但我们仍然可以说,新课程对体育教学场域中人的主体地位的重视,促成了体育自然精神的回归与复兴。

第六章　应对自然：体育教学技能培养

一、技能培养是体育教学的自然样态

体育课堂教学，与其他学科教学的共性在于：注重知识与技能的传授。但体育课堂教学的独特性在于，它所传授的知识，属于一种操作性知识，而且这种操作性知识应该有助于学生身心健康，特别是身体健康。因此，无论体育课堂教学内容是知识或者技能，体育课堂总是偏重体育技能与方法的掌握以及学生身体素质的提高，家长和社会对体育教师的评价也倾向于"你能教会孩子什么？""你能帮助孩子锻炼身体吗？"。

所以，体育技能与方法的教学训练，是体育课堂最自然的样态。无论是中小学体育课，还是大学体育课，体育技能与方法的学习，体育技能与方法的教学，都是体育课的常态。它是体育教学的自然样态。脱离这个自然样态，体育课就会受到质疑，体育教师也会受到质疑。因此，体育教学必须以传授体育技能与方法作为抓手，万变不离其宗，这个根本抓手不能放，放了就不能成为体育教学，就不是体育教学的自然样态了。让学生掌握1~2项体育技能和方法，这是体育教学最基本的目标，这个目标不能实现，其他意志品质目标、身体健康目标也就无从谈起。

但是，体育技能和方法的传授，不是苦口婆心的说教，不是枯燥乏味的死教，而是生动活泼、教与练相结合，三分教七分练，让学生通过游戏竞赛等练习形式，在欢乐愉快、充满乐趣的情境中，逐渐理解并掌握体育技能方法。

对于培养体育教师的体育教育专业体育课，体育教学技能与方法的训练，则是体育教育专业学生的主要学习内容，为未来的体育教师职业做好准备。

对于体育教育专业学生以及新入职的体育教师而言，体育教学技能培养是多方面的，包括体育备课技能、体育说课技能、模拟授课技能、体育课堂评价技能、体育课堂组织调控技能等多方面，许多内容在《体育教学论》《学校体育学》《体育教材教法》等著作中也有比较完整的表述。

本文主要针对体育专业师范生培养以及体育新教师入职所必需的几个方面技能，包括体育教学设计技能、体育教学评价技能、体育游戏技能、体育说课技能进行简要梳理分析，为体育教育专业学生以及新入职体育教师教学技能的训练与培养，提供有益的借鉴和参考。

二、体育教学设计技能培养

体育教学设计技能，是体育教育专业学生以及新入职体育教师的必备能力，它对于上好体育课并成长为合格体育教师具有重要的奠基作用。

体育教学设计技能要兼顾体育教学的方方面面，在教学设计环节考虑得越周全，教师上课时就越自信、越轻松。所以很多参加省市甚至国家级体育教学基本功大赛的年轻教师都说，基本功大赛就考你的教学设计能力和临场应变能力，教学设计越周到越熟练，临场就越自信越完美。

体育教学设计包括教学理念设计、教学目标设计、教学内容设计、教学方法设计、教学过程设计、场地器材设计等多个方面。

教学理念设计是本课所要遵循的基本思想，课堂教学和设计过程中始终贯穿这条主线，使整个教学设计过程完整统一、前后呼应。

教学目标设计是本课所要达到的主要结果和期望。一节课的教学目标设计应当简明扼要、清晰可行，要考虑一节课的承受能力，要让大部分学生稍作努力就能达到，不能过于宏大和完美。

教学内容设计就是考虑谋划本节课所要教学的内容。教学内容要遵循教学目标需要，做到目标统领内容，根据教学目标选择恰当教学内容，内容宜简不宜繁，难度适中不宜高。

教学方法设计是对本节课所要采取的教学方法做统筹安排。教学方法应该根据教学内容做恰当选择，方法没有好坏之分，只看是否适合教学内容，适合的方法就是好方法。

教学过程设计是对本节体育课的教学过程进行规划，从开始部分、准备部分、基本部分、结束部分，统筹考虑，合理安排，将体育教学内容、体育教学目标合理分解到各个过程和环节中去，各个过程采取何种教学方法和练习手段、大致需要多少时间也要统筹考虑。因此教学过程设计是个综合复杂的系统工程，需要经常模拟训练才能不断提高完善。

场地器材设计是对本节课所要使用的场地和器材进行预先的布置和安排，既要满足教学需要，又不能过于花哨，分散学生注意力，冲淡教学主题。所以场地器材布置要量力而行，不宜太复杂，一切以满足教学需要为中心。

下面列举几个体育教学设计案例，供新入职体育教师和广大体育教育专业学生参考学习。体育师范生和新入职体育教师参考范例进行模拟设计，多加演练，体育教学设计能力就会逐步提高。

体育教学设计案例：

大家一起踢足球

水平一：二年级《足球：双脚交替踩球和游戏》教学设计（第2课时）

【设计理念】

坚持课标理念和"健康第一"指导思想，从二年级学生身心发展规律出发，以"球员"和"教练"情境诱导课堂，设计多种游戏激发学生足球学练的乐趣，充分发挥师生的双主体作用，提高学生的观察、想象、审美和合作能力，使学生在愉悦、轻松的氛围中积极思考、快乐合作。

【教材分析】

以省编《科学的预设 艺术的生成》教师备课用书二年级足球单元中"双脚交替踩球"第2课时为参照内容。学生已有初次接触足球的经历，为本课学习打下了基础。本课着重体验触球部位和动作协调发力，能在游戏中运用。根据前次课的学习情况，本课任务能基本完成。需要教师继续营造有趣的氛围，让学生在自主体验、合作学练中，练得轻松、练有收获。

【学情分析】

二年级学生可爱活泼，接受能力强，敢于表现自我，想象力丰富，兴趣易激发，但自控力不够，运动能力需要加强。足球双脚交替踩球需要一定的控球能力和平衡协调能力，教师既要利用学生的兴奋点和生活常识，还要考虑内容设计的新颖性和实效性，通过情境创设、游戏活动、音乐氛围等，引导学生自主体验，了解并掌握正确的踩球动作、协调发力等方法，鼓励学生又快又好地完成该动作。

【学习目标】

1. 能记住双脚交替踩球动作名称。
2. 85%学生能做出用前脚掌熟练踩球动作，15%学生能基本学会踩球动作。
3. 乐于自主和合作练习，善于合作学习，有不怕吃苦和团队精神。

【教学重、难点】

1. 踩球的触球部位。
2. 动作协调连贯。

【教学过程】

一、准备部分

1. 课前：

（1）教师布置场地，准备好足球、标志垫、音响等。

（2）教师了解学生身体、心理情况，安排见习生。

2. 体委整队，"点到"小游戏，介绍学校"铁军少年足球队"，知道学习内容。

3. 认识身体各部位。用足球和自己身体部位"问好"，如头头头、肩肩肩、脚脚脚……（1分钟）

4. "点兵点将点足球"：在音乐中自由跑动，通过师生互动"快乐足球碰一碰—老师老师碰哪里—额头去碰球"，学生迅速随机找到身边的足球进行"碰一碰"游戏，从原地过渡到行进间。（3分钟）

5. "照镜子"（单人顺时针、逆时针跑，右脚左脚点一点，两人串门双脚跳、单脚跳、螃蟹步、后踢腿跑，四人一字跑）。（3分钟）

6. 足球操：边听音乐边用语言引导学生学做足球操。（3分钟）

【设计意图：课前慎思，准备严谨。用学校"铁军少年足球队"引导课堂内容；通过点到问好，集中调动学生注意力，振奋课堂精神，随之组织学生利用足球认识身体部位；碰一碰游戏中大声说出部位名称，加强了二年级学生的生活认知，调动学生学习积极性；在活泼欢乐的音乐中，师生玩"照镜子"，不同方式的行进间跑动加上点球踩球，既有趣热身，又熟悉球性；紧接着足球操，朗朗上口的童谣亲切可爱，清晰有力的动作简明易懂，提高学生们的球感。】

二、基本部分

（一）足球：双脚交替踩球

1. "你觉得应该怎么踩？"让学生发挥想象，自玩自练。（3分钟）
2. 认识脚的部位，确定脚踩球的点，知道踩球的作用。（2分钟）

问题：

（1）你觉得踩球的部位在哪里？

（2）踩球在足球比赛里起到什么样的作用？

3. 教师示范，学生跟练（口诀动作同步，由慢到快，由站立式到小跳式）。（5分钟）

口诀：脚前掌，轻轻踩，小足球，正上方。

4. 请学生展示动作，说体会。
5. 组织合作练习。（13分钟）

（1）一人脚夹球，另一人踩球练习，每人20次交替。

（2）慢跑串门踩球。

（3）小组间接龙踩球。

（二）游戏：你追我赶

1. 小小守门员：两人一组，一人抛地滚球，一人接球；一人踢地滚球，一人接球，看看谁能将足球门守好。（3分钟）

2. 你追我赶攻与防："开大脚"将足球踢出去，然后快速追球，看谁的球踢得高、踢得远。（4分钟）

【设计意图：层层推进，让课更有设计感。先让学生通过观察踩球动作，学会思考，了解踩球的作用，奠定学习的基础。随口诀多次边念边练，帮助学生牢记动作要点，积极体验。由单人过渡到双人，原地过渡到行进，循序渐进，与同伴积极进行双人配合、小组配合，促进学生团结协作，互相帮助。在一定时间的练习后，使用激励性的语言，鼓励学生释放天性，大胆尝试"开大脚"踢球，在欢乐的气氛中攻守结合，激活课堂氛围，在游戏中结合跑、跳等动作关注学生运动负荷调控。】

三、结束部分

1. 课课练体能：八字环绕腿绕球、手撑绕球、山羊顶。（2分钟）
2. 随音乐放松身心，拉伸身体各部位。

3. 课堂小结，自我评价，互相评价。
4. 布置课后作业，师生再见，回收器材。

【设计意图：注重身体各个部分的练习，所以在课课练中注重学生的上肢力量发展。引导学生养成放松习惯，随音乐带学领做放松练习；鼓励学生谈本课收获，对自己、同伴和老师有恰当的评价，鼓励同学们努力向真正的球员靠近，向梦想出发！】

四、场地、运动负荷等

1. 场地器材：足球场一块，四色垫每人一只，足球每人一个，音响一台。
2. 运动负荷预计：练习密度55%~70%，平均心率110~125次/分。
3. 资料参考：江苏省小学体育教师备课用书——二年级《科学的预设 艺术的生成》。

五、课后小结

（一）亮点之处

1. **课前突围：足球教学游戏化**

足球是我校体育特色项目，"铁军少年足球队"很有影响力。各梯队小球员们都是从各年级经过多轮选拔脱颖而出的优秀学生。经常看到低年级的孩子们会趴在走廊上观看足球队的训练，通过了解也得知许多普通学生对足球项目非常感兴趣。那如何普及足球运动，让普通学生也能玩转足球，享乐足球？于是，我翻阅了备课用书，从二年级最基础的足球单元教材开始，第一次课先让孩子们熟悉球性，学会和小足球做朋友，课堂纪律明确，学做小球员。学生很感兴趣，就此铺垫，有了这节课。就示范课内容的完善在课前向各位前辈老师讨教学习，做了深入的研讨：

（1）针对普通学生如何规范足球使用的纪律和要求做到心中有数。

（2）学生在之前并没有对足球有太多的了解和接触，班级中有个别校足球队队员，怎样通过球员来推动课堂内容的开展。

（3）双人练习巧妙解决课的重难点，促进学生之间互相纠错，互相帮助。

（4）请师傅和教研组团队对教案设计进行把脉和质疑。

①让学生自己寻找踩球的各种方法，自我感知。

②"照镜子、串门、接龙"等方法以教师示范为主，体现精讲多练，

教师巡回指导，控制学练的节奏和参与度。

③素质游戏设计好，对上肢力量体能的量和强度合理安排。

2. 课中突围：关注学生真实体验

（1）情境丰富教材：以校"铁军少年足球队"荣获"双冠"为契机，鼓动学生争当小球员，听从"教练"的要求和指示，让踩球学习练得更有技术、更有自信、更有意义。

（2）问题引发思考：带问题看示范，引发学生会思考、会体验。

（3）教具发挥妙用：四色小垫子既能帮助学生找准位置，又能规范课堂秩序。课中"教练"发现活的小教具——校队小球员的"鞋子"，借机引发发现触球部位，同时调动学习积极性。

（4）观察发现方法：通过学生示范、"鞋子"认知等方法引导学生发现正确的方法进行双脚交替踩球，提高自主学习的动力。

（5）合作评价结合：鼓励学生自我、生生、师生多样评价，及时点评、指导，加强和学生之间心与心的沟通，以学生为主体，双人合作、串门等练习提高学生的自信和合作能力，突显育人作用。

（6）游戏体验趣味："开大脚"踢高球、踢远球，让学生释放天性，将课堂氛围推向高潮，学生玩得开心，提高了对足球的兴趣。

3. 课后反思：关注师生相长

（1）学生感受快乐。整节课中学生始终洋溢着快乐的笑脸，课程结束时，即使在严冬这样的天气，孩子们气喘吁吁，脸上的汗滴也清晰可见。从动作、声音等方面总体表现出课堂规范纪律性好，学习热情度高。

（2）教师体验幸福。在之前的个别班级试课时总是感觉课程语言组织和教学手段不够精准熟练，课堂把控不强。几次调整后在此次课堂从学生角度出发，把握孩子们的表情、动作、表现，把自己真正融入课堂，教学目标达成度高。

（二）不足之处

1. 语言还不够生动贴切学情，评价还不够及时有效。

2. 给学生练的时间还较少，运动强度可以再大一些。

3. 在"山羊顶"素质练习中安全问题不够重视，学生有可能会发生碰撞。

（资料来源：江苏盐城俞向阳名师工作室）

体育实践课教案示例：

表6-1 小学足球技术课教案（水平三，第5学时）

教学内容	1. 运球：运球突破		教学重点	运球突破的时机把握
	2. 赛一赛：三对三运球过线		教学难点	动作的衔接
学习目标	1. 通过复习运球突破，了解该技术在比赛中的运用 2. 大多数学生能够在教学比赛中做出运球突破的动作 3. 提高学生在运球练习中的兴趣和积极性			

过程	教学内容	教学活动	组织形式及要求	练习时间与强度	个性设计
开始部分	课堂常规	1. 指导体育班委整队 2. 师生问好，提出课堂教学内容、目标与要求 3. 检查服装，安排见习生	组织：四列横队 要求：快、静、齐	3分钟 小	
准备部分	1. 找朋友 2. 行进间足球操	1. 跑跳步听信号进行找朋友游戏 2. 教师讲解、示范足球行进间徒手操	组织：同上 要求：积极练习、动作舒展	5分钟 小–中	
基本部分	1. 运球：运球突破	运球假动作突破动作要领：运球假动作突破是运球队员利用腿部、上体和头部虚晃，伴做运球动作迷惑对手，使其产生错误判断而做出抢球动作，当其一侧露出空隙时，立即运球突破 1. 组织学生复习运球突破的动作	组织：	15分钟 中–大	

(续表)

过程	教学内容	教学活动	组织形式及要求	练习时间与强度	个性设计
基本部分	2.赛一赛：三对三运球过线	2. 组织学生分组一对一运球突破。 3. 组织学生二对二进行练习，提醒学生传球和过人时机的把握 4. 赛一赛：组织学生做三对三运球过线的练习 5. 在比赛中提醒学生传球和过人时机的把握		10分钟 大-中	
	3.课课练	6. 素质练习： 加速跑50米×4组	组织：分成人数相等的四组，四路纵队站立，每四人为一组听信号起跑	4分钟 大	
结束部分	自评互评	1.组织学生愉快放松 2. 与学生共同小结本节课的学练情况 3. 课后作业：持轻物做各种肩关节活动8拍×3~4次 4. 收还器材 5. 与学生道别	1. 跟随教师积极放松 2. 积极参与交流，自我评价本课表现 3. 归还器材 4. 与教师道别	3分钟 小	
场地	小足球场					
器材	足球60个、标志盘若干					
运动负荷	练习密度：30%~35% 平均心率：约120次/分 心率指数：1.3~1.4					
资料参考	《科学的预设 艺术的生成》					
教学后记						

（资料来源：江苏盐城俞向阳名师工作室）

体育理论课教案示例：

表6-2　小学足球理论课教案（水平三，第　学时）

教学内容	1. 足球讲堂：足球训练的安全与防范 2. 游戏：吹鸡毛	教学重点	了解足球训练的安全与防范
		教学难点	实践中安全防范的能力
学习目标	1. 培养学生对足球运动的兴趣，为实践课做好充分的身体和心理准备 2. 使同学了解足球训练的安全与防范		

教学设计：

● 授课思路简述：

课前准备：

　　教师准备：收集资料，了解所授班级学生情况，准备好教案等文字材料。

　　学生准备：收集足球有关资料。

　　课程导入：通过设置问题：足球比赛中你受过伤吗？

　　师生活动安排：

　　一、足球训练的安全与防范

　　1. 足球运动损伤发生的主要原因

　　足球运动损伤的发生，总结起来有以下几方面原因：（1）激烈比赛致伤。比赛时紧张地争夺、疾跑与铲球，易发生大腿与小腿的肌肉拉伤与断裂；突然改变体位，小腿的突然扭转、内收或外展，可以引起膝、踝关节的韧带及骨的损伤。

　　（2）因球的间接作用致伤。这种损伤多见于下肢。例如，用脚外侧踢球，就容易损伤距腓前韧带，这是最常见的踝关节损伤。

　　（3）球击伤。例如面部的擦伤、挫伤、腹部挫伤（肝脾破裂、胃肠道挫伤）、阴囊及睾丸损伤等。但最典型而常见的损伤是守门员的手指损伤，如拇指、食指或其他手指的韧带牵扯与关节半脱位

　　（4）比赛时大小腿部常常被对方球靴、膝及小腿踢撞，引起肌肉挫伤、皮下血肿、肌肉断裂（最常见的是股四头肌的损伤）以及骨的损伤（如胫骨骨折，或胫骨创伤性骨膜炎）等。

　　（5）摔倒。在运动员争球、冲撞、或疾跑时很易摔倒，因此，发生创伤机会多，场地不平时尤易发生。常见的如擦伤、创伤性滑囊炎（膝及肘）、髌骨骨折、脊柱骨折、脑出血、脑震荡等。在塑料草坪上摔倒还会产生热烧伤。

　　（6）其他除上述情况外，足球运动员又常因劳损发生慢性创伤，如踝关节创伤骨关节病（又名"足球踝"，其成因之一是局部劳损，X线拍片表现为踝关节前后骨质增生），趾骨炎及髌骨软骨病。

(续表)

2. 预防损伤的主要方法

（1）热身运动：走、踏步、分并跳、伸展等，尽量将身体各关节活动开。

（2）护腕、护膝、护踝等是必要的。

（3）10%增加的原则，一周内不要增加频率、强度、持续时间过10%，循序渐进。

（4）保持有氧运动和无氧运动的锻炼均衡。同时参加一些力量和柔韧练习防止受伤。

（5）身体需要时间去恢复，锻炼但不使身体受伤。

（6）运动前不要空腹，运动的前中后要饮足够的水。

（7）参加不同的训练，如交叉训练锻炼不同的肌肉群。

（8）应学会摔倒时的各种自我保护方法，如落地时用适当的滚翻动作以缓冲外力等。

3. 常见足球运动损伤

（1）肌肉韧带拉伤，指肌纤维撕裂而致的损伤。

内因：训练水平不够、柔韧、力量、协调性差，生理结构不佳。

外因：准备活动不充分、场地、气温、湿度。主要由于运动过度或热身不足造成。

处理：24小时前为急性期，停止运动，并在痛点敷上冰块或冷毛巾，保持30分钟，以使小血管收缩，减少局部充血、水肿。切忌搓揉及热敷；24小时后为恢复期，配合按摩、微动、康复或恢复性锻炼。

（2）关节扭伤。

内因：技术掌握不好、协调性差，关节周围肌肉力量小、生理结构不佳、疲劳产生体力差。

外因：准备活动不够、场地滑。

预防：准备活动充分、了解场地。

处理：伤踝关节、膝关节、腕关节扭伤时，将扭伤部位垫高，先冷敷2～3天后再热敷。如扭伤部位肿胀、皮肤青紫和疼痛，可用陈醋半斤炖热后用毛巾蘸敷伤处，每天2～3次，每次10分钟。

（3）挫伤。

由于身体局部受到钝器打击而引起的组织损伤。轻度损伤不需特殊处理，经冷敷处理24小时后可用活血化瘀酊剂，局部可用伤湿止痛膏贴上，在伤后第一天予以冷敷，第二天热敷。约一周后可吸收消失。较重的挫伤可用云南白药加白酒调敷伤处并包扎，隔日换药一次，每日2～3次加理疗。

(续表)

	（4）脱臼。 即关节脱位。一旦发生脱臼，应嘱病人保持安静、不要活动，更不可揉搓脱臼部位。如脱臼部位在肩部，可把患者肘部弯成直角，再用三角巾把前臂和肘部托起，挂在颈上，再用一条宽带缠过脑部，在对侧脑作结。如脱臼部位在髋部，则应立即让病人躺在软卧上送往医院。 （5）骨折。 常见骨折分为两种，一种是皮肤不破，没有伤口，断骨不与外界相通，称为闭合性骨折；另一种是骨头的尖端穿过皮肤，有伤口与外界相通，称为开放性骨折。 二、游戏： 1. "吹鸡毛"； 2. 负重操：托书包向上举绕圈单手上举，听口令做各种托举动。 教学组织：①教师讲解游戏方法；②试做一次游戏；③组织学生游戏。 三、课课练 1. 从前向后报数，逢3报名字，逢7用英语说，提高对学生要求。 2. 传递炸药包（书包）：各小组在规定时间连续传递。 实践教学环节安排：学生分组，针对足球技能与技术进行讨论。 教学效果检测：分组总结，教师点评。 ●课后作业与思考题： 项目式作业：与同伴讨论如何预防足球训练时发生的伤害事故及处理方法。 预习性作业：通过网络查阅足球运动有哪些技术技能。
课堂训练内容安排	1. 课堂互动 （1）哪些因素容易引起伤害事故？ （2）小组讨论你所看到的一些事故。 （3）教师点评总结。 2. 思考问题 （1）怎样预防伤害事故的发生？ （2）发生伤害事故了，如何及时处理？
教学后记	

（资料来源：江苏盐城俞向阳名师工作室）

三、体育教学评价技能培养

体育教学评价技能，包括体育教学过程中对学生的评价，也包括体育教师对同行体育教学能力和课堂表现的评价。体育教学过程中对学生的评价方法技巧，在《体育教学论》《学校体育学》等教材中已有比较完整的论述，本书主要针对体育教育专业学生和新入职体育教师在考取教师编制或者参加教学基本功大赛时必备的教学评价技能进行介绍，以帮助新入职体育教师提高对同行教学评价的能力，并学会将评课能力和看课体会转换成科研文章，为提升教学评价能力和职称晋升奠定基础。

因此，这里的体育教学评价，主要属于同行评价，是对同行的体育教学行为以及体育课堂表现进行评价的能力。这种体育教学评价，包括对授课教师教学技能的评价、教学设计的评价、教学方法的评价、场地器材设计运用的评价、课堂表现的评价等。主要围绕两个方面，一是教师的教学技能高低，二是学生的课堂表现情况。也就是围绕教师和学生两个方面进行恰如其分的点评。好的教学评价，应该做到观察细致，拨云见日，沙里淘金，点评中肯，既不随意夸大，也不无端批评，让听者能够接受，获得启发。好的教学评价也是一篇好的论文，能让更多的读者从中受益。

下面列举几个教学评价的典型案例供大家学习参考。体育教育专业学生和新入职体育教师可以模仿学习，提高体育评价能力，成为一个会评价、会表达的合格体育教师。

体育教学评价实例一：

《小足球：前额正面头顶球》"同课异构"的精彩

2021年对于江苏小学体育教学来说可谓是丰硕的一年。5月在常州武进举办的小学体育优质课评比，既是各市区体育教师智慧的碰撞与展示，也是一次江苏小学体育教学指向标式的盛会。它通过比赛的要求，将优质课的比赛与展示更加趋于平时课，而非单纯的表演与器材的展演。更加注重推广性与指导性。更特别的是采用"同课异构"的方式，展现了老师们对教材的研究与解读，也考验了同课异构中教师对课堂教学的驾驭能力与智慧。体育教师享受着这样的集会，更使出浑身解数，用姹紫嫣红般的姿态来斗压群芳，可谓是百家争鸣、百花齐放。让我们听课的教师享受芬芳斗艳的过程，更开拓了眼界，激活了思维，提高了认识与思考。

小学体育教学的研究形式多样，同课异构是其中一种。《小足球：前额正面头顶球》是小学水平三（五年级）的教材。我所学习的两节体育课是来自南通的金老师以及宿迁市郭老师的"小足球：前额正面头顶球"的同课异构教学。

一、扎实基本功，巧解重难点

首先，两位老师都非常优秀，拥有很好的教学基本功与课堂驾驭控制能力。其次，两位老师对教材中动作的重难点研究与把握都比较准确。对于学生动作技术的规格把握的很到位。对于学生技术动作的指导也是层次清晰，由浅入深。例如：两位老师都对学生前额的位置认识上，给予学生不同的指导。

金老师采用了准备活动中足球触碰大腿颠球，头顶球部位让学生初次接触、了解部位，接着又通过头顶四边的氢气球，让学生主动用前额头顶球部位去迎球，去感知部位。此处的设计非常巧妙。更激发了学生积极主动学习的欲望，用游戏、比赛的方式，激发学生练习的热情。更清楚的让学生认知头顶球部位。而郭老师则是开门见山式的用头球射门作为目标，让学生自主尝试，放手让学生感受头球部位。学生通过体验后，再来指出触球部位的正确位置。让学生先自主体验，遇到问题后指导位置，学生更容易接受。关于前额触球位置准确方面，两位老师都在学生动作掌握过程中，及时安排了强化指导。金老师通过头巾放在前额位置用头巾顶远比赛，来强化位置，引导发力。郭老师通过前额顶沙包，以及沙包顶远，解决学习动作中，位置不准的泛化动作。

总体来说，两位老师的教学效果都很好，但也各有千秋。金老师设计层次更加清晰，教学层次分明，各个环节把控非常到位，教学过程流畅，组织形式活跃多样。学生与教师课堂中和鸣共享，和谐温馨。教学效果显而易见。郭老师目标指向明确，用头顶球射门为目标指引，不断激励学生、强化动作，激励竞争意识，用射门得分牵引着学生不断练习、学习、改进、强化、展示动作。最终学生多次练习的情况下也有不俗的展现。

二、教学如水，各美其美

两位老师"同课异构"，有异曲同工之处，同时也有相得益彰的表现。各有特色，各有风格。金老师的课，更像是一幅工笔画，每一道工序都显示了金老师的用心与智慧，他把一个一个环节的完美追求，通过一个个氢气球牵引，用游戏、比赛以及同伴的合作，最后的比拼，让学生一步一个脚印坚实地走到最后，学生不经意间掌握了前额正面顶球的动作技术。呈现出细腻与工整的美。而郭老师的课，则像是写意的山水画。过程是比较开放、随意的，但是其中的火候、力道的把握恰到好处，让人不得不竖起大拇指。郭老师是用一个目标指引的方式，放手让学生尝试，在恰当的时机切入教师的指导，再不断强化动作的要求，学生通过目标激励、小组竞赛等形式、自抛自顶的方式，较好地掌握了前额正面顶球的动作。

三、游戏中学，关爱每个人

在两位老师的课堂展示中，金老师的课更加细腻，把控起来，难度更加大一些。但是，课堂上学生掌握情况是非常好的。这是源于金老师的排兵布阵。他用游戏的方式：顶气球——头巾顶远——合作头顶球竞赛——顶球比准——声东击西等，激发学生兴趣，练习热情，教师全情参与，与孩子共同游戏，共同竞赛，共同欢笑锻炼。同时能准确把握教学动作的重难点。在进行顶气球、头巾顶远时，要求学生做到"紧脖"；在自抛自顶时，做到"目迎目送"加"紧脖"动作。在头巾顶远时，师生同一起点，一同蹬地、腰部用力协调用力顶远。还通过跪姿、站姿体验，让学生体验协调用力。整节课练习中，金老师用爱来抚育学生成长，鼓励学生不怕困难。要睁开眼睛看着来球，对于有心理障碍的孩子，指导他们用头巾来缓冲来球撞击前额时的疼痛，等待学生适应或消除了恐惧心理时，再让他们去掉头巾进行练习。一切都是为了孩子，金老师就是这样把它植根在体育课堂教学中的。另外，金老师教学中是让学生两人一球互相抛、顶球，它不但要求学生能够学会、学对、学好动作，还要求同学之间配合的默契程度，既锻炼了头顶球的学生，同时也锻炼了抛球的学生。因为，要想同伴球顶好，还要把球抛好。只有学会协作配合，才能让自己小组发挥得更好。在课堂中，渗透了德育的教育，强调了合作的重要性，孩子们受益匪浅。

四、融入情境教学，成长每一个

郭老师充分利用五年级孩子观察、分析和动手能力有一定基础，好胜心强，做事有急性但稳定性差的身心特征，通过头顶球射门的情境，让学生整节课以此为主线，不断刺激、激励学生，学习、竞赛。让学生在过程中，由不会的自我尝试，到老师指导，到小组竞争——射门比赛，一步一步学会掌握了动作。在教学组织上面没有刻意追求队形的整齐排列，而是按照统一的要求，让学生在宽松的状态下，全身心投入动作的学习、练习中。通过自抛自顶——两人一组自抛自顶——分组头球射门——学生展示——沙包顶远——加大距离的头球射门——分层教学——分组展示——射门游戏，让学生在多次的反复练习中，不断强化动作的正确性、用力协调等要素。最后通过量变达到了质变，教学效果也随之达到较高水平。

五、赏识教育，助力成功

在教学过程中，两位老师均遇见学生展示中出现的一些失误（或者说不成功）的例子，金老师采用的是缩短距离，并指导她两次、三次，直到她成功。而郭老师也遇见孩子射门没有成功，他采用的是再给一次机会，在仍然没有成功的情况下，郭老师没有等待，而是继续往下走教学步骤淡化处理，最后，在后面的展示中，这个不成功的孩子成功了。通过这个环节的对比，我个人认为，我们在教学中要学会机智处理，两个老师都各有特点的处理，没有绝对的好坏，但是要注意观察因人而异地关注学生课堂表现。对于女生或体质略差的孩子要给予更多的关怀，对于男生或者说体质略好的孩子、个性外显的孩子而言，淡化处理不为是一种比较好的处理方式。

《小足球：前额正面头顶球》"同课异构"是小学体育教学优质课评比中的一个课例，以上两位老师用自己的思考、研究与智慧，向我们展现了优质的体育教学现场。更让我们看到了优质的教学中要关注学生的思维、成长，做到关注教学的同时，更应该做到因人而异，激发学生活力，让学生乐在其中，美在其中，让体育课堂成为他们汲取运动之源的乐园。

结语："同课异构"的课堂，诠释了教师对教材的把握，彰显了教师的风格与处理的艺术。无论是细腻智慧的金老师，还是粗犷开放的郭老师，他们都在用自己对体育教学的热爱解读这"同课异构"中那灿烂斑斓的芬芳姿态。他们都在用心、用情、至诚至真地追求体育教学的真谛。用教师春风化雨般的教育情怀，浇灌"树木"与"花朵"，让孩子们"树木葱茏"百花盛开。

（资料来源：江苏省教学研究室）

体育教学评价实例二：

体验、探究，以趣促动
——观江苏省优秀课《小篮球：行进间直线运球》有感

没有趣味的体育课，小学生是不会感兴趣的。教学要使小学生很感兴趣，必须既要有情，又要有趣；既要有学生与学生之间的情感交流，也要有教师与学生之间的情感交流；既要完成自己的教学任务，还要让孩子们"玩"得开心。篮球是一项深受学生喜爱的运动项目，通过学习和锻炼，能发展学生协调、灵敏、速度等素质，同时培养学生的团队精神和集体观念。教师在篮球课教学中，以趣促动，发挥好主导作用，帮助学生在"玩"中学有所得。

一、趣味化处理，重体验

最近观摩江苏省优秀课评选，看到了扬州市广陵小学刘老师的《小篮球：行进间直线运球》教学课。运球练习需要大量的体验学习，通过提高练习密度多次的练习，可以帮助学生熟悉球性，提高对球的控制能力。

1. 游戏化设计，在趣味中掌握技术

实际教学中，刘老师在学生总结出行进间直线运球的动作要领后，有梯度的安排了以直线运球"球砸垫、脚踩垫、手拍垫"等强化行进间运球和原地运球相结合，对体验运球部位的明显变化让学生在趣味的练习中体会要领，在"玩"中学，掌握技术动作。

教师在实际教学中，设计了另外一种游戏"交通信号灯"来帮助学生体验手触球部位的不同，绿灯时行进间直线运球，学生手按球的后上方；红灯时变成原地运球，手的触球部位变成正上方；黄灯时，学生需要运球后退，手按球的前上方。学生在趣味游戏中体验运球的部位，老师引导学生在不同信号灯时，仔细感受运球部位的变化，掌握动作要领。

2. 结构化处理，在情境中应用技术

刘老师在课中设计以直线运球"球砸垫、脚踩垫、手拍垫"等强化行进间运球和原地运球相结合，除了让学生体验运球部位的明显变化，其实让学生体验如何把原地运球技术与新授行进间运球技术相结合，不是单一学习行进间动作，在游戏中，让学生应用所学动作，创造游戏情境，使技术学习结构化。

游戏"交通信号灯"也有异曲同工之处，除了帮助学生体验手触球部位的不同，绿灯时行进间直线运球，红灯时原地运球，黄灯时学生运球后退，都巧妙的将原地运球与行进间运球技术相结合，让学生在游戏情境中练习动作。"交通信号灯"游戏更胜一筹在于，此游戏与学生生活经验紧密联系，不仅仅是游戏情境，还是生活情境的再现，学习是为了更好服务生活，我们应该引导学生善于发现生活与学习的密切联系，并将所学知识应用到生活中去。

3. 多样化练习，在比赛中巩固技术

"学练赛"一体化的新型课堂教学模式主要表现在运动技能的"运用能力"方面，课堂上刘老师为学生设计"学练赛"一体化的学习模式，刘老师能够通过竞赛法，以多变的练习形式增加练习的趣味性，提高孩子们的运动兴趣，如变姿态的高低姿运球练习、变节奏的快慢运球练习、变运球手的左右手运球练习等。让学生由易到难，不断接受挑战，让孩子们在多样化练习中巩固运动技能。当然，在多样化的游戏与练习中，练习的指向性一定要非常明确，针对教学重难点的突破巧妙设计，切不可形式大过内容。

尤其是在教学拓展部分，刘老师安排了一个传接、直线运球、跑动策应、扣篮、抢篮板球、协防返回的组合练习，模拟比赛的实战情境，成为本节课的一大亮点。既满足了学生大胆展示自我的欲望，促进了团队意识的培养，又将运动强度提高到实战水平，充分挖掘了篮球教材的特点，将课堂氛围推向高潮。

这个环节的处理让我们受益匪浅，目前很多的篮球教学，因为练习过于重复与单一，很多已经失去了篮球运动的魅力，平时练习时也与实战情境相距甚远，导致很多学过篮球的学生进入实战，动作就变形走样。这种教师精心设计的实战趣味组合练习可谓多多益善。

二、发挥教材特点，重探究

1. 探究学习，唤醒思维

行进间运球是在学习了原地运球的动作基础上，重点是手按压球的部位不同，行进间直线运球应按压球的后上方，再配合上快速敏捷的脚步移动。这个要领通过学生体验与探究，是完全能够总结出来的，符合学生的年龄特点。刘老师的教学经验丰富，对学情分析非常到位。实际教学中刘老师通过原地运球和行进间运球的对比体验，让学生总结，设计不同的动作方式让学生体验，启发引导学生自己总结出行进间运球时"人球合一"动作要领，并加以运用。

注重学生兴趣培养，发挥教师的主导作用，在省编教师备课用书的基础上，围绕篮球技术教学的实用性、实战性，通过运球技术在不同条件、任务、情境下的应用，先易后难、循序渐进、因材施教，深化学生对篮球技术的理解，巩固技术动作的掌握。在教师环环相扣的引导下，不同水平学生都能学有所得：师生互动。启发式教学语言应用，引导学生在体验中总结、提炼要领，学生的体育学习能力得到了培养，这种因掌握了技术动作获得的成功感，是学生对篮球运动更深层次的兴趣。

2.合作学习，立德树人

所谓合作，是指不同的个体或群体为了同一目标展开合作，促使某种只有利于自己的结果获得实现的行为或意向。篮球运动具有很强的合作性，本课内容是行进间运球，以个人练习为主，教学中刘老师还是巧妙的以四人自然小组为学练单位，围绕技术动作的运用与竞赛任务的完成展开互查与讨论，相互提醒鼓励、协作互助，强化运动负荷，提升课堂教学效率。在教学拓展部分，刘老师安排了传接、直线运球、跑动策应、扣篮、抢篮板球、协防返回的组合练习，模拟比赛的实战情境，也培养了学生的合作精神，让学生在比赛中学会合作，学会为伙伴加油。

三、以趣促动，重实效

学练赛一体化理念的运用，学生在不同前进速度、按压球力度与运球高度等条件下运球技术的熟练使用。刘老师能够注重学理认知，引导帮助学生理解人球合一运球的关键技术—用力按压，以及直线行进间运球的要领：手触球位置与脚步敏捷。

本节行进间直线运球，练习密度在60%以上，教学重点突出，教师在主教材的探究学习后，有多变的趣味性练习，不断帮助学生体验和巩固技术动作，最终达到较为熟练的掌握。如此大密度的体育课，学生并未感觉到丝毫的枯燥，始终保持着浓厚的练习兴趣，原因主要有两点：一是教师多变且高效的练习形式，学生不乏味；二是教师充分对教材和学情分析准确透彻，帮助学生学会并掌握动作，体验成功后的获得感和认同感。

启发与思考：

1. 在教学中认真深入地研究教材，钻研教材，将教学重难点吃深吃透，所设计的教学方法才能有的放矢，更有针对性。在此基础上设计既有趣又高效的练习或游戏才能够让学生学有所得。

2. 充分研究场地，精心设计与组织。针对教材内容和现有场地，设计利于学生合作、评价的队形与组织形式，将小组合作的学练形式变为常态化，有利于学生学习能力的培养和团队意识的形成。

3. 研究学生。课前对所教学生的学情思考充分，设计探究的问题与难度符合学生的年龄特点和认知规律，放在一个学生"踮踮脚"才能触碰到的位置。更要充分考虑学生的个体差异，课前做好充分的预案，让不同类型的学生都能有成功体验，激发他们课后继续参与运动的锻炼兴趣。

作为一线体育教师，要勤于积累经验，善于开拓创新，才能使自己的教学富有趣味性，才能使自己的教学水平得到提高；热爱学生，热爱自己所从事的教育事业，并将其转化为自己的实际行动。

（资料来源：江苏省教学研究室）

体育教学评价实例三：

体育教学的"真、细、新"
——观摩江苏省优秀课比赛金老师足球课有感

南通市的金老师在2021年江苏省小学体育优秀课比赛中获得一等奖第一名的好成绩，学习了他的课我真的感想颇多，下面我想用三个字来表达我的思想，那就是"真、细、新"。

一、真——课堂和谐的整体美

金老师执教五年级《足球：前额正面头顶球》一课，该项动作技能有两个关键环节：一是"梗脖"；二是腰腹协调用力，前额顶球。金老师课堂的"真"是真实的、真诚的，不仅吸引了学生，更打动了所有听课老师。"真"在教学中将彩色气球放置在额前的高度，强化学生睁眼、收紧下巴，前额顶球，让学生练得有目标，练得不怕，练得真有趣；"真"在设计跪姿的方式顶球，让学生体验腰腹协调用力；"真"在设计互抛互顶、自抛自顶准的方式提高对球的判断和目标的判断；"真"在完成学习任务中老师的真情表达和有意示弱都那么顺其自然。为了避免枯燥无味的重复学练，本课设计了系列游戏活动：顶气球——顶头巾——合作头顶球竞赛——顶球比准——声东击西等，力争通过游戏形式，不断挑战练习难度，从而提高了学生的运动兴趣，形成良好的合作意识，服务学生对运动技能的掌握。表现出课堂的真研究，真学习，真教育，真实效，课堂和谐的整体美学有样板。

二、细——课堂创生的情感美

苏霍姆林斯基说："教师的艺术和水平正表现在是否善于把热忱和智慧结合起来。"金老师实实在在地用行动告诉我们，什么叫教师的心中有学生，什么叫课堂智慧。无论是学生扎堆了，还是游戏犯规了，金老师都是细心耐心的指导，几次三番的要孩子们散开，并让孩子们懂得要遵守游戏的规则。这点尤其可贵，我们老是喊体育课要立德树人，这就是立德树人。在头顶球的学练中，学生可能会有畏难情绪，尤其是女生，所以本课使用了彩色气球这一辅助器材，帮助学生有效掌握动作技能。在学练环节中，也会准备些软式排球，让学生选择使用，但在比赛中，使用不同器材的得分不同，通过这样的调动，力求让学生们克服畏难心理，更积极的投入到头顶球的学习中。本课让每一位学生都戴上头巾，不仅起到保护头部的作用，也是对顶球部位的认知和强化。教学之美，必须有明确的方向性和可靠性，金老师正是以他洒脱、灵动、智慧的教学风格诠释了课堂创生的情感美。

三、新——课堂体验的动态美

卢梭说："教育的艺术是使学生喜欢你所教的东西。"心理学研究表明，新颖的刺激是使学生关注教学内容的重要因子。金老师无论是教学设计还是课堂实质的新颖程度无疑是促使学生喜爱足球课堂的重要条件，并体现出课堂体验的动态美。

1. 游戏内容新

金老师以儿童立场，巧妙设计，灵活组织，讲练结合，过程流畅。且游戏化教学贯穿始终，表现出游戏就是内容，内容就是游戏，这是金老师的高明之处，更是智慧之点。从准备部分的集体游戏，到热身活动，再到基本部分的头顶球学习，均以游戏的形式呈现，有任务达成的，有目标挑战的，有小组竞赛的，层层递进的游戏闯关，激发和延续学生的学习兴趣，让身、脑、心更积极地投入到学练中。

2. 手段层次新

前额正面头顶球技术是一项有较高难度的动作技能，在学习的过程中要体现循序渐进。本课教学手段的设计从让学生认识前额——感受前额头顶气球——感受腰腹协调发力——互抛互顶足球——自抛自顶目标物等层层递进的手段设计，让学生由易到难、由浅入深地学习、巩固、提高技能水平。正因为金老师对学情、教材、资源的深度挖掘，使教学内容的设计依据学生的"最近发展区"，使之有适度的困难水平，让学生觉得"高而可攀"，金老师就是那个不断放路标的高明向导。

3. 教学资源新

体育离不开生活，生活更离不开体育。金老师巧妙地将生活与体育进行有效的嫁接，彩色气球和头巾两个小物品成了本课孩子们最好的玩伴，更是教学重难点突破的最好媒介。头顶球学习让学生戴上了头巾，对学生的头部起到了很好的保护作用，头巾也是学生顶球的辅助器材，有利于动作技能的学习，不同颜色的头巾也为分组提供了便利。本课在主要教学环节部分使用了气球，气球比较安全，系上绳子悬浮于空中，便于学生掌握前额触球的部位，同时又可以作为动态目标，让学生去把握时机顶准，激发了学生学习兴趣，对学生头顶球动作技能的掌握起到了重要作用。

总之，金老师的课无疑是精彩且扎实、生动且富有趣味的，值得我们好好学习借鉴。但课堂中学生喜欢扎堆的现象，是一个比较普遍的问题，需要不断地提醒学生要散开，这也提示我们如何在平时的教学中让学生养成找安全距离的习惯，特别是一年级更要注意，如果能用俞老师课中的"安全读秒5-4-3-2-1"让学生张开双臂转动人体小飞机两手碰不到同伴，就找到自己的安全距离的方法，学生自然散开，就更完美了。

（资料来源：俞向阳名师工作室陈跃妹老师）

体育教学评价实例四：

优课比赛的破"门"寻"道"

"上课有门，教学有道，门在哪里，路在何方？上课要入门要上道。"这是于素梅博士所著《上课的门道》首页的一段话，令人深有感悟。结合市优秀课比赛，在设计、磨课、上课、比赛的过程中，我对上课的门道又有了从理论到实践，从实践到反思更深层次的理解。

体育教学应当重视和强调"学法"的研究。何为学法？字面理解意思是学习的方法，再确切是学生学习的方法，就是要从学生的角度来制定方法，应该与教师的教法相对，新课标也指出学生为主体，把学生放在"C位"，那么这中央的位置如何体现呢？

1. 上课背景——一次挑战的机会

本次优课的教学内容是按照水平段和年级指定教材，也就是"同课异构"。这种方式更能体现出教师"教"和学生"学"的不同方法以及所达成的教学效果。我选择的是水平三（六年级）支撑跳跃与游戏单元第一课时《山羊分腿腾越：助跑起跳与支撑分腿跳》。首先，这一教学内容属于技巧类，平时在课堂上学生接触得比较少；第二，教学内容有一定的技巧性，每一位学生掌握的情况都可能不一样；第三，教学器材的安全性和学生胆量也很重要。面对这三个因素，再加上从没教过的六年级，确实有很大的挑战性，但就是给自己一次挑战的机会。

2. 破门寻道——一次自我的升级

问题导向，破解教材之核。一切从学生出发，重难点如何定位？怎样调动学生练习积极性？怎样步步为营突破重难点？怎样让学生动作做得优美？怎样提高技巧课堂学习的运动量？怎样让学生在轻松快乐的氛围中学习运动技能并增强身体素质？带着多个问题，我和备课团队从"学生—教材、学生—同伴、教师—学生、教师—教材"四大要素的双向互动进行深度研讨。从自我备课—集体备课—课堂实施—推翻、修正教案—试教过程—比赛，一路过程一路艰辛，课堂的自我认知也在磨课中不断发生变化。

3. 方法探寻——理清教学过程

有了问题导向，我开始有目的地寻"道"。

一是破解人之道。六年级小大人的个性特点，课堂比较"闷"，太幼稚的激励语言不适合，所以我用了竞争、挑战的方式激发他们的练习热情，同时，及时发现榜样的力量，给课堂增色。师傅再三叮嘱我，课堂的一切基点是学生实际，不求高、大、全，一定要解决教材、学生最实际的问题，一定是立足课堂上学生能基本完成的内容。

二是破解器材之道。选用颜色鲜艳的跳马箱，可分层，可拆装，为主教材学习提供安全保障。根据器材的特点，从一层的助跑起跳到二层的支撑分腿，最后四层完整的助跑支撑分腿跳，从简到难，逐渐突破。通过挂图、教师的示范、优生的展示、同伴的帮助让学生体会技巧动作的优美。在游戏中结合劳动教育两人合作搬运跳箱，既鼓励学会劳动又增加了运动量。从集体—两人—五人—小组，器材一举多用，一用到底，较好地体现出学、练、赛、评的课堂理念。

三是破解教法之道。课堂的准备、基本、结束三个部分，手段"优"则要"新"。准备部分，充分发挥学生的主观能动性，由队长带领、两人合作、多人合作体验，课开始就将热身准备与合作练习导入课堂，通过不断实践，在准备活动的顺序上做了5次调整。基本部分，"跨—并—跳"助跑动作提示到"一撑—二提—三摆"的口诀式学练，切合学生的认知；每个教学环节的用时要有主次，复习简单的少练，新授有难度的多练，每个环节的过渡衔接语言要自然，时刻要根据学生的上课状态调整鼓励与指导语言。结束部分，结合劳动与终身体育的思想，在身心放松的同时回忆技巧动作，能课后学以致用锻炼身体。

我觉得体育教学的"门"就在那里，选择通过门的"道"却有许多种。从其他优秀老师执教"支撑跳跃与游戏"这一单元的比赛课中，也发现了许多有效、高效、合理、新颖的教学之道。例如：在解决分腿动作时，在山羊两边绑上泡沫棒，让学生用双脚碰到；在助跑节奏的练习时，用双手击打山羊，发出声音；在支撑教学中，在山羊上贴上可爱的一双小手掌……

回归课堂的本身，有太多需要躬身自省的地方，有太多需要反复琢磨的地方，有太多可以进一步优化改进的地方，有太多需要细化处理的地方，有太多更加新颖点睛的地方等我们去寻找去突破。毛振明教授在《上课门道》序言中说："上体育课是门科学、是个技术、是个责任、是个研究，上好体育课是体育教师一辈子都要去探寻、去琢磨、去精益求精的事儿。"上课是一种折磨，更是一种修行。我们要深耕课堂，要不断肯定自己，更要有勇气推翻自己，为新时代体育课堂的高质量不断去破"门"寻"道"。

（资料来源：俞向阳名师工作室陈金晶老师）

四、体育游戏技能培养

体育游戏与竞赛是体育教学的独特手段，也是体育教学的魅力所在，体育教师应该充分利用体育游戏竞赛这个手段，有效组织与调动学生，把体育课变成生动活泼、真正受学生欢迎的课堂形式。

体育游戏选择与应用要注意遵循如下原则：

一是要结合学生的年龄特征，选择适合该年龄段学生的游戏。如果高年级学生还选择幼儿化的游戏，可能会受到学生抵触或笑话。

二是必须根据教学目标和内容选择恰当的游戏方法。体育游戏从根本上来说是为体育教学服务，它只是教学的辅助方法手段，不能为了游戏而游戏，应当根据教学目标与内容进行合理地筛选，才能保证教学效果及教学目标的实现。

三是体育游戏必须遵循事先约定的规则，这是体育教学对学生社会化的自然要求，为了胜利破坏规则的行为必须坚决制止，及时教育扭转。

小学足球游戏选编

游戏一：老狼老狼几点钟（正脚背带球走和跑）

【适用年级】一、二年级。

【适用途径】课堂教学与课余训练。

【游戏方法】老师当"老狼"，学生当"羊"，"羊"用正脚背带球跟在"老狼"后面。"羊"问"老狼"："老狼老狼几点钟？""老狼"可任意回答，当回答12点时，"小羊"迅速停球（双手叉腰，单脚踩在球上），"老狼"抓没有及时停住球的"小羊"。

【游戏规则】必须用正脚背带球跟在"老狼"后面，被抓到的"小羊"罚做10个原地高抬腿跑。

游戏二：跳跳球

【适用年级】一、二年级。

【适用途径】课堂教学与课余训练。

【游戏方法】听到老师报数字、报加减法算得数，或看老师手势打出的数字，迅速做出正确的反应完成跳踏球动作，边做边数个数，先完成的获得大拇指奖励。

【游戏规则】要诚实地完成跳踏球的个数。

【游戏拓展】可两人或多人一组面对面或围成圈站立，用同样的方法按数字结果，要求按顺时针或逆时针到每只球上完成相应的跳踏球个数，先完成的小组获得大拇指奖励。

游戏三：快乐射门得分

【适用年级】一、二年级。

【适用途径】课堂教学与课余训练。

【游戏方法】以小组为单位踢定位球，两个标志筒之间为球门。每人一次机会，球门离学生3米左右，进一球得2分，小组累计看哪组得分最多。

【游戏规则】用力适宜，踢地滚球，自己射门的球自己捡，注意安全。

【游戏拓展】

（1）两人一组相距2～3米，一人两腿分开做球门，一人射门，在规定时间内进球多的组为胜。

（2）以小组为单位踢定位球，用小体操垫为球门。每人一次机会，小体操垫离学生2～3米，踢中小体操垫得2分，小组累计看哪组得分最多。

游戏四：山羊顶

【适用年级】二、三、四年级。

【适用途径】课堂教学与课余训练。

【游戏方法】将学生分成人数相同的4～8组，第一组将球放在相距6～8米的起点上，并成爬行状蹲立。游戏开始，第一组同学低下头对准足球顶出，四肢随球向前爬行，球顶到终点线后爬起抱起球直线跑回将球交给第二名同学。以先完成游戏的小组为胜。

【游戏规则】

（1）交接球时球要放在起点上开始顶球。

（2）顶球过程中不能用手去拨球。

游戏五：冲出包围圈

【适用年级】三、四年级。

【适用途径】课堂教学与课余训练。

【游戏方法】将学生分成12人一大组，3人为一游戏小组。游戏时，中间的3名队员通过自身的能力，尽可能利用前拖和后拖技术安全通过"地雷区"。以安全通过"地雷区"且又没被敌人捉住（踢到球），最后将球带出敌防区（门线）的人次多者为胜。

【游戏规则】游戏中不能将作为"地雷区"的障碍物碰倒，倒一个罚1分；防区同学不能抓、推、拉的方法捉对方。

游戏六：运球过雷区

【适用年级】三、四年级。

【适用途径】课堂教学与课余训练。

【游戏方法】场地内不规则的放置许多"地雷"（障碍），学生用不同的技术自由运球，尽可能采用拉球变向技术躲避"地雷"，一旦碰到"地雷"，就会被"炸"，会被请出场外，在规定时间内，最后留在场内的学生获胜。教师可以增加一名"敌人"进行驱赶，帮助学生运球移动。

【游戏规则】碰到"地雷"的同学自动退出场地。

游戏七：穿越小树林

【适用年级】三、四年级。

【适用途径】课堂教学与课余训练。

【游戏方法】学生按人数进行分组，按规定的路线运用脚内侧运球技术快速运球，并在旗子前运用前拖或后拖动作变向运至下一个旗杆。全部通过后，绕终点旗杆后快速返回，将球交给下一个同学，按小组完成情况和速度评出优胜队。

【游戏规则】须全部通过旗杆才能返回交接球。

游戏八：捉老鼠

【适用年级】三、四年级。

【适用途径】课堂教学与课余训练。

【游戏方法】学生4人一组，3人在外围相互传球，一人在圈内抢球。传球队员接球或传球失误或者抢球队员触碰到球就算传球失败，与抢球队员交换角色继续游戏。传接球失误次数最少者则为游戏获胜者。

【游戏规则】传球时要传地滚球，不可超出规定的区域。

游戏九：炸碉堡

【适用年级】五、六年级。

【适用途径】课堂教学与课余训练。

【游戏方法】学生平均分成两组，学生用脚背内侧踢球，依次轰炸对方的"碉堡"，轰炸内圈实体得3分，轰炸外围护体得1分，没炸到不得分，双方以一轮次最后得分判输赢。

【游戏规则】按照老师要求的动作进行游戏。

游戏十：企鹅搬家

【适用年级】五、六年级。

【适用途径】课堂教学与课余训练。

【游戏方法】学生2人一组分为8组围成圆，圈中心放置若干足球（乒乓球、排球等），每组一个足球。一名学生运球到中心取一球后立即返回，返回后将足球交给自己同伴，并将乒乓球放入框中，同伴继续运球取球，直至中间球被全部取光。最后取的最多的获胜。

【游戏规则】搬家途中控制好运球速度。

游戏十一：坚守阵地

【适用年级】五、六年级。

【适用途径】课余训练。

【游戏方法】学生分成3人一组，每组各有一个阵地，阵地有4个堡垒，中间为公用区域，学生进攻时不得在自己的阵地内防守，学生通过传空中球转入对方阵地攻取堡垒（射门）得3分，常规攻门得1分。

【游戏规则】按照老师要求的动作进行游戏。

游戏十二：过关斩将

【适用年级】五、六年级。

【适用途径】课堂教学与课余训练。

【游戏方法】学生分成若干组，每组设三关，每关一名学生站圈内守关，圈的半径为4米，学生依次进行过关练习。学生在过关时只能在圈内完成突破，可以多次运用内跨和外跨组合动作，球被带出圈或被破坏出圈均为失败，最后以通过次数表扬表现好的学生。

【游戏规则】按照老师要求的动作完成游戏任务。

游戏十三：听号抢球

【适用年级】五、六年级。

【适用途径】课堂教学与课余训练。

【游戏方法】在场上画一个直径20米的圆，全体学生持球面向内站立于弧线上，学生按1、2报数的方法，分为奇偶数两队。游戏开始，持球者按顺时针方向拨拉球，当听到老师发出的奇偶数信号时，喊到的一队迅速去抢两侧队员的球，抢到者得1分。

【游戏规则】听到老师发出的信号后方可抢球。

（资料来源：俞向阳名师工作室）

五、体育说课技能培养

"说课"是以现代教育科学理论为指导，以某一体育教学内容为载体，由教师具体阐述该教学内容在教学中的地位与作用，设计课堂教学目标、教学程序、教法以及预测学生学习情况的一种有目的、有计划的教学研究活动。"说课"是教师进行教学的内在综合性思维活动表现形式，是上好一节课的总体构思。就是教师将教学研究过程中的创造性劳动置于集体的评价之中，把头脑的思维活动由隐性转向为显性，并综合性地反映出来。近年来，在全国范围内各级地方教育部门和各级学校为积极推行素质教育，全面启动教师继续教育工程，在中小学广泛开展以"说课"形式的教研活动，"说课"形式几乎被拓展到评价教师教学能力的所有活动之中，如教研活动、教师应聘、教师教学基本功竞赛、评选教学能手、评选学科带头人、评职称、教师定期考核等。这对提高广大教师的组织教学水平和教育研究能力起到了十分积极的作用。高等师范院校体育教育专业培养的主要目标是体育教师。学生毕业要分配到教师岗位，必须接受用人单位的面试，其中面试应聘中的一项主要内容是"说课"，因此，培养与提高学生"说课"技能，对于学生尽快适应教育人才市场需要，提高竞争力，具有十分积极的作用。

（一）体育说课的价值与作用

1. 说课能提高体育教师教育理论水平

开展体育说课活动，教师必须认真学习现代教育理论和体育教学理论与方法，掌握体育教学的基本规律。教师进行体育课的设计，必须依据现代教育理论与方法，如教育与社会发展中的教育的功能、教育与人的全面发展、现代课程理论、教与学的相互关系、教学过程、教学原则、教学方法、教学组织和教学评价等。必须掌握现代教育技术，掌握计算机辅助教学手段，熟练运用多媒体进行体育教学。必须钻研体育教学理论，阅读大量的体育教育与教学参考书与参考资料，运用体育教学的新理论、新知识、新技术和新方法指导教学实践，如"快乐体育""成功体育"和"娱乐体育"等。有了科学的理论指导，就可以避免课堂教学的随意性和盲目性，使得体育教学过程符合教育规律，并能体现体育教学自身的特点。

2. 说课能提高体育教师掌握大纲与教材的能力

开展体育说课活动，教师必须全面地掌握教学大纲的内容与要求。教育部最新颁发了《全日制小学体育教学大纲》和《全日制初中体育教学大纲》，对小学与初中的体育教学提出了明确的目标与要求。体育教学大纲是根据教学计划规定体育课程教学内容，指导体育教学的基本文件。它规定了体育教材的范围、深度与结构体系。体育教学大纲是编写体育教材、体育教师进行体育教学、考核与评价体育教学质量、加强体育教学管理的依据。体育教材按照使用对象可分为教师用书和学生用书（教科书）；按照教学内容选择性可分为基本教材与选用教材；按照教学内容的形式可分为理论课教材和实践课教材。选编教材应符合教育性、科学性、健身性、理论与实践相结合、现代体育项目与民族传统体育相结合、统一性与灵活性相结合的原则。因此，大中小学校体育教师说课，必须准确地理解教学大纲与教材，掌握体育教材的分布与特点，弄清说课教材的地位与作用，知识结构以及技术教学要求，这样才能"有的放矢"地制定说课目标，选择说课方法，设计说课的全过程。

3. 说课能提高体育教师的语言表达能力

语言表达能力是体育教师的教学基本功之一，是教师教学能力的重要方面。教师传导能力的核心是语言能力，语言是教师面向学生传导影响的最主要的工具。说课是体育教师运用语言来表达自己的教学思路，通过语言向同行们阐述自己的教学观念和教学行为。说课为教师提供了在领导、同行、学生和家长面前展现体育语言艺术，包括体育语言的组织性、连贯性、逻辑性、形象性、情感性和准确性，表现体育教学风格的机会。并通过一定形式的评价，使教师获得对说课效果的反馈信息。因此，教师要想说好课，要想取得好的效果，就必须在说课前刻苦学习，钻研体育语言的表达方式方法，勤学苦练，反复试说，积极探索，只有这样才能提高语言的表达能力。

4. 说课能提高教师的直观教学能力

体育教学中教师运用直观教学是不可缺少的教学环节和教学手段。直观教学包括动作示范、教具和模型的演示、电影、电视、多媒体及条件诱导等。在体育实践课中教师的示范能力是十分重要的。要说好体育实践课，教师必须明确直观教学的目的，尤其要熟练地运用示范直观法，以准确优美的示范动作激发学生学练的兴趣，使学生了解所学动作的形象、结构、技术要领和学练方法，尽快建立动作的概念与表象。说课中，教师要把设计的示范过程与要求阐述清楚，如教师示范面（正面、侧面、背面和镜面）、速度、方向，动作技术的重点、难点和规格，以及学生观察的位置，学练的组织形式等。这样，教师通过研究设计与演示，其运用直观教学的能力将得到提高。

5. 说课有利于提高体育教师的应变能力

教学应变能力反映了教师能够适应教学过程中出现的各种因素的影响，灵活自如地控制与调节课堂教学进程的能力。说课中，教师要阐述如何根据教育对象和条件的变化，抓住最佳教育时机，运用最有效的教学方法，巧妙点拨，取得最佳的教学效果。教师还要阐述预测在教学过程中可能会出现的突变情况，因为体育课堂教学是一个开放的教育过程，学生的练习与思维活动常常受课堂气氛和突发事件的影响，因此，教师必须通过备课和课前准备，最大限度地预料学生可能提出的各种问题和课上可能发生的突发事件，一旦突发事件发生，便能迅速作出判断，果断地进行正确处理。通过说课，教师在充分表述后，经专家或同行们及时提出改进课堂教学的各种补充意见，也有利于提高教师课堂教学的应变能力。

（二）体育说课的特点与要求

1. 体育说课的特点

（1）说理性

体育说课的说理性主要体现在教师如何研究与运用现代教育理论与教育理论与方法，提出本节课的教学方略。说课重在说理，作为方法论基础，运用教育科学、心理科学和体育科学等相关学科的理论知识对课进行全面的分析与研究。能根据教科书的内容与要求、学生的具体情况、场地设施条件以及传授"三基"、培养体育能力和贯穿思想品德教育等方面的需要考虑。说课前必须经过静态思维活动过程，必然经过以感性认识上升到理性认识的飞跃，这对体育教师自身教学理论水平的提高无疑是十分有益的。既然有说课者，必定有听课者，听者对说者进行研究、分析、比较与评价，能对听者产生启发作用，从而提高理论水平。

（2）实践性

体育说课的实践性一方面体现在说课的内容上，体育实践课内容主要是指导学生学和练，这种学和练的过程具有很强的实践性。因此设计课中学和练的操作程序显得十分重要。学生在学习与锻炼实践中能否掌握正确的动作技术与技能，能否学会自我锻炼的方法与手段，能否运用锻炼中自我评价与自我保健的方法，能否提高学生自我锻炼的能力，是体育实践课必须解决的主要问题；另一方面体现在说课本身也是一种教学实践活动，教师必须掌握说课这一教学实践活动的基本规律，通过不断地"说课"实践，丰富自己的教学经验，学会说课的方法，提高说课的技能技巧。

（3）个体性

教师说课的效果主要取决于个体的理论思维能力和教学实践能力。而教师个体的理论思维与知识结构紧密相关。因此，教师在说课时要把体育教学设计中的创新思维用语言表达出来，要把体育学习过程中的动作技术创新、动作编排创新和动作练习创新有机的结合起来，充分体现个体的教学特色和教学风格。教师说课要同日常上课和个人特点相结合，通过上课去检验说课的适应性、科学性和可操作性。因为说课源于上课，说课要服务于上课。

（4）集体性

说课是教研活动的一种形式，可以同集体备课结合起来，集体备课时先进行讨论，研讨教材与教学过程，然后由一位教师做中心发言人，结合研讨情况，对整个课的构思设计进行阐述，然后全体教师针对每一教学环节的重点进行剖析与评议，权衡利弊，探求最佳方案。这种集思广益、各抒己见、深层研讨的方法，打破了教师各自为阵的封闭式备课模式，可以充分发挥集体的智慧。

（5）时间性

教师说课一般有时间限制，尤其是组织体育教学能手竞赛、体育教学基本功竞赛、体育说课竞赛时，必须规定具体的说课准备时间和说课时间。准备时间一般在随机抽取教学内容后1~2小时，说课时间一般15~20分钟。因此，教师必须学会把握说课时间，设计好各项说话内容的时间分配，在规定的时间内说好课。

（6）研究性

说课要同实施教研课题相结合。教研课题是针对教学中的热点、难点和重点问题而选择制定的，反映了体育教学改革的迫切需要。课堂教学是进行课题实验和捡验课成果的主要途径，因此，在说课中要加强课题研究意识，把教研课题放在重要位置，力争取得有推广价值的研究成果。

（7）实用性

说课一般是备课之后，授课之前的一种教学交流形式，说课不受时间、场合限制，只要备好了课就可以说，实用性很强，可以起到课前预习的作用，尤其对于刚进校的青年教师，跟在教师后面，边听课、边备课、边说课，这样经过一阶段训练，其教学能力与教学水平将会得到显著提高。

（8）补偿性

说课也是一种辅助性的教学研究活动，是对教学的一种补充。备课中的疏漏与不足可以通过说课得以补偿，说课过且有补充其他教研形式之短的作用，可以改变以往教研活动是有少数人讲或少数人听的局面，让所有的教师都参加说课与听课既是一种集体备课，又是个人备课的有所补充。这对提高体育教师的授课水平和群体素质，无疑是十分有益的。

2. 说课的要求

（1）教学语言的技艺性

教师说课时首先要掌握好教学语言的发音技艺，应根据教学内容恰当运用语气、语调说课，教学语言要自然、轻松、吐字要清楚，控制好音量。其次，掌握和运用教学语言的节奏，注意教学语言的轻重缓急、抑扬顿挫，语言应富有朝气和激情，具有艺术感染力。再次，说课要用普通话和体育专业术语。

（2）教学目标的主体性

说课要以课堂教学目标为中心，以实现目标而选择与运用各种教学方法，要充分体现教育学原则和体育教学特殊原则的要求；要遵循体育教学过程中的一般规律与特殊规律；要突出教学对象的主体性作用，培养主体性意识；要突出课的重点和难点，学习与复习内容，重点发展与一般要求。做到教学目标制定要有论证分析，切合实际。说课是向听课者讲清如何根据教材、学生和场地器材条件拟定教学内容的单元计划、课时计划及课时目标的设计与构思过程。做到对教材内容的范围及结构作深入的剖析，对知识点的挖掘具有深度与广度。

（3）教学过程的清晰性

教师说课要做到以内容为依据，以时间为线索，以目标为主线，以方法、步骤和手段为内容，顺畅而有节奏地展示课堂教学设计的特色与风格。做到心中有学生，眼前有运动场地器材。说课者要充分发挥想象力，运用环境的作用，创设适应学生需要的教学情境，具有体验课堂教学时间与空间感觉的时机，具有正确认识课堂教学中运用体育教学客观规律的理性思维。

3. 体育说课中应该注意的问题

开展说课活动对搞好体育教学与教研工作具有十分积极的作用，但是，说课活动只是教研活动的一种形式，不能代表教研工作的全部。说话本身也存在了不容忽视的弊端。说课的主要不足是不存在的授课对象，而说课中的授课对象是虚设的。在体育课堂教学中，整个教学过程中各个教学的环节均依据学生在课堂上的具体反映，作为评价的重要内容。而说课的评价，正缺少这一重要的"参照物"。同时体育课堂的教学过程是一种动态的，开放的教育活动，具有随机性的特点。说课过程基本上是一个静态过程，是一种理性思维的过程，缺少相应的随机适应性，只是靠"假设"情境阐述教学过程，难免会出现片面性，对教学目标的确定过高，教材分析过深，一些教学方法与手段不切合实际而处于"理想化"。可以说，说课成功并不等于上课成功，只有把说课与上课紧密结合起来，才能真正体现说课的价值。

（三）体育说课内容与形式

1. 体育说课的内容

（1）说大纲与教材。教师要说出大纲对本课教学内容的教学要求，说出本节课主教材与副教材的搭配与相互关系。联系教学大纲与教材确定的教学目标进行分析，说出自己对教材的理解与研究情况，明确该教材在单元教材中的地位与作用，指出本教材内容与特点，以及教材内容的教学重点和教学难点，注意说出教材的前后联系。分析教材是常规课的特点，也是说课的重要内容之一。例如：在学习鱼跃前滚翻和纵箱前滚翻动作时，如果学生不会做前滚翻动作，教师很难进行教学。按照动作技能的相互作用，学生最好在掌握前滚翻动作基础之上，才能顺利地过渡到学习鱼跃前滚翻和纵箱前滚翻动作。鱼跃前滚翻教材的重点是鱼跃时手臂撑垫后屈臂低头，难点是手脚同时离开垫，身体有明显腾空。根据以上的教材分析和教学对象的实际，就可以制定单元和课时目标，选择练习方法。因此，只有充分了解教材的纵向和横向的联系，才能说准说清教材的特点、地位、作用、难点和重点。

（2）说教学目标。体育教学目标是预期学生通过体育课的学习达到的境地和标准，它是体育教学指导思想的具体体现，是学生学习体育的预期结果，是评定体育教学质量的依据。要依据学段教学目标，明确年级教学目标，掌握单元教学目标，重点说请楚课时教学目标。在说教学目标的过程中，对不同课时教学目标的要求是不同的，要求按课时内容进行叙述，包括知识目标、技术、技能目标、情感目标和运动负荷目标。例如：初一年级的蹲踞式跳远教学目标是通过体验和学习各种的跳跃动作，以及各种跳远技术，教会学生跳跃的自我锻炼方法，提高腿部力量和跳跃能力，培养学生练习兴趣；单元教学目标是使学生初步掌握踏跳腾空后，起跳腿前收，团身双腿上举前伸落地，同时两臂由上举至后摆。课时教学目标可对单元教学目标进行分解，除了技能学习目标，还应加上身体素质目标和思想教育目标。要体现课时教学目标的可测量性和可操作性。

（3）说学法。说所教年级学生知识结构、认知、技能、素质和心理特点。即扼要分析学生原有体育基础，学习课时教学内容的有利因素和客观存在的困难。教师应预计到学生在学习某一新授教材时，往往受到生理、心理和客观条件的限制，就中学女生学习竞技体操中的单杠和双杠项目而言，学生在心理上对上述两项运动不感兴趣，存在相当大的害怕心理，怕发生运动损伤。由于中学女生身体素质较差，尤其是力量素质弱，支撑器械显得无力，腰腹力量更显不足，从而影响器械体操动作技能的掌握，不能建立正确的动作技术概念和技术动作定型。根据以上情况，在体育教学中除了采取提高学生练习积极性的手段外，更要加强练习时的保护与帮助，克服畏难情绪和害怕心理因素，依据由易到难、循序渐进的教学原则，采用分解与完整相结合的教学方法，以及心理控制与调节手段，通过加强身体素质训练和各种辅助练习，提高学生的体操基础。教师说学法主要说四个方面：一说指导什么学法，二说为什么要指导这个学法，三说怎样指导学生观察动作，四说怎样指导学生自练与评价。

（4）说教学程序。体育课堂教学程序的设计与安排是"说课"的主要内容之一，是贯穿于整个"说课"过程的"中轴线"。教师说教学过程不是说体育课的几个部分，而是指有一个完整的教学设计思路，也就是教学环节的实施过程。以学习排球的双手正面下手垫球为例，教师设计时应有利于新的知识与技能在原有知识与技能中的同化，根据动作技能形成规律和迁移规律，通过徒手垫球模仿练习、原地垫固定球、移动垫固定球、对墙自垫球、自垫球、原地对抛到移动垫球、对垫球等练习，使学生在动作学习上保持连贯性，让学生体会蹲、伸、插、夹、提、压的体位与手臂协调用力感觉，同时建立正确的动作技术结构。教师还要说出课的各部分时间分配、场地器材的安排、课的运动量和密度的预计及控制与调节方法。

（5）说教法。教师说课时应重点讲述运用什么教法，为什么要运用这些教法，从理论和实践上讲出依据，如直观教学法、观察分析法、成功教学法、愉快教学法、目标教学法、发现教学法、电化教学法等。教师要根据课的教学内容、教学目标、教学条件和教学对象的实际，合理地、灵活地选用这些教法。例如：教师说上初中篮球实践课，可结合学校实际，选择上述教法中的一种或几种的综合运用。此外，教师还要说出本节篮球实践课如何采用教法，有机地衔接各个教学环节，达到突出重点，突破难点的要求，充分体现出教师主导与学生主体的作用，充分调动学生学习与练习的积极性。教师还要根据现代教育技术的发展与运用，说出应用电教录像、图片、多媒体投影等手段来巩固与辅导学生所学体育知识、技术和技能。

（6）说组织。教师说课应说出学生在课的各部分中的站位、活动的路线、方向和队列队形的变化。要说出教师的选位，说明示范的位置和方向，以及活动的范围。

2. 体育说课的形式

（1）室内说课。室内说课可分为室内说理论课和室内说实践课。室内说理论课前教师要考虑到理论课教材内容要符合教学大纲的要求，要充分了解学生的体育基础知识水平。说课时要说知识面的范围、层次和知识点的分布，学生应掌握的主要的体育理论知识，结合国内外体育发展的形势，结合学生对体育热点问题的关注，结合学生的兴趣和智能结构。说课要说出板书的设计，包括板书的内容、形式、位置、顺序、格局等方面的安排，力求通过新颖的板书，合理的布局，字体的美感，提高学生的学习兴趣与教学效果。说课要说出如何应用现代教育技术，运用的时机和指认技巧。说课要说课堂教学的组织，如何运用提问、答疑、辩论、讨论、想象、情景等教学组织形式。

室内说实践课主要说课的教学任务，说明学习的主要内容，通过学习使学生在运动技术与技能、身体素质、心理素质及思想素质方面达到一定的目标。要说如何围绕教学过程中的重点构思教学步骤，说明所选方法的理论依据。要说教学效果，包括学生的情感体验，是否人人学有所得，采用定性与定量相结合的方法分析课的实际结果。

（2）室外说课。室外说课通过对体育课的开始与准备部分、基本部分和结束部分中的各部分内容的阐述，使听课者对本节课的全过程有一个直观的了解。通过讲解、示范，可以反映任课教师对教材的理解与掌握情况，体育理论知识水平和运动技能情况，以及教学组织能力。

（四）体育说课的技能与评价

1. 体育说课的技能与培训

体育说课的技能主要包括表述技能、组织技能、咨询与答辩技能等。

（1）体育说课的表述技能

体育说课表述技能可分为语言表述、文字表述、体态表述和动作表述。语言表述具体要求是使用普通话，音高得当，关键的地方有逻辑重音。语言节奏分明，形象生动，自然轻松，突出重点。文字表述具体要求是板书设计新颖，布局合理，图表清晰，字体工整规范。体态表述具体要求是教师的教态、着装、姿势、举止、眼神、手势和表情轻松自如，大方优雅，精神饱满，充满自信，诚实谦逊。动作表达具体要求是示范动作熟练、准确、轻松、优美，富有美感和艺术性。运用现代化教育媒体时，充分体现说课者的意愿，形式和内容应和课的内容以及运动项目特点相一致。

（2）体育说课的组织技能

说课的组织技能包括开头、中间和结束的技能。开头的技能十分重要，俗话说，万事开头难。说课开头方法较多，或以理入，或以情入，或以"操作"入。但不论用何种方式开头，都要注意融创新、科学、审美和艺术于一体，体现新颖简洁，规范严谨，科学求实，开拓创新的特色。说课中间组织的技能是主要的技能，说课者面对的听课对象一般是同行、领导以及专家，因此，一方面要保持冷静的头脑，控制和调节好情绪况态，以成竹在胸、充满热情与自信的心理按设计的程序从容进行说课；一方面要预计在说课中可能发生的突发事件，如设备故障、听课者突然发问等。要保证一旦出现意外情况，及时采取对策，尽快进入正题；另一方面要有随机应变能力，即时改变说课程序，穿插精彩画面或理性分析，以利于完成说课任务。结束的技能其实也十分重要，古人作文有"凤头、猪肚、豹尾"之说法。好课的结束常常给人以有益的启迪，留下深刻的印象。画龙点睛的结尾可以弥补平淡开头的不足，如果开头与结束有所照应就更突出、更好了。

（3）体育说课的咨询与答辩技能

咨询与答辩的技能主要体现在备课、上课和说课的关系上。体育说课与备课有相同之处，也有不同之处。相同之处是主要教学内容相同，说课与备课都要分析课的教材、教学目标、学生体育基础、教学过程的设计和实施。说课与备课都是为课堂教学服务，为上好课作好准备。说课与备课质量的高低都可以在课堂教学中得到检验。说课既是集体备课的研究活动，又是个体研究活动。而备课则是教师课前准备工作属于教学活动。说课的目的是教师与教师之间相互探索课的规律，指导备课工作，或是教师向领导与专家展示个体研究课的成果。而备课是面向学生，是由教师设计好教学方案，为提高课堂教学效率服务。备课重在解决"教什么"和"怎么教"的问题，而说课则重在研究"为什么这么教"。备课、说课和上课的关系归纳有以下两种关系：一是先备课然后上课再说课；二是先备课然后说课再上课。按照第一种关系进行咨询与答辩，能在听课者的指导与帮助下，对教学进行客观、公正的评价，同时总结教学经验，提高教师教学理论水平。按照第二种关系进行咨询与答辩，能逐步加深对教材的理解，借鉴他人教学经验与成果，完善教学设计，加入创新内容，不断提高教学效果与质量。

2. 体育说课技能的培训

（1）初级培训的对象与要求

初级培训的对象是师范院校在校生、新入职教师或青年教师，以经验型说课模式培训为主。主要要求有：一是突出体育学科特点。主要抓说大纲、说教材、说教法、说学法、说程序和说场地设计。运用体育教学的认知规律、运动技能形成规律、人体生理机能变化规律、人体对运动负荷的适应规律和运动中心理变化规律。二是突出运动项目的特点。不同的运动项目都有各自的规律和要求，其教学过程的设计也应有所区别。三是突出体育课的类型。中小学体育课类别可分为体育学科类和体育活动类课程。体育学科类课程根据课的任务又可分为理论课和实践课。实践课又可分为新授课、复习课、综合课和考核课。大学体育课类别可分为体育基础课、选项体育课、专项体育课、保健体育课等。因此，不同类型的体育课应该用不同的模式进行说课，应该随课的类型的变化而变化，而不能千篇一律，一副面孔。技能培训以研究教材和表述技能为主。

（2）中级培训的对象与要求

中级培训的对象是中青年教师，其从事学校体育教学工作已有一段时间，相对比较成熟，有一定的体育教学实际经验和教学研究能力。体育说课应以演绎性模式培训为主。主要要求有：一是突出对教学模式的研究。对学校体育教学模式的研究比较广泛与深入，如"素质教育""技能教育""快乐教育""竞技教育"和"成功教育"等。因此，要求其在一定的教学理论研究基础上，能选择不同的教学模式。二是突出五个结合，即教与学、传授知识与培养技能能力、体育知识的点和面、增强体质与思想教育、提高素质与身心健康发展的结合。技能培训以组织、咨询与答辩技能为主。

（3）高级培训的对象与要求

高级培训的对象主要是中青年骨干教师。其理论功底比较扎实，教学经验丰富。体育说课以创新性模式培训为主。主要要求是形成独自说课的风格和特色，具有良好的研究价值、学术价值、应用价值和推广价值。

总之，体育说课技能的培训要经过准备、说课示范、自我训练、实际操作、评价反馈和全面总结几个阶段，通过上述几个阶段的培训，提高教师的说课能力。

3. 体育说课的评价

（1）体育说课评价的作用

教学研究作用：如何对说课进行评价在某种程度上也是一种教育研究的过程。在实施评价的过程中需要用教育理论与方法进行指导，需要借鉴教育评价的理论与方法制定说课评价的指标与评价方法。因此，说课评价也是一种教学研究的手段。

教学管理作用：说课评价是教育评价的组成部分，说课评价是通过评价的手段及时获得教学反馈信息，为改进教学管理提供依据。

评鉴教学作用：说课形式可以用于教学竞赛、职称评审、经验交流和教研活动等。这种形式主要体现教师对教学内容的研究、教学方案的设计能力。因此，运用这种形式可以从一个侧擎评鉴教师的教学水平。

导向激励作用：说课对教师教学行为具有激励和推动作用，通过说课，说课人通过听课人的分析与评价，可以看到自己的成就与不足，找到和发现成功与失败的原因，以励再战，不断取得进步和成功。听课人通过学习说课人的长处来弥补自已的短处，激发自身内部驱动力，调动开展教学研究的积极性。

（2）体育说课评价的要求

方向性：说课评价的目标和指标体系应体现教育教学改革的发展方向，通过评价指标体系的导向，促进学校体育教学改革的深化，促进体育素质教育的全面开展。

全面性：说课评价指标体系与标准应全面完整，充分反映说课过程中影响说课质量的重要因素，处理好各因素的权重关系。

科学性：说课评价指标体系、方法程序以及评价的组织都应遵循教育过程中的客观规律，符合教育评价的科学理论与方法。

客观性：说课的评价必须坚持实事求是的原则，评价过程应充分体现客观性。应采取措施，排除评价者个人情绪渗入评价过程，影响评价过程的质量与效果。

反馈性：说课评价后应及时向说课人反馈评价结果，帮助改进教学方法，完善教学设计，提高实施教学程序的效果。

（3）体育说课评价的指标体系

体育说课评价主要从教材分析、教学目标、教学方案、说课特色、教师素质和评委答辩六方面来进行评价。

教材分析其内容包括：符合大纲，分析地位，明确作用，依据实际。

教学目标内容包括：系统全面，明确具体，突出重点，抓住关键。

教学方案内容包括：设计新颖，理论演绎，方法多样，手段灵活。

说课风格内容包括：形象直观，操作便捷，体育特色，教学艺术。

教师素质内容包括：仪表端正，语言准确，板书优美，运用媒体。

评委答辩内容包括：回答正确，善于思辨，反应敏捷，创新思维。

（4）体育说课评价的方法

定性评价法：定性评价法是指听课人根据自身的实际经验与观察，对所评对象用简明的评语来表述评定结果。

定量性评价法：定量性评价是指听课人对所评对象进行量化评定的方法。通常有等级评定法、标准积分评定法和量化加权评定法。

参考文献

[1] 杨启亮. 困惑与抉择——20世纪的新教学论[M]. 济南：山东教育出版社，1995.

[2] 王策三. 教学论稿[M]. 北京：人民教育出版社，1985.

[3] 吴杰. 教学论——教学理论的历史发展[M]. 长春：吉林教育出版社，1986.

[4] 瞿葆奎. 教育学文集. 教学[M]. 北京：人民教育出版社，1988.

[5] 钟启泉. 现代教学论发展[M]. 北京：教育科学出版社，1988.

[6] 斯卡特金. 中学教学论[M]. 赵维贤，译. 北京：人民教育出版社，1985.

[7] 巴班斯基. 教学过程最优化——一般教学论方面[M]. 张定璋，译. 北京：人民教育出版社，1984.

[8] 赞科夫. 教学与发展[M]. 杜殿坤，译. 北京：人民教育出版社，1985.

[9] 赵修义，邵瑞欣. 教育与现代西方思潮[M]. 北京：中国科学技术出版社，1990.

[10] 吴康宁. 教育社会学[M]. 北京：人民教育出版社，1997.

[11] 迪尔凯姆. 社会学研究方法论[M]. 胡伟，译. 北京：华夏出版社，1988.

[12] 齐尔格特. 鲍曼. 通过社会学去思考[M]. 高华，吕东，译. 北京：社会科学文献出版社，2002.

[13] 叶澜. 教育研究方法论初探[M]. 上海：上海教育出版社，1999.

[14] 皮埃尔. 布迪厄，华康德. 李猛，实践与反思[M]. 李康，译. 北京：中央编译出版社，2004.

[15] 米尔斯. 社会学的想像力[M]. 陈强，张永强，译. 北京：生活·读书·新知三联书店，2005.

[16] B.M.卡恰什金. 体育教学法[M]. 北京：教育科学出版社，1984.

[17] 李德锐，袁晋纯. 体育教学法[M]. 广州：广东人民出版社，1982.

[18] 万德光. 简明体育教学法[M]. 北京：北京体育学院出版社，1987.

[19] 王伯英. 体育教学论[M]. 成都：四川教育出版社，1988.

[20] 盖哈尔特. 海克尔. 体育教学法[M]. 北京：北京体育大学出版社，1991.

[21] 桂景宣. 体育教学法[M]. 北京：人民体育出版社，1987.

［22］田雨普.体育理论新探［M］.哈尔滨：黑龙江教育出版社，1996.

［23］田雨普.中国群众体育探究［M］.北京：人民体育出版社，2004.

［24］顾渊彦.域外学校体育传真［M］.北京：人民体育出版社，1999.

［25］吴蕴瑞.体育教学法［M］.上海：上海勤奋书局，1934.

［26］毛振明.学校体育发展史［M］.桂林：广西师范大学出版社，2005.

［27］毛振明.体育教学论［M］.北京：高等教育出版社，2005.

［28］黄捷荣.体育哲学［M］.沈阳：沈阳出版社，1988.

［29］曲宗湖，赵立.体育教学模式问答［M］.北京：人民体育出版社，2002.

［30］吴万福.体育教学的心理［M］.台北：台湾书生书局有限公司，1992.

［31］编写组.体育教学法［M］.沈阳：辽宁科学技术出版社，1990.

［32］中国体育科学学会.体育科学研究现状与展望［C］.北京：北京体育大学出版社，2007.

［33］樊临虎.体育教学论［M］.北京：人民教育出版社，2002.

［34］龚正伟.体育教学论［M］.北京：北京体育大学出版社，2004.

［35］张志勇.体育教学论［M］.北京：科学出版社，2005.

［36］曲宗湖，杨文轩.学校体育教学探索［M］.北京：人民体育出版社，1999.

［37］周登嵩.学校体育热点50问［M］.北京：高等教育出版社，2007.

［38］杨文轩，杨霆.体育概论［M］.北京：高等教育出版社，2005.

［39］季浏.体育课程与教学论［M］.桂林：广西师范大学出版社，2005.

［40］季浏.体育与健康课程与教学论［M］.杭州：浙江教育出版社，2003.

［41］姚蕾.体育教学论学程［M］.北京：北京体育大学出版社，2005.

［42］关槐秀.即兴展现体育教学模式［M］.北京：人民体育出版社，2002.

［43］张洪潭.体育基本理论研究［M］.桂林：广西师范大学出版社，2004.

［44］北京师范大学古代文学研究所.老子译注［M］.北京：北京师范大学音像出版社，2005.

［45］卢梭.爱弥儿［M］.北京：人民教育出版社，2001.

［46］洛克.教育漫话［M］.北京：人民教育出版社，1979.

［47］赵祥麟，王承绪.杜威教育论著选［M］.上海：华东师范大学出版社，1981.

［48］毛振明.体育教学改革新视野［M］.北京：体育大学出版社，2003.

［49］毛振明，赖天德.解读中国体育课程与教学改革［M］.北京：体育大学出版社，2006.

［50］夸美纽斯.大教学论［M］.傅任敢,译.北京:教育科学出版社,1999.

［51］杨启亮.论先秦道家的自然主义教育观［J］.南京师范大学学报,2001(6):28-31.

［52］杨启亮.儒墨道教学传统比较及其对现代教学的启示［J］.南京师大学报,2002(4).

［53］杨启亮.论教学评价中的"反教学"现象［J］.山东教育科研,2000(11).

［54］杨启亮.教师主体性和主体性教师素质［J］.现代中小学教育,2000(7).

［55］杨启亮.课程评价:课程改革中的一个双向两难问题［J］.教育理论与实践,2005,25(4).

［56］刘洪新,赵长杰.自然体育教育思想及其现实意义［J］.教书育人,2002(24).

［57］陈青,黄献图.西方自然体育对我国学校体育思想的影响［J］.广东工业大学学报,2001,1(1).

［58］曾吉.论自然体育思想及其实践意义［J］.体育文化导刊,2007(6).

［59］郭劲松,试论自然体育的历史教训［J］.沈阳教育学院学报,2002,4(1).

［60］姚颂平,肖焕禹.身心一统和谐发展:吴蕴瑞体育思想诠释［J］.上海体育学院学报,2005(1).

［61］夏成前.从劳动工具到体育器具［J］.体育文化导刊,2008(11):62-64.

［62］韩丹.体育语言和体育概念［J］.体育与科学,2007,28(4):47-53.

［63］温公达.中国近现代体育教育思想的演进的研究［D］.大连:辽宁师范大学,2006.

［64］牟艳.民国时期实用主义体育思想研究［D］.苏州:苏州大学,2005.

［65］冯玉龙.中国近代社会思潮对学校体育的影响［J］.体育文化导刊,2005(7).

［66］杨永辉.卢梭的自然主义思想探析［J］.体育文化导刊,2005(7).

［67］秦东宏,段克发.自然体育思想对我国学校体育的负面影响［J］.通化师范学院学报,2003,24(6).

［68］闫守轩,林苑.先秦道家老子自然主义教学思想的现代诠释［J］.辽宁师范大学学报,2006,29(4).

[69] 张洪潭. 体育的概念、术语、定义之解说立论 [J]. 西安体育学院学报, 2006 (4).

[70] 韩丹. "体育"就是"身体教育" [J]. 体育与科学, 2005, 26 (5).

[71] 朱娟. 卢梭自然主义教育思想及其现实意义 [J]. 菏泽师专学报, 2004, 26 (1).

[72] 刘黎明. 西方自然主义教育思想的形成、演变及历史贡献 [J]. 河北师范大学学报, 2004, 6 (5).

[73] 王春燕. 自然教育理论及其思考 [J]. 教育理论与实践, 2001, 21 (9).

[74] 刘黎明. 西方自然主义教育思想研究的现代意义的追问 [J]. 湖南师范大学教育科学学报, 2007, 6 (5).

[75] 陈晓康. 中国自然主义教育的历史渊源及其现代启示 [J]. 内蒙古社会科学, 2006, 27 (6).

[76] 席华. 老子与卢梭自然主义思想之比较 [J]. 内蒙古农业大学学报, 2007, 9 (3).

[77] 张二庆, 耿彦君. 西方自然主义教育思想发展述评 [J]. 河北师范大学学报, 2006, 8 (3).

[78] 于桂霞. 老子的自然主义教育思想及其现代价值 [J]. 通化师范学院学报, 2004, 25 (3).

[79] 马陵. 试析自然主义体育思想对对体育教学的消极影响 [J]. 职业时空, 2007 (16): 9-10.

[80] 金晓阳. 体育教学回归自然的几点思考 [J]. 辽宁教育研究, 2007 (8): 126-127.

[81] 金晓阳. 体育教学回归自然说 [J]. 沈阳体育学院学报, 2007, 26 (4): 84-85.

[82] 张瑞林. 论道家自然养生体育思想对现代体育教学的启示 [J]. 西安体育学院学报, 2003, 20 (2): 30-32.

[83] 唐国勇. 道家自然养生观对当前体育改革的启示 [D]. 长沙: 湖南师范大学, 2007.

[84] 张瑞林. 从道家自然养生体育观看学校体育与教学的目的 [J]. 体育文化导刊, 2002 (5): 55-56.

[85] 刘亚平. 回归自然, 锐意创新——杜家良体育教学研讨会后记 [J]. 中国学校体育, 1996 (3): 25.

[86] 林笑峰.自然体育和现代体育科学化[J].武汉体育学院学报,1983(1).

[87] 苏竞存.我国近代体育中的自然体育学派[J].体育文化导刊,1983(1).

[88] 刘学军.浅析自然环境诸因素对体育教学的影响[J].浙江体育科学,1988(1):14.

[89] 胡晓风.人与自然是体育的基础[J].成都体育学院学报,1986(3).

[90] 陈琦.自然体育与现代体育科学化问题[J].北京体育师范学院学报,1989(2):30.

[91] 董众鸣.自然主义体育思想的创立[J].体育文化导刊,2004(6).

[92] 王雪峰.自然体育思想的形成与发展[J].内蒙古科技与经济,2002(10).

[93] 胡庆山,郑涛,王健.试论构建体育教学原则之原则[J].南京体育学院学报(社会科学版),2006,20(1):65-68.

[94] 徐桂兰,夏成前,蒋荣.学校体育现代化进程中的均衡发展问题研究[J].南京体育学院学报(社会科学版),2006,20(1):76-79.

[95] 李树梅.校园定向运动课程的特征之研究[J].南京体育学院学报(社会科学版),2006,20(1):80-82.

[96] 陈晴.体育教学呼唤体育文化素养[J].南京体育学院学报(社会科学版),2006,20(1):93-94.

[97] 王笑一.不同教学观及其在体育教师专业发展中的功效[J].南京体育学院学报(社会科学版),2006,20(2):66-68.

[98] 王松林.关注新课程——追求和谐灵动的体育教学[J].南京体育学院学报(社会科学版),2006,20(4):101-102.

[99] 张桂宁.中学田径类教学内容改革与开发策略[J].南京体育学院学报(社会科学版),2006,20(5):56-58.

[100] 王渊.体育与健康课程的教学过程中互动性特征分析[J].南京体育学院学报(社会科学版),2006,20(5):77-79.

[101] 李宝玉.新课程下体育课程资源开发与利用[J].南京体育学院学报(社会科学版),2006,20(5):89-91.

[102] 曹晓东,唐健.综合实践活动课程中的体育内容学习评价[J].南京体育学院学报(社会科学版),2007,21(2):83-85.

［103］夏成前，姚为俊，蒋荣，等.学校体育现代化的内涵与特点［J］.南京体育学院学报（社会科学版），2007，21（3）：61-65.

［104］毛晓荣，林祥云，彭波.倡导"健康第一"引领下的学校体育生活化［J］.南京体育学院学报（社会科学版），2007，21（3）：72-74.

［105］柴杰.论新课程背景下体育课选择性教学模式［J］.南京体育学院学报（社会科学版），2007，21（3）：77-79.

［106］周晓军.论体育课程改革与体育教师教育价值取向的重新定位［J］.南京体育学院学报（社会科学版），2007，21（3）：80-83.

［107］朱波涛.现行学校体育运动会的异化现象及其发展趋势研究［J］.南京体育学院学报（社会科学版），2007，21（6）：74-76.

［108］杜柏.关于在体育与健康教育中发展与完善学生个性的思考［J］.南京体育学院学报（社会科学版），2007，21（6）：77-79.

［109］仇有望.体育教学生态化影响因素及生态体育课程的构建［J］.南京体育学院学报（社会科学版），2008，22（6）：97-100.

［110］夏成前，田雨普.农村人力资源开发：建设新农村视野下的诉求［J］.哈尔滨体育学院学报，2007，25（4）：1-3.

［111］夏成前，田雨普.新中国农村体育发展历程［J］.体育科学，2007，27（10）：32-39.

［112］夏成前.论学校体育理论课程群的建构［J］.沈阳体育学院学报，2007，26（4）：25-26.

［113］夏成前.连云港市农村体育锻炼现状调查分析［J］.南京体育学院学报，2003，17（1）：42-45.

［114］夏成前.对实施《体育与健康课程标准》的思考［J］.首都体育学院学报，2002，14（4）：45-47.

［115］夏成前.从不同社会人群对体育教师社会角色的理解看体育教师专业化发展目标［J］.南京体育学院学报，2002，16（4）：44-46.

［116］夏成前.体育课到底应该干什么［J］.体育教学，2003（1）：16-18.

［117］夏成前.残疾儿童动作技能的学习与训练［J］.山西师大体育学院学报，2004，19（1）：78-81.

［118］夏成前.体育教学中的病理现象［J］.体育成人教育学刊，2004，20（3）：81-82.

［119］夏成前，田雨普.自然主义体育思想的历史嬗变［J］.南京体育学院学报，2009，23（1）：25-28.

外文文献

[1] J.F.Williams, The principles physical education. Saunders company. Third edition, 1938: 282.

[2] Ahmad Al-Mohammadi and Susan Capel, Stress in physical education teachers in Qatar. Social Psychology of Education (2007) 10: 55-75.

[3] Capel, Susan Anne. Learning to teach physical education in the secondary school: A companion to school experience. New York Taylor & Francis, 2004.

[4] Paul Marschner. Sports education in the German Democratic Republic. Prospects, Volume 6, Number 1/1976.

[5] Faber, Larry, Kulimma, Pamela, Darst, Paul. The Journal of Physical Education. Recreation & Dance, 2007, Vol, 78, Issue 9. p27-31.

[6] Dillon, Suzanna Rocco, ph. Elementary physical educator's beliefs regarding selected adapted physical education competencies. Source: Texas Woman's University, 2005, Dissertation Abstracts International, Volume: 66-11, page: 3966.

[7] looking at the present, looking to toward the future: sports and physical education in Jordan. Khasawneh, Omar Mohammad Ali, ph.D. Source: The Ohio state university, 2002, Dissertation. Abstracts International, Volume: 63-07, Section: A, page: 2491.

[8] Integration: Helping to Get Our Kids Moving and Learning. By: Hall, Erin M. Physical Educator, 2007 Vol.64, Issue 3, p123-128.

[9] Susannah Quick. The School Sport Partnership Programme—Raising Levels of Participation in Physical Education and Sport in England Public Opinion Polling in a Globalized World. (book)

[10] Teacher's perspectives on the challenges of teaching physical education in urban schools. Sources: Barnard, Sara. Wayne State University. Masters Abstracts International, Volume: 44-03, page: 1120.

[11] Reconstructing physical education in an urban secondary school to create a more democratic learning environment: Teaching or praxis. Knop, Nancy Louise, Ph.D. The Ohio State University 1998. Source: Dissertation Abstract International, Volume: 59-08, Section A, Page: 2904.